新・MINERVA
福祉ライブラリー
25

台湾の社会福祉

歴史・制度・実践

宮本義信 著

ミネルヴァ書房

　　　　　　は　し　が　き

　本書は，わが国の場合はいかにあるべきかを究極の課題としつつ，台湾「社会福利」（日本の社会福祉に相当）の歴史・思想，制度・政策，実践・方法の相互関連性を究明したものである。

　筆者の台湾「社会福利」との最初の出会いは，2000年から2001年の間，米国北東部コネチカット州ハートフォード郡を拠点にキリスト教社会福祉実践の資料収集を続けていたときのことであった。そこは，プロテスタントの一教派である会衆派教会の信徒たちが設立した宣教師の派遣団体アメリカン・ボードが誕生（1810年）した地であり（筆者が勤務する同志社は，1875年，アメリカン・ボードと密接なかかわりの中で設立された），会衆派教会の中心的存在となる神学校ハートフォード・セミナリー（1833年創設）で内村鑑三や安部磯雄などが学んでいる。会衆派は，人々の自由，自治，独立の精神を重んじ，拘束，統制，干渉の一切を拒むことから，人道主義的な思想や実践と結びつきながら社会改良や黒人解放の先鋒を切ったキリスト教として知られ，20世紀初め米国北東部ニューイングランド地方を中心に開花したソーシャルワーク専門職に大きな影響を与えている。

　この筆者の米国での現地踏査の過程で，台湾出身の人々から多大な支援を得たことを今も深く感謝している。彼（彼女）らは，ソーシャルワーク大学院の留学生あるいは州認定の臨床ソーシャルワーカーの資格を取得して現場の第一線で活躍している人々であった。彼（彼女）らは筆者に対して好意的であったが，それは単に親日的だからということではなく，日本の社会福祉実践への強い関心に基づくものであった。彼（彼女）らとの議論を通し，その中で，内村鑑三の門下生たち，たとえば矢内原忠雄，井上伊之助などが台湾社会事業史に与えた影響について教えられ，米国のキリスト教社会福祉実践との関連で，日

本と台湾のソーシャルワークの歴史的な共通性や差異性について繰り返し語り合ったことを今も鮮明に記憶している。

その際，彼（彼女）らは常に次のことを強調していた。「台湾は東アジアの中で最も米国型のソーシャルワークを導入している」。彼（彼女）らは，米国の自由，独立，自治への志向性や価値を根底において共有し，単なるハウ・ツーではなく，社会・文化的なコンテキストから醸成されたソーシャルワークの台湾への導入を目指し実現しようとしたのである。もちろん，そっくりそのままの移入ではなく，それは台湾の歴史や文化，社会状況に即応させる形で再構成した米国ソーシャルワーク実践の「台湾的」展開を目指すものであった。

これを契機に，筆者は，米国の移入の域を越えない日本のソーシャルワーク実践の理論・方法にとって，学ぶべきものがあるのではないかと考え，台湾の社会福祉最前線で現地踏査を行った。名前を逐一挙げることはしないが，彼（彼女）らの多くは，その後台湾に戻り，現在，教育・研究者あるいは公務員，民間団体のリーダーとして台湾「社会福利」の第一線で活躍している。今回の台湾での現地踏査においても，有益な示唆や助言を得た。調査の対象となった施設・機関，団体・組織の多くは，これらの人々の推奨・紹介によるものである。もちろん，各章に書かれた内容の文責は筆者にあることはいうまでもない。そして，その過程で，台湾のソーシャルワーク実践を理解するには，台湾「社会福利」の歴史・思想，制度・政策を含む社会福祉の全体を理解する必要があることを痛感し，総合的な観点から資料収集を続けてきた。それぞれの現場で福祉に働く人々の活動に絶えず光の当て方を変えながら，地域特性や制度システム，他の専門職との関連でトータルに見渡すことを試み，歴史，制度，実践が相互に関連する状況を明らかにした。本書はそのまとめである。

最後になったが，発刊にあたって丁寧に文章の点検をしてくださった編集担当の音田潔氏に心からお礼申し上げたい。

2015年8月

宮本義信

台湾の社会福祉
——歴史・制度・実践——

目　次

はしがき

序　章　台湾「社会福利」への新しい視座 …………………………………… 1
 1　なぜ台湾「社会福利」なのか ……………………………………………… 1
 2　社会福祉の三点観測 ………………………………………………………… 3
 3　本書の構成 …………………………………………………………………… 5

第Ⅰ部　歴史編——台湾「社会福利」のルーツを探る

第1章　台湾「社会福利」通史 …………………………………………………… 12
  ——清領有，日本統治の時代と戦後独裁から民主化の進展へ

 はじめに ………………………………………………………………………… 12
 1　清領有時代の窮民救済 ……………………………………………………… 13
  （1）開拓移民社会の相互扶助　13
  （2）民間救済事業の始まり　14
  （3）海外宣教師による活動　15
 2　日本の占領統治終焉まで …………………………………………………… 16
  （1）日本統治下の社会事業　16
  （2）皇民化と恩侍福利体制　18
 3　戦後独裁体制から民主化の進展へ ………………………………………… 19
  （1）戒厳令発令時代の「社会福利」　19
  （2）政治の民主化と「社会福利」の進展　21
  （3）複雑な社会・政治不安　23
 4　現代的「社会福利」の動向 ………………………………………………… 24
  （1）少子高齢化する社会　24
  （2）「社会福利」の新方向と専門職制の拡大　25
  （3）民間非営利組織・団体の発展　27
  （4）拡大する営利有償型「社会福利」　28

おわりに ……………………………………………………………………… 29

第2章　日本人による「私設社会事業」の展開 …………………… 35
　　──「セッツルメント人類之家」創設者・稲垣藤兵衛

　　はじめに ……………………………………………………………………… 35

　1　「セッツルメント人類之家」とは ……………………………………… 38
　　　（1）事業の概要　38
　　　（2）児童部・稲江義塾　39

　2　「稲藤」とはどのような人か …………………………………………… 43
　　　（1）社会事業家，社会運動家，そして基督者　43
　　　（2）基督者としての背景　45
　　　（3）稲垣的性格特殊　48

　3　なぜ大稲埕で本島人なのか …………………………………………… 50
　　　（1）大稲埕の地域性　50
　　　（2）「稲藤」と台湾文化協会　51
　　　（3）社会運動家から社会事業家へ　52

　4　「稲藤」に対する台湾の評価 …………………………………………… 53
　　　（1）積極肯定派　53
　　　（2）現象・表層肯定，本体・本質否定派　54
　　　（3）全面否定派　57

　　おわりに ……………………………………………………………………… 58

第3章　台湾人による「私設社会事業」の展開 …………………… 66
　　──「台北愛愛寮」創設者・施乾

　　はじめに ……………………………………………………………………… 66

　1　「台北愛愛寮」とは ……………………………………………………… 67
　　　（1）誕生の背景　67
　　　（2）事業の概要　68

2　施乾，施（清水）照子の思想の系譜……………………………70
　　　　（1）施乾と小竹徳吉　71
　　　　（2）施乾とマッケイと淡水　73
　　　　（3）施（清水）照子と小竹キヨ　75
　　3　施乾，施（清水）照子への評価………………………………76
　　　　（1）社会改革者としての施乾　76
　　　　（2）「恩侍福利体制」の迎合者としての施乾　78
　　　　（3）「人間大愛」実践者としての施（清水）照子　79
　　　　（4）「同食同寝」（一大家族同様）の思想と実践　80
　おわりに…………………………………………………………………81

第Ⅱ部　制度編——少子高齢化と社会福祉政策

第4章　先鋭化する家族・地域問題……………………………88
　　　　——人口減少社会と新しい次世代育成対策

　はじめに…………………………………………………………………88
　　1　近年の家族と地域の変化……………………………………89
　　　　（1）少子高齢化の推移　89
　　　　（2）未婚・晩婚化の進行　90
　　2　人口政策の変遷と各種提言・施策………………………93
　　　　（1）「人口政策白皮書」にみる少子化対策　93
　　　　（2）主な対処施策　96
　　3　少子化対策・子育て支援施策の課題……………………97
　　　　（1）低年齢児保育需要の高まり　97
　　　　（2）「社区保母系統」実施計画の策定　100
　　　　（3）「社区保母系統」の問題点　103
　　4　「台湾児童暨家庭扶助基金会」へのヒアリング………………104
　　　　（1）「社区保母系統」創設の経緯とその後の発展　104

（2）低年齢児保育対策の今後のあり方　106
　おわりに……………………………………………………………………107

第5章　「シルバー・マーケット」推奨政策とシニア・タウンの
　　　　拡大…………………………………………………………112
　はじめに……………………………………………………………………112
　1　高齢者居住施設体系と「老人社区」……………………………………113
　2　「シルバー・マーケット」発展の背景…………………………………115
　　　（1）統制経済体制からの解放　116
　　　（2）少子高齢化する社会　117
　　　（3）政府の投資奨励策　118
　3　老人社区「長庚養生文化村」の概要……………………………………119
　4　「長庚養生文化村」の現状・課題………………………………………122
　5　「老人社区」発展の可能性………………………………………………124
　　　（1）老親扶養に対する家族責務　125
　　　（2）潜在する複雑な社会・政治不安　126
　　　（3）強い帰属意識と固有の生活文化　127
　おわりに……………………………………………………………………128

第6章　新移民女性とDV問題………………………………………133
　はじめに……………………………………………………………………133
　1　外国・大陸出身配偶者の動向とDV被害の特徴………………………134
　　　（1）外国・大陸出身配偶者の動向　134
　　　（2）DV被害の特徴　136
　　　（3）外国・大陸出身配偶者をめぐる新たな問題　138
　2　DV被害女性救援の法体系と実施体制…………………………………140
　　　（1）「家庭暴力防治法」の仕組み　141

　　　　（２）「家庭暴力防治中心」による支援　144
　　３　「励馨社会福利事業基金会」の概要……………………………147
　　　　（１）「家庭暴力防治法」と励馨　147
　　　　（２）励馨の被害者支援プログラム　148
　　４　DV被害女性へのソーシャルワーク１――急性期・回復期………150
　　　　（１）問題の発見と導入・初期（緊急）対応　151
　　　　（２）施設保護と生活再建への支援　153
　　　　（３）家族・親子関係への治療的介入　154
　　５　DV被害女性へのソーシャルワーク２――生　活　期…………156
　　　　（１）家族再統合への支援　156
　　　　（２）就業準備と自立支援　157
　　おわりに……………………………………………………………159

第Ⅲ部　実践編――変貌する家族と地域への支援

第７章　「幼児教育及照顧法」の制定と「幼托整合」実践の推進……166
　　はじめに……………………………………………………………166
　　１　「幼托整合政策」導入の経緯……………………………………168
　　　　（１）旧制度下における幼保二元体制の概要　168
　　　　（２）計画策定の過程　171
　　２　「幼児教育及照顧法」の施行……………………………………173
　　　　（１）法の基本的構成と特徴　173
　　　　（２）今後の「教保」基本政策方針　177
　　３　「幼托整合政策」の課題…………………………………………180
　　　　（１）教育と福祉の連携推進　181
　　　　（２）総合的な放課後児童対策の整備　182
　　おわりに……………………………………………………………184

目　次

第8章　高まる「社会工作師」の需要……………………………………188
　　はじめに …………………………………………………………………188
　　1　ソーシャルワークの発展と「社会工作師」の誕生 ……………189
　　　　（1）ソーシャルワークの歴史　189
　　　　（2）養成教育への米国の強い影響　191
　　　　（3）「社会工作師法」の成立　193
　　2　「社会工作師」をめぐる動向 ……………………………………195
　　　　（1）認定資格制度と受験資格要件　195
　　　　（2）「社会工作人員」と「社会工作師」　197
　　　　（3）ソーシャルワーカーの階層的分化　198
　　3　「社会工作師」が必要とされる背景 ……………………………198
　　　　（1）「長期照顧保険」制度構想・実施計画の推進　199
　　　　（2）複雑なエスニシティ問題への対処　200
　　　　（3）拡大する中間層への対処　201
　　4　社会工作師がたどる今後の方向──いくつかの予測 …………202
　　　　（1）専門性に対する規制の強化　202
　　　　（2）個人・グループ開業の拡大　203
　　　　（3）心理職との近似性　205
　　おわりに …………………………………………………………………208

第9章　台湾の介護を担う東南アジアからの出稼ぎ労働者たち…214
　　はじめに …………………………………………………………………214
　　1　「外籍労工」導入の背景と制度の概要 …………………………215
　　　　（1）導入の背景　215
　　　　（2）受け入れ制度の概要　216
　　2　「外籍家庭看護工」の動向と国内事情 …………………………217
　　　　（1）「外籍家庭看護工」の動向　217
　　　　（2）需要拡大の国内事情　221

　　　　（3）台湾人看護工との関係　223
　3　「外籍労工運用及管理調査」にみる介護状況……………………………225
　　　　（1）雇用者側の介護ニーズ　225
　　　　（2）「外籍家庭看護工」の労働条件・環境　227
　4　「外籍家庭看護工」受け入れの課題……………………………………229
　　　　（1）労働力政策から社会福祉政策へ　229
　　　　（2）「長期照顧保険」の導入による制度の再編　230
　　　　（3）将来展望――社会福祉政策との関連から　232
　おわりに……………………………………………………………………235

終　章　台湾「社会福利」とは何だろうか……………………………243
　はじめに……………………………………………………………………243
　1　歴史・思想――「多重族群社会」を繋ぐ社会福祉………………………243
　　　　（1）台湾の複雑なエスニック関係　243
　　　　（2）「多重族群社会」の社会福祉　244
　　　　（3）族群中心の相互扶助ネットワーク　246
　　　　（4）宗教系組織による「溢れた人々」の救済　247
　　　　（5）主体（個人）と族群（エスニシティ）の関係性　248
　2　制度・政策――新たな公私協働関係の模索……………………………250
　　　　（1）民間社会福祉の先駆性　250
　　　　（2）民営化，そして市場化する社会福祉　251
　　　　（3）中央政府の機構改革――社会福祉と保健・医療，教育の組織再編　253
　3　実践・方法――求められるソーシャルワークの「台湾的」展開…………254
　　　　（1）「専精化」するソーシャルワーク　254
　　　　（2）土着性への視点　256
　おわりに……………………………………………………………………257

索　引

| 序　章 | 台湾「社会福利」への新しい視座 |

　日本と台湾は100 km 余り（日本最西端の与那国島から）という至近距離にありながら，国交が無く民間機関を経由して外交を続けている。しかし経済・文化交流は活発に行われ，2013年，日本からの訪台者数は142.2万人，台湾からの訪日者数は221.1万人であった（外務省「各国・地域情勢」）。これらの人的往来の多くは旅行者であり，台湾の観光スポットやグルメについては知っていても，政治，経済，社会の仕組みや，文化，伝統，歴史，そして人々の普段の暮らしぶりについては，ほとんど知られていないのが現状である。

　本書において，筆者はなぜ台湾「社会福利」を主題とするのか。序章では，まずその理由を述べるところから始めたい。

1　なぜ台湾「社会福利」なのか

　台湾のサービス付高齢者住宅で暮らす日本人がいることを知っているだろうか。台湾・外交部（日本の外務省に相当）では，2006年より，日本人退職者を対象にした180日間有効（延長不可，再申請可）のリタイアメントビザ（年金生活者などに対して発給される長期滞在用の査証）制度を導入した。日本の団塊世代（第二次世界大戦後数年間のベビーブーム時代に生まれた世代）が台湾の高齢者住宅の顧客ターゲットとなっていて，「海を渡る日本の高齢者たち」がそこにいる。台湾の民主化に伴う投資・貿易の自由化と国家規制の緩和の結果，日本企業の台湾福祉ビジネスへの進出，日本をターゲットにした台湾政府・企業グループの福祉戦略等々，日台間で多様な社会関係が形成され，トランスナショナルな（日本という枠組みを越えた）相互依存の関係（相互に影響し合う関係）が拡大している。こうした状況のもと，相互依存の現状把握を通じて，私たちが台湾の社

会福祉について考える意味や意義は大きい。

　これまでNPO・ボランティア団体をはじめとした各種の民間組織が積極的な相互交流を進めてきた。さらに，グローバリゼーションの進展に伴い，人材派遣・養成，研修，共同事業企画などの実施により，そのような交流を一層深化させている。こうした時代にあって，私たちは，相互に対する理解と信頼の強化を進めるため，日本という国を越える（自己完結しない）暮らしと，国を越えた次元での福祉問題（課題）について考えるとともに，日本の立場と方向性について，何らかの自分の意見を持つ必要があると思われる。

　また，日本と台湾は，少子高齢化や人口減少という共通の脅威と課題を持っている。社会保障と福祉システムがそれに十分に対応できておらず，公的セクターによる福祉政策の行き詰まりが指摘されている。こうした難解な福祉課題に取り組むため，両者の間でパートナーシップを構築することによって，現状や改善の知恵と工夫（成功のプロセス）を共有しながら，共同して広域的な体制をとり問題解決の道を開いていくことも必要ではなかろうか。少子高齢化は日本においても喫緊の課題として対応を強く迫られているが，台湾はより早急に困難な状況に対して立ち向かわざるを得ない状況に直面している。こうした台湾の全体像を比較研究の視点から分析することによって，その先にある日本の福祉戦略と真の課題が見えてくる。

　台湾の民間非営利団体は，歴史的に，社会福祉の領域でパイオニアとして先駆的役割を果たすとともに，今日でも，公的機関に並ぶ福祉施策の担い手として，それぞれ固有の目標・理念，職員組織，事業内容・方法などに沿って独自性や自立性を失うことなく実践している。加えて，台湾の福祉政策は，人々の市民的不服従に基礎を置く地域的性格の強い運動が，相互に絡み合い重層的に蓄積され発展してきた歴史がある。そこには，公的資金に依存しがちな日本の民間社会福祉に失われてしまったものや忘れられたものが存在している。筆者は日本の課題解決の鍵として台湾「社会福利」の民間性や市民性に着目したい。

　今日，日本でも外国人労働者，結婚移民，難民とその家族の問題が国内問題として次第に顕在化するようになった。私たちは，こうした国内における社会

福祉の国際的な問題に，これからどのように対処していくのかを考えなければならない。今，大切なことは，国際化の波にさらされている日本が，開発途上国に対する福祉援助活動（外に向かう国際化）だけでなく，日本の内側の国際化に向かって，支援体制を構築し，個人や家族に対応していくことではなかろうか。台湾は日本よりも先に，こうした国際化，国際交流の時代の波に激しく洗われていて，内に向かう国際化の水準を上げるべく試行的に各種の取り組みを進めている。日本と台湾の社会福祉の国際的な問題は，東南アジアから東アジアへの人々の国際移動において，そして女性の出稼ぎ労働と国際結婚を特徴とする点で，連続線上で繋がる地続きの問題であるといえる。このことから，台湾の内に向かう国際化をめぐる現状と対策に係る考察は，日本にとって極めて多くの示唆がある。

そして何よりも，台湾は多民族社会であることを忘れてはならない。さまざまな人種や民族，文化などが，安易に融合しないで独自性を保ったまま激しくぶつかり合っている。台湾「社会福祉」の思想と実践は，複雑な政治関係を反映したナショナル・アイデンティティ（「台湾人であること」）の探求と，多民族社会の複雑な民族関係を反映したエスニシティの探求が折り重なったところで醸成された。異質を徹底して峻別し差違に対峙しながら，葛藤の中で双方の関係を調停し（仲介，取り持ち），解釈して繋いでいく（折り合いを付ける）ところから，台湾固有の土着的な思想・価値が生み出された。このエネルギッシュで創造的な活力が筆者を台湾に惹きつけてやまない理由（フィールドワークを続けたエネルギー源）であり，そしてそれは日本のインクルージョンを考えるうえで多くのヒントを与えてくれる。

2　社会福祉の三点観測

本書では，社会・経済・政治・文化の全体から，台湾「社会福祉」の動きや状況について分析する。具体的には，社会福祉の三つの枠組み，すなわち，①歴史・思想，②制度・政策，③実践・方法について，福祉最前線（前線基地）

での踏査（現場取材）を根拠に点検・評価を行い，台湾「社会福利」の本質に迫る。

　従来の台湾「社会福利」に関する著作においては，たとえば，「植民地下台湾の社会事業史」「高齢者の社会保障」「震災ボランティア」など，主題が歴史や制度，あるいは実践に特化されるか，統計的な数値や政策論的な分析を捨象して，人々の日常の暮らしぶりや生き様を情緒的に称賛することに傾斜しがちで，課題の範囲もミクロレベルで狭く制限的か，マクロレベルで極端に広域的かのどちらかで，台湾「社会福利」の全貌が不確かで曖昧にされてきたことは否めない。本書では，台湾「社会福利」全体の姿の「可視化」をメゾ（中範囲）レベルから目指す。

　本書では，以下のように三つの柱を設定する。

　　Ⅰ　歴史・思想：台湾の福祉思想について，先駆けとなった人々の福祉実践（社会事業史）を現代の文脈に繋げて分析することによって，考察する。
　　Ⅱ　制度・政策：台湾の少子高齢化をめぐる福祉制度・政策について，福祉最前線における実践の状況（実施の実態）を分析することによって，考察する。
　　Ⅲ　実践・方法：台湾の変貌する家族と地域への支援について，福祉専門職やNPO・ボランティアによる展開過程と組織の実施体制を分析することによって，考察する。

　本書では，以上を柱に，各章において，特定の福祉最前線の実態をレポートする。なぜなら，台湾「社会福利」の本質は，特定の現場における実施の実態（活動の最先端に生じる援助の実際）を分析することによって，より具体的な形で把握できるからである。このため，現場を観察し，そこで作成された資料を収集し，働く人々，入居（利用）する人々の声を聴くなど，ひたすら現場取材に努めた。現地踏査に基づく研究であることが本書の最も特徴とするところであ

る。

　したがって，本書では，社会福祉の全体にわたって，そのあらまし（概略）を要約的に追うことを意図しない。本書の主たる焦点は，福祉最前線で実践にかかわる具体的な人と組織・団体に絞られる。このように，個々の実践に焦点を絞ることによって，台湾「社会福利」の特性がより現実に即した形で描写することが可能となる。そして，そこに表出された実践の特性から，有益な示唆が理解しやすい形で得られるものと考える。

　本書で取り上げた福祉分野は，すべてわが国でも同様の現代を代表する福祉問題であるが，台湾における主要な福祉実践の現場のすべてを並べ挙げるものではない。しかしながら，社会福祉の三つの枠組みに関する点検・評価から，台湾「社会福利」の本質に迫ろうとする本書の目的に従えば，この実践事例が台湾の福祉最前線の実態を端的に示す「典型例」であると考える。

3　本書の構成

　最後に，本書の構成について説明する。本書は「第Ⅰ部　歴史編――台湾『社会福利』のルーツを探る」「第Ⅱ部　制度編――少子高齢化と社会福祉政策」「第Ⅲ部　実践編――変貌する家族と地域への支援」の三つの部分から構成されている。また，各章の概要は以下の通りである。

　「第1章　台湾『社会福利』通史――清領有，日本統治の時代と戦後独裁から民主化の進展へ」の前半は，清領有時代の窮民救済から日本の植民地統治終焉までの社会事業の全体像を総合的，通時的に描写することによって，日本の歴史的経験を振り返り整理する作業を試みる。後半は，戦後独裁体制から民主化の進展へ，現代的「社会福利」の動向などを柱に展開しながら，大陸中国との関係（両岸関係），日本との関係，東アジア全体の変化との関係から，パラダイムシフトを含め，台湾「社会福利」の今後の発展方向を予測する。

　「第2章　日本人による『私設社会事業』の展開――『セッツルメント人類之家』創設者・稲垣藤兵衛」では，日本統治下の内地人（台湾在住の日本人）に

よる民間社会事業の傾向が，内地人を対象にしたもの，あるいは本島人（台湾人）に対して「国語（日本語）教育」を与えるものが主流であった時代にあって，本島人の側に徹底して寄り添った内地人を取り上げる。今日の台湾で地域福祉の先駆けと称される稲垣藤兵衛（1892-1955年）の思想と実践を中心に，彼に思想的影響を与えた，蒋渭水，連温卿，井上伊之助などとの人間関係ネットワークを描写しながら，現代からその歴史的な意義を探る。

「第3章　台湾人による『私設社会事業』の展開——『台北愛愛寮』創設者・施乾」で取り上げる台北市私立愛愛院は，台湾の代表的社会事業家，施乾（Shi Gian, 1899-1944年）が1923年，台北市萬華大理街に開設した路上生活者の救護施設「台北愛愛寮」を歴史的な起源としている。その後，施（清水）照子（1910-2001年）が夫・施乾の遺志を継いで，弱者救済に尽力した。本章では，施乾と照子の足跡を，小竹徳吉・キヨ，マッケイ，賀川豊彦，杜聡明などの重要な他者（彼らを取り巻く人間関係の中で特に思想的影響を与えた人々）との関連でたどり，台湾「社会福利」における「台北愛愛寮」の歴史的役割，存在意義について考察する。

「第4章　先鋭化する家族・地域問題——人口減少社会と新しい次世代育成対策」では，現代台湾の世界的にも最も低い出生率と最も高い人口老化速率という状況を踏まえ，家族と地域が抱える福祉課題を解析しながら，政府の子育て支援計画の策定背景と法的根拠，基本理念・方針，主な取り組みと対象・範囲など，台湾における次世代育成支援対策の大要を明らかにする。本施策の要点は，子育てを支えあう地域社会の構築（子育て支援の風土づくり）であり，市民・民間団体が連携してネットワークを拡充・発展させていくことが核となる。これについて，台湾全土で子育て支援の拠点組織として活動する「台湾児童暨家庭扶助基金会」を中心に，連携体制強化のための働きかけの実際を紹介しながら，今後の政策策定・実施の発展方向について考察する。

「第5章　『シルバー・マーケット』推奨政策とシニア・タウンの拡大」では，社会福祉の民営化と商品化，規制緩和と市場化などの動向を探るため，その典型としての退職者コミュニティ（シニア・タウン）に焦点を絞り，台湾最大規模

のシニア・タウン「長庚養生文化村」を中心に，当施設の現状及び当面の課題を踏まえつつ，「銀髪産業」（シルバー・マーケット）発展の可能性について考察する。

「第6章　新移民女性とDV問題」では，「外籍配偶・大陸配偶」（元の国籍が東南アジア及び中国大陸の配偶者）へのドメスティック・バイオレンス（DV）などの問題が発生する現状を鑑み，民間のDV被害者支援機関「励馨社会福利事業基金会」の事業プログラムと実施体制を踏まえ，台湾の児童虐待・配偶者虐待に対する法的対応システムの基本的特徴を捉えるとともに，問題解決アプローチ（それぞれのケースにおける最適な支援方法）から，施策の総合的な取り組み，対応のありようを検討する。

「第7章　『幼児教育及照顧法』の制定と『幼托整合』実践の推進」では，「幼托整合政策」の概要，経緯，現状について述べるとともに，社会福祉の視点から教育と福祉の連携（幼保小接続）及び総合的な放課後児童対策のあり方を検討する。台湾では，2012年，就学前の教育・保育を一体として捉え，一貫して提供する新たな枠組み，「幼托整合」（幼保一元化）政策が開始された。それは，「幼児教育及照顧法」（幼児教育・保育法）に基づく「幼児園」の創設を柱として展開されている。一方，日本では，学校教育と保育を一体的に提供する幼保連携型認定こども園が2015年の子ども・子育て支援法の施行に併せ本格的にスタートすることとなった。こうした中で，台湾の幼保一元化の最新動向をテーマに考察することは意義がある。

「第8章　高まる『社会工作師』の需要」では，政府認定の有資格ソーシャルワーカーが誕生した経緯や今日的な動向を踏まえて，「社会工作師」が当面するいくつかの課題，すなわち，専門性に対する規制強化，ソーシャルワーカーの階層的分化（ヒエラルヒー），心理職との競合，福祉サービスの外部委託化などについて考察する。台湾では，家族と地域の変貌が著しい状況下の1997年，「社会工作師法」が施行された。同法は，米国の臨床ソーシャルワーカーの認定制度を教本に，さらに専門性を特化させた「専科社工師」による個人・グループ開業（社会工作師事務所）の拡大を目的の一つとしている。

「第9章　台湾の介護を担う東南アジアからの出稼ぎ労働者たち」では，まず，「外籍労工」と呼ばれる外国人非熟練労働者の全体像を概観し，そして次に，「社福外籍労工」の中の住み込み介護労働者に焦点を当ててその現状を探り，2017年に施行が予定される「長期照顧保険法」（介護保険法）との関連で，人材育成の必要性について課題を含め考察を加えたい。台湾でも，1980年代以降の経済成長に併せ女性の労働力率が上昇し，都市中間層の勤労者世帯において，育児，介護，家事などの役割を広範囲で担う「家庭看護工」や「家庭幇傭」（家政婦）の需要が急増した。その多くは，インドネシア，ベトナム，フィリピンなど東南アジア諸国からの出稼ぎ介護労働者であった。

「終章　台湾『社会福利』とは何だろうか」では，各章の内容を全体的に捉え，①歴史・思想，②制度・政策，③実践・方法の三点観測から，台湾「社会福利」の本質を集約する。多民族社会の台湾で，民主化が急激に進展する1990年代から，人々が互いの独自性を尊重しながら枠を越え共存を模索しようという動きが社会全体に現れ，全国ボランティア・ネットワークが結成された。ナショナル・アイデンティティ（台湾人であること）をキーワードに，台湾の人々にとってNPO・ボランティア活動が持つ意味や意義を考察する。多民族社会にあって，台湾「社会福利」はアイデンティティ探究の課題と関連性を持ってくる。

以上に基づき，読者のみなさんが，日台の境界線を越えて共通する福祉問題対応への連携協働を視野に含めつつ，将来的な波及性，影響力を予測しながら，日本の社会福祉のこれから（日本の立場と方向性）について考える一助となることを願っている。

本年（2015年）は，1895年，清国と結んだ下関条約に基づき台湾が日本に割譲されてから120年，1945年，太平洋戦争で敗戦した日本が台湾の領有権を放棄して引き揚げてから70年，という節目の年である。この年に刊行することの意味や意義を確認しつつ，未来の課題へと繋げていきたい。

なお，台湾の漢字は伝統的な中国語の繁体字であり，たとえば台湾は「臺灣」となるが，本書では文意を損なわない限りにおいて日本の当用漢字を使っ

て表記している。また，団体名や法律名については原名に依拠するとともに，日本語訳を併記し，読者にとってわかりづらい事項には（　　）内に補足説明を入れることを心がけた。本文中に年号を「民国」「中華民国」で表記する箇所があるが，辛亥革命の結果，1912年，清朝に代わって中国に中華民国が発足し，この年をもって「民国（共和国の意）」元年と定めたのであり，したがって，本年（2015年）は民国104年となる。

第Ⅰ部　歴史編
――台湾「社会福利」のルーツを探る――

第1章 台湾「社会福利」通史
―― 清領有，日本統治の時代と戦後独裁から民主化の進展へ

はじめに

　台湾の総面積は3万6,000km²で，九州の86％ほどの面積に，2,343万人もの人々が暮らしている（2014年末現在）。台湾の行政区画は，台湾地区と金門地区に分けられ，後者には金門県，連江県がある。台湾地区には，11の県（①宜蘭県，②新竹県，③苗栗県，④彰化県，⑤南投県，⑥雲林県，⑦嘉義県，⑧屏東県，⑨台東県，⑩花蓮県，⑪澎湖県）がある。人口が125万人以上でかつ政治的，経済的，文化的及び都市的発展の上で特に重要な地区には直轄市を設けることができる（地方制度法第4条）。直轄市とは中央政府である行政院が直轄する都市（①台北市，②新北市，③桃園市，④台中市，⑤高雄市，⑥台南市）であり，市長は閣議にあたる行政院会議に出席する資格を持つ。

　前述したように日本と台湾双方には国交が無く民間機関を経由した非政府間の実務関係を通して外交を続けている。日本側（財団法人交流協会）が台北と高雄に事務所を，台湾側（東亜関係協会）は東京に台北駐日経済文化代表処，大阪に台北駐大阪経済文化弁事処，この分処が福岡，那覇，横浜，札幌に置かれている。経済・文化交流は活発に行われ，2014年，日台貿易総額は約616億ドル（台湾への輸出は約417億ドル，台湾からの輸入は約199億ドル）であった。

　今日，「東アジア社会福祉モデル」という新たな装置の構築が叫ばれ，東アジアの近隣諸国が互いの社会福祉システムを独自に採用しながら，相補的，互酬的に循環する関係を強めている。こうした問題意識に立って，台湾「社会福利」を歴史的に総括することは，現在の東アジアが抱えている福祉課題を明確化し，その解決手段を検討するにあたり，極めて重要な作業だと考える。しか

しながら，台湾「社会福利」の全体像を総合的，通時的に探った書冊は筆者が知る限りまだ無い。それは，台湾の歴史に立ち向かう難しさに起因する部分も大きいと考える。すなわち，それは第1に，台湾の歴史研究が日本の「汚点」として覆い隠された歴史を暴く，という側面を持つことからくる難しさである。日本は，1895（明治28）年から1945（昭和20）年までの50年間，台湾を植民地として支配したことを忘れてはならない。そして第2には，台湾の複雑な社会・政治情勢からくる取り組みの難しさである。台湾は16世紀から約400年にわたり，オランダや清国など次々と幾つかの外国・外来の勢力下におかれてきた。また，台湾は複雑な多民族社会であることを認識してかからなければならない。台湾の人々は，マレー・ポリネシア語系の16族の先住民，そして戦前から台湾に住んでいる漢人（本省人）と，1949年の中華人民共和国が成立する前後に移住した漢人（外省人）から成っている。本省人も，大別して閩南(びんなん)系の人々と客家(かっか)系の人々がいて，前者が多数派である。以上のように，本省人である閩南系の人々と客家系の人々，外省人，そして先住民を指して，今日の台湾では，「四大族群」と呼んでいる。こうした民族や言葉，文化の違いが，さまざまな難しい社会・政治問題を生み出した。(3)

以上を踏まえ，本章では，一時代・一地域に限らず全時代・全地域にわたって時代の流れを追って概観することを試みたい。そこで本課題を達成するため本章の構成を，「1　清領有時代の窮民救済」「2　日本の占領統治終焉まで」「3　戦後独裁体制から民主化の進展へ」「4　現代的『社会福利』の動向」と発展させる。なお，戦前を社会事業，戦後を社会福祉と表記する。

1　清領有時代の窮民救済

（1）開拓移民社会の相互扶助

17世紀は世界的に多くの人々が新天地を求め移住した時代であった。1620年に英国人移民を乗せメイフラワー号が米国北東部のプリマス港に着岸した翌年の1621年，海賊の顔思斉が中国大陸から一族を率いて13隻の小舟で現在の雲林

13

と嘉義の県境にあたる地点に漂着したといわれているが，これが台湾漢人の歴史的な始まりであるとされている。この真偽のほどは明らかではないが，台湾の漢人の多くは，17世紀以降に大陸から移住してきた開拓移民であることは確かである。はるばる波濤を越えていった開拓移民の目的は，すべてが生きんがため，生活の糧を得るためであった。民族が言葉や文化に違いを持ちながらせめぎ合う社会にあっては，親戚や同族の利益は自力で守るしかない。原籍地を単位に（異なるごとに）村（同郷の者同士）や宗族（父系親族集団）で群れ集まり，権益をめぐって双方が武力で争う「械闘」は，清領有の時代を通じて台湾の深刻な地域問題であった。その歴史を見ると，時には互いの間に流血の衝突が発生したこと，先住民の土地や資源を略奪したことが散見されるが，これらの事情は米国移民の状況と似通っている。

さらに，南部はオランダ人，北東部はスペイン人，西部は漢人，山間中部は先住民と，多くの支配者が各地で勢力をふるい，対立する群雄割拠の時代にあっては，人々は公権力による保護を期待できず，みな自力で身を守り生きることを余儀なくされた。家族や地域に生活上の問題が起きると互いに助け合って解決を図ったが，他の土地から来た余所者が持ち込んでくる問題は協力して自分とはかかわりのない他所へと排除・除外した。

（2）民間救済事業の始まり

18世紀に入って，漢人移民の子孫が儒教，道教，仏教など固有の倫理や宗教を根拠にした宗族という強力な社会的結合を基盤にして，世代に渡って連綿と定住する安定した農業社会の形態を発展させた。棄児や物乞いをする人などの社会的弱者への救済は，集団的自助を目的に民衆同士が互助組織を人為的に組織化して行った。その一つが，「民間児童救済機構之始」（台湾最初の民間児童救済施設）といわれる棄児救護機関「育嬰堂」である。台湾総督府立成徳学院（感化教育施設）院長の杵淵義房が1940年に著した『台湾社会事業史』の中で，その沿革及び台湾の育嬰堂について次のように述べている。

「育嬰堂は棄児及び貧困児の収養機関で，清朝に於て最も多く設置された。由来支那法では前述の如く棄児や溺殺等を為す者を罰する所の制裁が無い為に，貧窮者や私通の婦女等が其の生児を溺殺し，或は之を遺棄することが一般の俗を成すやうになり，其の結果之を救恤収養する所の機関が古くから備はつていた」。

育嬰堂は，1796年，嘉義に設立された嘉義育嬰堂を始まりとして，彰化（1821年），台南（1854年），枋橋（現・板橋，1866年），台北（1867年），新竹（1867年）及び澎湖（1880年）の6カ所に設置された。育嬰堂は収容児童の性別を問わなかったが，女児が圧倒的多数を占めた。「その創設の動機は，従前同地方の貧民中で其の所生の女児を遺棄するの風が盛んであつた」とあるように，遺棄の理由が経済的困窮以外に，当時の「重男軽女」（男児を重んじ，女児を軽んずる）の観念が影響したことを窺わせる。育嬰堂には，多いときで150人から160人ほどの児童が暮らし，官公吏より米，薬，物などの施与を受けたが，その経費の多くは，「主要経費来自民間」とあるように，土着の民衆による働きと自費で賄われた。育嬰堂が民衆に受け入れられてきた状況について，杵淵もまた，「其の組織を観察するに，官は之を後援したけれども，それは純然たる官設ものでなく，其の性質上は寧ろ私設のものである」と指摘している。

（3）海外宣教師による活動

19世紀は欧米各国が覇権を求め積極的に対外拡張を進めた時代であった。1858年，清朝が英国・フランス・ロシア・米国などと締結した天津条約によってキリスト教の信仰・布教の自由，港市の開港などが求められ，淡水と安平（台南）が外国貿易港として，続いて基隆，高雄も次々に開放された。それとともに欧米のカトリックとプロテスタントも台湾に伝来した。基督長老教会（プロテスタント）の活動は，日本の統治よりも早い1860年代に始まる。1865年に英国基督長老教会から派遣された医師のマクスウェル（James Laidlaw Maxwell, 1836-1921年，漢名：馬雅各）が台湾南部で医療伝道を開始した。そして7

資料1-1　牛津学堂（1882年開学，現・私立淡江高級中学）

年後の1872年，カナダ基督長老教会の宣教師マッケイ（George Leslie Mackay, 1844-1901年，漢名：馬偕）が淡水に来て宣教したのが台湾北部のプロテスタント宣教の始まりである。このように，基督長老教会は，台湾を南北に区分し，独自の社会活動を実践したが，特に，牛津学堂（1882年〔現・私立淡江高級中学〕），長老教中学（1885年〔現・私立長栄高級中学〕）における教育事業の展開，並びに台南新桜医院（1865年），彰化基督教医院（1895年），馬偕紀念医院（1912年）などの医療施設やハンセン病患者治療施設・楽山園（1934年）を拠点にした医療保護の活動が知られている。

2　日本の占領統治終焉まで

（1）日本統治下の社会事業

1895（明治28）年，日清戦争の結果，台湾を植民地として支配した日本は，人民を統治するため中央行政官庁である総督府を設置した。日本統治時代は，外来者である日本人が植民者として支配層を成し，日本人に比して先住者であった漢人と先住民とが被支配層を成すという，社会の二元・二層構造が確立さ

れ，それが徹底された時代であった。その社会事業政策は，一般に「基礎固め」→「制度化」→「組織化」→「皇民化」の4段階に区分される。

　第1は，「基礎固め」，すなわち現地調査の段階である。総督府はまず，育嬰堂，養済院（障害がある人，傷病の人，老いて心身が衰えた人を保護する施設）などの清領有時代の救護施設を再編し，各地に慈恵院を設立した。慈恵とは，君主が慈しみの心で民衆に恵むこと，の意味であり，皇室の御下賜金を救済資金として，1899（明治32）年の台北仁済院，台南慈恵院，澎湖晋済院から始めて，1922（大正11）年に至るまで，台湾全域に彰化，嘉義，高雄，新竹の各慈恵院を順次設立した。

　1898年には，第4代総督・児玉源太郎のもとで民政を担った後藤新平が保甲条例を制定した。それは総督府が民衆を支配し治安を安定させるために清領有時代の仕組みを用いた制度であり，地域の基本的な単位を，10戸で1「甲」，100戸ごとに1「保」として，警察が相互監視と連帯責任（連座処罰）を指導した。そして，この条例が行政の住民支配や地域の相互扶助を前進させ，社会事業の基盤整備を本格始動させた。また，同年には，台湾公学校令並びに台湾総督府小学校官制を公布して，台湾人子弟の初等教育機関として公学校を，日本人子弟の初等教育機関として小学校を設立した。公学校規則第1条には，「公学校は本島人の児童に国語を教へ徳育を施し以て国民たるの性格を養成し竝生活に必須なる普通の知識技能を授くるを以て本旨とす」と明記され「国民性の養成」と「国語（日本語）の精通」が二大眼目とされた。

　第2は，「制度化」の段階である。1899（明治32）年，台湾窮民救助規則，台湾罹災救助基金規則，行路病人及行路死亡人取扱法など順次に法や規則を制定して各種の社会事業を実施した。また，1917（大正6）年には軍事救護法を，1922（大正11）年には感化法をはじめとして，内地（本土）の法令を台湾でも施行した。この時期には，成徳学院（1909〔明治42〕年），松山結核療養所（1915〔大正4〕年），私立台北盲啞学校（1917〔大正6〕年）の設置をはじめ，法令に基づき各種社会事業施設・機関の整備・拡充が顕著にみられた。この頃の台湾は，漢人の武力闘争の鎮圧に続いて，五箇年計画理蕃事業が始まり，ようやく

統治が全域に及んでいく時期であった。この事業は山地居住の先住民族に対して武力により服従を強要した施策であり、1910（明治43）年から1915（大正4）年まで実施された。警察官が常駐し、防犯、警戒、災害救助だけでなく、生活指導、労役の召集までをも担った。

　第3は、「組織化」の段階である。1923（大正12）年には方面委員会を設け、地域の民間篤志家を行政に組み込んだ。内地人（台湾在住日本人）人口も暫時増加を続け、1897（明治30）年には1万6,000人であったが、1923（大正12）年には18万2,000人に達し、25年間で11倍に膨らんだ。[21] 1926（大正15）年、内務局文教課を文教局社会課に改組拡大し、地方行政区・団体組織の分担・分業を秩序づけて統一しながら、統治の仕組みとして社会事業行政をきめ細かく一つにまとめていった。また同年、総督府は、社会事業の主要な担い手として中央慈善協会主事の杵淵義房を招聘した。1928（昭和3）年には、台湾社会事業協会が創設され、明治・大正・昭和の三救済会、台湾済美会などの恩賜財団から助成金事業の委託を受け、これによって民間社会事業を統合した。台湾「社会福利」研究の第一人者である台湾大学教授の林萬億は、この時期を社会事業が救貧措置から積極的予防政策へと転換した時期と位置づけている。[22]

　こうして、救護から始まった社会事業は、経済保護、医療保護、児童・婦人保護、教化事業など事業種目を拡げていく。

（2）皇民化と恩侍福利体制

　第4は、「皇民化」の段階である。それは、台湾の人々に、日本語の使用、日本の姓名への変更、日本軍への志願、神社の参拝を強制的に要求し、皇国の人民に変えていく施策の総体を指していう。

　日本は、1931（昭和6）年の満州事変を契機に、戦時体制へと突入していく。1936（昭和11）年、第17代総督の小林躋造（せいぞう）は、台湾を東南アジア進出の足場とするため、台湾人の皇民化政策を開始した。

　この頃、1934（昭和9）年から1938（昭和13）年までの短い期間に、台湾全域にわたって7カ所の隣保館が集中的に設置された。[23] これらはすべて街（基本的

資料1-2　公設・準公設の隣保館

注：当時，隣保館新館の写真が『台湾社会事業要覧』（総督府文教局）の表紙を飾った。
出所：永岡正己総合監修，大友昌子・沈潔監修『植民地社会事業関係資料集　台湾編』5・41巻，近現代資料刊行会，2000年より抜粋。

な行政単位で現在の鎮，郷）などの行政区や各市の方面委員事業助成会が運営する公設・準公設の施設であった（資料1-2参照）。総督府招聘の杵淵は隣保館を隣保制度の中核として捉え，「一国の各下級地方行政区画内を一定の戸数又は地域を標準として，之を多数の地区に細分し，其の地区内の隣接各成員が隣保団結の力を以って，東洋固有の隣保相扶の精神と連帯責任の観念とに基づき，…（中略）…，以って地方行政の運営を輔くるの目的を以って設定された国営の自治制度」として特徴づけた。

　1937（昭和12）年，日中戦争が始まり，ますます生活必需の物資が不足した。こうした状況のもと，多くの民間社会事業施設・団体は，事業を継続するため皇室による補助（御下賜金）に頼らざるを得なかった。すなわち，「恩侍福利体制」の支配下への従属である。「恩侍福利体制」とは，施助者と受助者の「恩賜」と「従順」の関係による社会不安（抗日）の抑制を特徴とする福祉助成の仕組みのことであり，そこでは恩賜（天皇から物を賜ること）の儀式が政治的な統治の手段として利用された。

3　戦後独裁体制から民主化の進展へ

（1）戒厳令発令時代の「社会福利」

　1945（昭和20）年，敗戦と同時に総督府は廃止され，多くの日本人が引き揚げた。前後して，それに代わって大陸から国民党軍が移ってきた。しかし，国

民党軍と台湾人との関係は険悪であり，そして1947年，こうした不穏な情勢のもと，ついに二・二八事件(26)が勃発した。

　1949年，中国大陸では中華人民共和国が成立し，内戦に敗れた国民党・蔣介石の中華民国国民政府は台湾へ逃れた。このとき，中国大陸から台湾に150万人から200万人の漢人が政府と一緒に渡ってきた。新たに移住してきた外省人は，当時の本省人人口600万人弱の2～3割の数に上り，その存在感は植民統治終了時でも40万人未満だった日本人とは比べものにならなかった(27)。そして同年，台湾民衆の蜂起を恐れた国民政府は戒厳令を発令する。外来政権による圧政の始まりである。それは，支配者が「内地人」から「外省人」に交替しただけで，外来者である支配者の下で先住者である漢人と先住民が被支配層を構成するという日本統治時代に確立した二元・二層構造が，一層強化されて持続したということである(28)。

　政府は，一緒に大陸から逃れた人々（外省人）の忠誠心を高めるため，彼らに軍事，行政，教育，産業の重要なポストを与えた。1980年代後半からの民主化以前，台湾では公営（国営）の事業体が金融，通信，電力，鉄鋼・機械，鉄道などの基幹産業の市場を独占してきた。その多くが「退輔会」による事業経営であった。「退輔会」とは，行政院国軍退除役官兵輔導委員会のことであり，栄民（蔣介石とともに台湾に渡ってきた中国大陸出身の兵士）のための生活保障を行う国家機関のことである(29)。そして，彼らへの優遇福祉政策を基本的な政治の方針とし，労工保険条例（1950年），軍人保険条例（1953年），公務人員保険法（1958年）などを制定したのである。

　台湾は，1950年代以降，東西冷戦や朝鮮半島の南北分裂という国際的な対立が有利に作用して，急激な経済発展をとげた。しかし，中華人民共和国の国連復帰に伴う中華民国の国連脱退（1971年），日中国交正常化に伴う日本との国交断絶（1972年），米中国交正常化に伴う米国との国交断絶（1979年）などの国際的な流れによって，政府は次第に孤立を深めていった。政権基盤を弱めた政府は，民衆の怒りや不安をなだめるため，1973年に児童福利法を，1980年に社会救助（公的扶助）法，老人福利法，残障福利法を相次いで制定した。ここから，

台湾「社会福利」は，戦後政治史と密接なかかわりを持つことが理解できる。

（2）政治の民主化と「社会福利」の進展

　1979年に起こった美麗島事件(30)を契機に，国民政府は国際的な批判を浴び，民主化を余儀なくされる。1987年，戒厳令が解除され，翌年の1988年には李登輝(1923年-)(31)が総統に就任した。この頃から，民主化が急テンポで進み，公の場でも中国語（北京語）に加え，台湾語（閩南語系の中国語方言）などさまざまな言語が使えるようになった。また，先住民族の人々も政治的な発言を強め，もとから住んでいる市民としての主権を主張しはじめた。すなわち，二元・二層構造の変容・溶解と多元・多層構造の誕生である(32)。

　台湾の福祉政策は，人々の市民的不服従に基礎を置く地域的性格の強い運動が相互に絡み合い重層的に蓄積され発展してきた。戦後の国民党独裁体制の瓦解と戒厳令の解除，それに伴う対抗勢力としての民主進歩党の創設と民主化の進展の中で，1995年，台湾最初の普遍化された公的医療システム（国民皆保険制度）として全民健康保険が創設され，その後の福祉政策の理念，基本方針，方法に大きな影響を与えたことは，その証左である(33)。それは，長期滞在の外国人を含め台湾に居住する全ての人々を対象に，病気やけがが生じた場合に共通の医療を給付する制度である。すでにある社会保険（軍人保険，労工保険，公務人員保険など）から医療給付部門を再編し，全住民を取り込んだ全民健康保険として一つにまとめた。

　そして，1996年には台湾初の総統直接選挙で李登輝が，2000年には最大野党・民主進歩党の陳水扁が総統に選出された。

　この時期，中低収入老人生活津貼（手当）発給辦法（規則）（1998年），身心障礙者保護法（1997年，残障福利法を改正。2009年，身心障礙者権益保障法に改正），公教人員保険法（1999年，公務人員保険法と私立学校教職員保険条例の統合），児童及少年福利法（2003年，児童福利法を改正。2011年，児童及少年福利與権益保障法に改正），中低収入老人特別照顧津貼発給辦法（2007年）など，社会保障・社会福利関連法が次々に実施されていく。社会保障・社会福利支出の総額が，1994年の

第Ⅰ部　歴史編

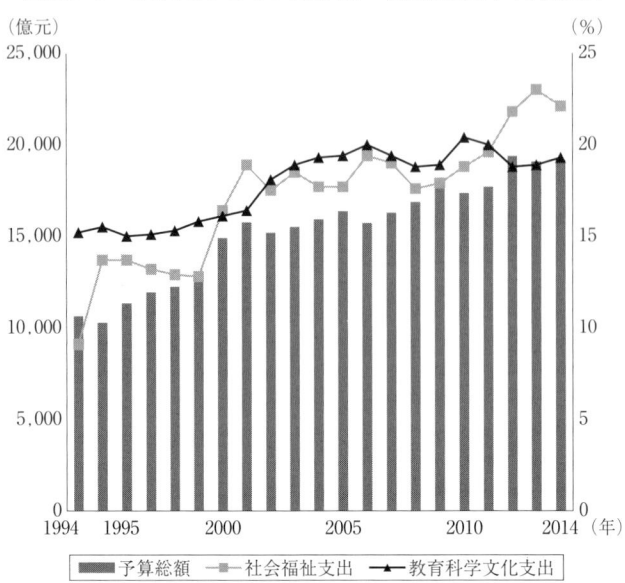

図表1-1　政府予算に占める社会保障・社会福祉支出（年次推移）

注：社会保障・社会福祉支出とは，社会保険，生活保護，社会福祉サービス，職業安定等労働対策，医療保健等の支出。
出所：行政院主計総処「中央政府総予算」（http://www.dgbas.gov.tw/ct.asp?xItem=26269，アクセス日：2015年2月13日）。

972億元（政府支出の9.1％）から，2001年の2,970億元（政府支出の18.9％）へと3倍に増えている（図表1-1参照）。これが選挙を有利に展開するための手段（道具）としての「ばらまき福祉」といわれる理由である。2008年の総統選挙を前に，当時の民進党政府は，2007年，当時最大の福祉課題といわれていた国民年金法を公布した（2008年実施）。それは，すでにある社会保険（軍人保険，労工保険，公教人員保険など）に未加入の人々を対象に，老齢年金，障害年金，遺族年金を給付する制度であり，被保険者は25歳以上65歳未満の者である。

　クリスチャン・アスポールター（Christian Aspalter）は，1980年代後半からの民主化とともに，社会保険や保健・医療・福祉サービスの質を高めるための社会政策は全体的に大きく変化したが，しかしその本質は保守的（conservative）であると指摘する(34)（図表1-2参照）。2008年に総統に就任した国民党の馬英九政権以降もこの方針は変わらず，しかし社会保障・社会福祉関連予算の総

第1章 台湾「社会福利」通史

図表1-2 台湾の保守的社会政策の特徴

分析尺度（評価の基準）	台湾の保守的社会政策の特徴
社会保障・福祉供給の市場と政府の関係	過　去：特定の利益集団への政府対応を除いて，市場と家族が中心的に供給した。 現　在：市場と政府の連携協働による福祉供給
福祉依存に対する政府の態度	政府は福祉依存に反対する。
福祉再分配計画に対する政府の態度	政府は福祉再分配計画に反対する。
社会保障・福祉財政支出に対する政府の態度	国民党，民主進歩党共に財政支出の増大に反対する。しかし，国政選挙並びに地方選挙の際は例外的に対応
望ましい社会保険の体系	労工保険と全民健康保険を基盤とした所得と医療の保障体系
公的福祉制度の主な対象グループ	過　去：軍人と公務員，教員 現　在：大衆（一般の人々）
政府により推奨される福祉イデオロギー	政府は主に福祉供給に対して個人責任を強調する保守的福祉イデオロギーを推奨している。
公的福祉を拡大する主な理由	1．政党間の選挙競争 2．強力な民間団体による社会福祉運動の展開 3．人口統計的，社会的変化：特に少子高齢化と女性の就労拡大

出所：Aspalter, C. *Democratization and Welfare State Development in Taiwan*, Ashgate Publishing Company, 2002, p. 136.

額は，2014年には4,236億元で，政府支出の22.1％を占めている[35]。

（3）複雑な社会・政治不安

　今日の台湾は，アジアの中で，日本を含めシンガポール，韓国と並んで，経済発展の度合いや社会保障の面において，第一グループにランキングされている[36]。

　しかし，台湾は，中国大陸との関係，特に「一辺一国」「一つの中国」をめぐって，複雑な社会・政治的な対立や不安を強くうっ積させている。「一辺一国」とは，それぞれ一つの国という意味で，台湾独立を主張する考え方である。そしてもう一つの「一つの中国」とは，国としての再統一を主張する考え方である。中国側はこれを「中華人民共和国」，台湾側は「中華民国」と，それぞれ見解が違っているが，矛盾（「同床異夢」）はそのままにされている。

　ところがその一方で，経済的には，「台湾地区與大陸地区貿易許可辦法」

(1993年) の施行によって直接貿易が推進され，今日では中国が最大の貿易相手となっている（大陸への輸出は，2000年が43億ドル，2014年が821億ドルと19倍に急増，輸出比率は26.2％）。また，2008年に本格的な「三通」による直接交流が開始されたことによって，巨大化する中国経済との一体化が急ピッチで進んでいる。それは台湾と中国との間（対岸）の通航，通商，通信に関する自由化政策であり，中国側が台湾経済の大陸依存関係の拡大を目的に提案したことが契機である。これによって，人的往来が盛んになり（2013年，大陸を訪れた台湾人が516万人，台湾を訪れた中国人が285万人），また，台湾企業の大陸投資熱が高まることによって（2013年，92億ドル），現在中国には100万人を超える台湾人がいるといわれている。

また，2008年に総統選挙で民主進歩党の候補に勝利した国民党の馬英九が，直行便の就航や中国人観光客の拡大など対中積極開放を軸にした経済発展政策を前面に掲げて就任し今日に至っている（2016年，次期総統選挙）。

4　現代的「社会福利」の動向

(1) 少子高齢化する社会

台湾でも「不婚・不生」による少子化が進んでいる。女性一人当たりの平均子ども数（合計特殊出生率）は，1981年には2.46であったのが1996年1.76，2013（平成25）年1.07と減少し続け，日本と比べても，より急激な低下を示している。一方，高齢化率は，2005年には9.7％であったのが，2030年には24.4％に上昇すると予測されている。この数値は，日本の2012（平成24）年（24.1％）に該当し，18年の開きから，高齢者問題は一見まだ先のように感じられる。しかし，台湾の高齢者問題はそのスピード（人口老化速率）が世界的に速いところに特徴があり，65歳以上高齢人口に占める80歳以上の高齢人口比率が急上昇すると推計されている（2010年24.4％，2060年44.0％）。

今後は核家族・小家族化の進行や平均寿命の伸び（2013年，女性83.3歳，男性76.7歳）とも相まって，速いテンポで一人暮らしや夫婦のみ世帯の高齢者の割

合が増加していく。今日の台湾は，高齢者の所得と医療・介護の保障をどうするかという困難な事態に直面している。この問題解決のためのキーワードは，①介護，②在宅・地域，③中低収入（ボーダーライン），④家族扶養義務である。2008年，「失能老人接受長期照顧服務補助辦法」（認知症高齢者介護給付補助施行規則）が制定され，要介護者の地域ケアサービスの拡充と在宅・地域ケア利用の一部自己負担割合が明記された。また，2009年，行政院経済建設委員会（2014年，国家発展委員会に改組）は重大政策として「新世紀第三期国家建設計画」を策定し，この中で「我国長期照顧十年計画」推進の一環として「長期照顧保険」（日本の介護保険制度に相当）の構想が示された。(40) 2011年現在，社会福祉施設・機関総数は2,052カ所で，その内の62.2％を老人福祉施設・機関が占め，約9割が1991年以降に（2001年以降は60.7％）創設されたものであった。(41)

（2）「社会福利」の新方向と専門職制の拡大

　台湾のさまざまな社会保障・社会福利関連法は中華民国憲法（1947年）を根源に成り立っている。同憲法では，人々の生存権を保障するため，国家は扶助と救済，母性保護と児童福祉，衛生保健事業と公的医療制度を実施すべきことを謳っている。また，2000年の改正条文に，心身障害者の自立と扶助，先住民族の地位と政治参加の保障とあわせて，女性の人格尊厳と人身の安全保障が加わった。これにより，家庭暴力防治法（1998年）(42)，両性工作平等法（2001年，日本の男女雇用機会均等法に相当）がより強力に推進されている。福祉の重要な手段・方法は，貧困が公的扶助，疾病が医療保険，高齢が年金，公的扶助，社会手当，失業が雇用保険，公的扶助，障害が医療保険，障害年金，社会手当，労働災害が災害補償保険，雇用者責任などであり，アジアでは日本と韓国と基本的には同じシステムとなっている。(43) 社会保障・社会福利の主な体系は図表1-3の通りである。

　中央政府の組織は，従来，行政院（内閣に相当）内政部が社会福祉を，衛生署が保健医療を，労工委員会が労働をそれぞれ管理・管轄していた。来るべき超高齢社会の到来に対応すべく，2013年，中央政府の機構改革が行われ，行政

第Ⅰ部　歴史編

図表1-3　社会保障・社会福利の主な体系

社会保険―全民健康保険，国民年金，公教人員保険，労工保険，軍人保険。
社会手当―中低収入老人生活津貼，中低収入老人特別照顧津貼，老年農民福利津貼，身心障礙者生活補助費発給，特殊境遇家庭（特に支援を必要とする家庭）扶助。
公的扶助―社会救助（生活扶助，医療補助，急難救助，災害救助）。
社会福祉―老人福利，長期照顧服務，身心障礙者権益保障，児童及少年福利與権益保障，医務及心理衛生福利，性別工作平等，家庭暴力防治。

院衛生署（医療保健庁）を主軸に，内政部（内務省）から社会司（社会局），児童局，家庭暴力防治委員会の業務を移管統合する形で，衛生福利部（保健福祉省）を発足させた。労工委員会については，2014年，労働部（日本の旧労働省に相当）に再編昇格させた。地方は，直轄市，県（市）政府がそれぞれ所管している。なお，「衛生福利部」組織再編図は図表1-4の通りである。

　台湾の社会福祉政策は，家族成員相互の助け合いの仕組みを通じた自助努力を強調するところが特徴である。台湾の家族は，文化的に保守的養老観念（「孝道」倫理＝漢人の儒教道徳）が強く，家族による扶養を謳う「伝統的」側面と結合させる形で法制度が整備されている。たとえば，親権（監護権）をめぐる親子関係について，民法には次のような規定がある。「子は，父母を敬い，孝行に努めなければならない」（第1084条），「父母は，婚姻の無効，離婚にかかわらず，未成年の子に対して扶養の義務を負う」（第1116条の2）。そして，この家族（親子）の紐帯を重視する諸規定が，父母に対して，社会的養護などの公的支援を受ける際の条件を制限し，厳しい規制を課していく。

　こうした状況のもと，自立支援，家族支援の担い手としてソーシャルワーカー（社会工作人員及び社会工作師）の役割が重要視されている。1997年，社会工作師法[44]が制定され，ソーシャルワーカーの資格制度が確立された。「専門職業及技術人員高等考試社会工作師考試規則」に基づき試験を実施している。社工師試験合格者総数5,239人，その内，執業許可証申請総数3,837人となっている（2013年現在）[45]。2009年から2013年までの5年間の平均合格率は11.8％であった[46]。2003年から2013年の10年間で，社会工作専職人数（社会工作人員及び社工師）が2,713人から1万310人へ3.8倍に伸びている。後者の内訳は，公的部門が34.8

図表1-4 「衛生福利部」主な組織再編図

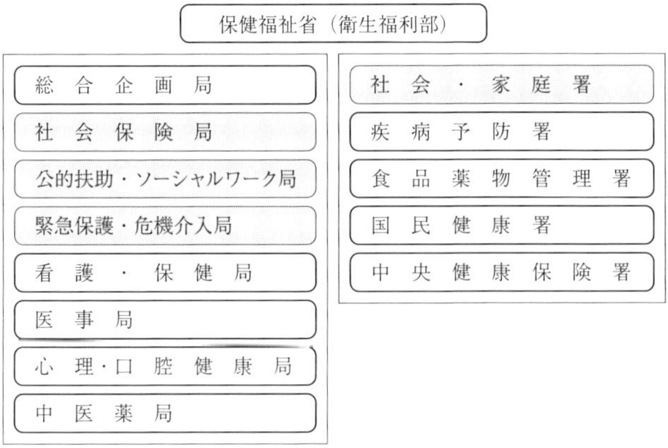

保健福祉省（衛生福利部）

- 総合企画局
- 社会保険局
- 公的扶助・ソーシャルワーク局
- 緊急保護・危機介入局
- 看護・保健局
- 医事局
- 心理・口腔健康局
- 中医薬局

- 社会・家庭署
- 疾病予防署
- 食品薬物管理署
- 国民健康署
- 中央健康保険署

注：□□□□ が内政部からの改組転換。

％，私的部門が65.2％であった。また規制緩和・民間参入の一方で，児童及少年福利機構専業人員資格及訓練辦法（2004年），老人福利服務専業人員資格及訓練辦法（2007年）など各種任用資格・訓練法の施行による，政府の規制強化という逆方向の動きがある。

(3) 民間非営利組織・団体の発展

　台湾では歴史的に，親戚や同族が困った時に互いに相談して助け合う慣習が世代を越えて継承されてきた。相互扶助が活発な理由として，漢人の儒教道徳である「孝道」の考え方が根強く残っていることが挙げられる。

　また，民族が言葉や文化に違いを持ちながらせめぎ合う社会にあっては，親戚や同族の利益は自力で守るしかない。さらに，統治者が頻繁に交替した歴史も影響している。そこにあっては，人々は国家や政府の保護を期待できず，自分の努力で生きることを余儀なくされる。

　しかし，親戚や同族の結束力が強いその分，人々はそこを離れると帰属感情が希薄で，排他的となって共助（互助）のすそ野が拡がらない，という問題を抱えていた。それが1990年代に入り，加速する政治の民主化の中で，互いの独

自性を尊重しながら共存を模索しようとする動きが社会全体に出現してくる。その一つが，先住民，漢人（本省人・外省人）という枠を越えた，全国ボランティア・ネットワークの結成である。とりわけ，台湾児童暨家庭扶助基金会，弘道老人福利基金会，伊甸(エデン)社会福利基金会などの活動が知られている。

　筆者は，各種の社会福祉施設を訪ねるごとに，仏教，道教，儒教，キリスト教，回教など，それぞれに隣り合い仕切られた空間で，人々が熱心に祈りをささげる光景に触れ，日常の暮らしが宗教と深く結びついていることを実感させられる。台湾では，さまざまな宗教団体が人々の心の救いや生活の安らぎのために，社会活動を積極的に行っている。行政院主計総処の「各宗教教務及社会服務概況」によれば，2013年現在，寺廟の総数が1万2,000カ所，教会が3,300カ所，そして，信徒の総数が158万1,000人となっていて，そのうち，道教が51.5％（81万5,000人），プロテスタントが25.1％（39万7,000人），カソリックが11.4％（18万1,000人），仏教が9.7％（15万3,000人），その他が2.3％（3万5,000人）となっている。しかし，実際には，仏教の仏と道教の神とを共に祭り共に拝む姿も広くみられ，多くの人々が自身を仏教徒であると同時に道教徒でもあると考えている。

（4）拡大する営利有償型「社会福利」

　2000年代に入り，政府の民間社会福祉に対する見解と姿勢は大きく変わった。「民間部門の範疇は非営利団体（公設民営，事業委託）を中軸とするこれまでの枠組みを越え，企業を含んで幅を広げつつある」。

　台湾では，飛躍的な経済成長や中国大陸との交易で富を得た新富裕層や新中間層が拡大している。人々の所得水準が上昇するに伴い，政府は個人主義，自己責任・自己負担原則の方向へと，社会福祉政策の舵を大きく切ろうとしている。すなわち，「現代的福利思潮」としての「民営化與商品化」（民営化と商品化）である。

　1980年代後半以降，統制的経済体制の開放（公営・国営企業の民営化，すなわち，経済自由化政策）に伴って，政府の高齢者施政計画においても，民間資本の

参入と主導性が強まった。

「促進民間参與公共建設法」(2000年),「促進民間参與老人住宅建設推動方案」(2004年) が相関して,民間が自己資金を「銀髪産業」[53]に投資することを奨励し,さまざまな優遇措置(経費補助)を行った。これを受け,2004年,台湾の最大企業グループ・台湾プラスチックは,台北市近郊に6,000人(4,000戸)規模の「老人社区」(退職者コミュニティ)の経営を開始した。その他の大企業グループも進出を予定し,業界は製造,金融,建設・不動産,総合と多岐にわたっている。顧客ターゲットには,日本の団塊世代が含まれ,また,これらの企業は中国,東南アジアへの進出を企図している。

また,「長期照顧保険法」(長期介護保険法)の施行に伴い(2015年6月4日同法案を閣議決定,2年後施行の予定),サービス利用者が15万人から82万人に増大するといわれており,介護関連産業が飛躍的に拡大することは間違いない。こうして,極めて豊かな層は,自己負担でゴージャスな各種サービスをふんだんに受けられるようになった。その一方で,中間層よりも低い層は厳しい条件におかれている。営利有償型福祉の特徴は,コスト効率性の追求であり,このため「外籍護工」[54]の雇用の奨励あるいは社会工作師(人員)に対する業務外注(委託)の拡大が予測される。

おわりに

今日の台湾では,戒厳令の解除と民主化の進展に伴って,台湾人としてのアイデンティティが模索され,それとの関連で歴史の洗い直しの作業が続いている。そしてその流れの中で,日本統治下の社会事業史を主題に庶民が気軽に読める書籍(たとえば『台湾百年人物誌』『正港台湾人 介紹20位對台湾貢献卓著的外国人』『快読台湾歴史人物』など)が数多く出版されている。それは植民地社会事業の掘り起こしが『台湾人の視点』から一般の人々を含め広く行われるようになったことの証左である。こうした状況のもと,それを「日本人の視点」から掘り起こし,比較照合することは,相互理解を深めるうえで意義深い。台湾「社

第Ⅰ部　歴史編

会福利」通史の研究は，日台双方にとってバイラテラル（bilateral：両側の，双方向の）な相補的で互酬的な関係でなければならないのである。

注
(1) ARC国別情勢研究会『ARCレポート──経済・貿易・産業報告書──2014/2015 台湾』ARC国別情勢研究会，2014年，14頁。
(2) アジア経済研究所編『アジア動向年報　2014』アジア経済研究所，2014年，215頁。
(3) 2014年の人口約2,343万人の内，先住民族が2.3％を占め，約54万人。先住民族は16族でアミ族が37.1％で最多。続いて，パイワン族17.8％，タイヤル族15.9％（「103年原住民人口概況」『内政統計通報』104年第47週，内政部統計処，2015年）。
(4) 殷允芃／丸山勝訳『台湾の歴史──日台交渉の三百年』藤原書店，1996年，30頁。
(5) 呉密察監修，遠流台湾館編著，横澤泰夫編訳『台湾史小事典』増補改訂版，中国書店，2010年，19頁。
(6) 殷，前掲書，121-122頁。
(7) 経典雑誌編著『台湾慈善四百年　清領編，日治編，戦後編』経典雑誌，2006年，57頁。
(8) 杵淵義房『台湾社会事業史（上）』徳友会，1940年（永岡正己総合監修，大友昌子・沈潔監修『植民地社会事業関係資料集　台湾編』9巻，近現代資料刊行会，2000年，374頁所収）。
(9) 同前書，379頁。
(10) 同前書，421-422頁。
(11) 経典雑誌編著，前掲書，57頁。
(12) 杵淵，前掲書，421-422頁。
(13) 呉監修，遠流台湾館編著，横澤編訳，前掲書，117頁。
(14) マッケイの功績を称え，台北市に設置された病院。マッケイが1880（明治13）年に台北市郊外の淡水に開設した偕医館が前身。
(15) 沼崎一郎『台湾社会の形成と変容──二元・二層構造から多元・多層構造へ』東北大学出版会，2014年，48頁。
(16) 王昭文「拯救乞丐的社会改革者──施乾」『20世紀台湾歴史與人物──第6回中華民国史専題論文集』国史館印行，2002年，379-383頁。
(17) 台湾教育会編『台湾教育沿革誌』1939年（『旧植民地教育史資料集』4巻，青史社，1982年，261頁所収）。
(18) 蔡薫光「台湾総督府による台湾籍民学校の成立──東瀛学堂・旭瀛書院・東瀛学

校」『東京大学日本史学研究室紀要』16号，2012年，135頁。
(19) 感化教育施設として，本願寺（真宗大谷派）台北別院が1909（明治42）年に設立。1922（大正11）年，台湾での感化法の一部施行に伴い，運営・管理を総督府に移管。多年にわたり院長を務めた杵淵義房は大著『台湾社会事業史』（1940年）を著した。
(20) 医師の木村謹悟が木村胃腸病院内に木村盲唖教育所を設置したのが始まり。木村の功績が次のように語られている。「全く一私人の独力経営する処で院長木村謹吾の極めて精神的なる事は近代稀に見る処である。学校経営は営利ではない。営利たるには学校経営は余りに縁遠い。学校経営を為さんとする者にはそこに已むに已まれぬ熱血のほとばしりがある」（吉野秀公『台湾教育史』台湾日日新報社，1927年，540頁）。1928（昭和3）年，運営・管理を台北州に移管。現在，台北市立啓明学校と台北市立啓聰学校。両校は台湾の盲聾学生の教育機関として著名。
(21) 吉野秀公『台湾教育史』台湾日日新報社，1927年，248-251頁。
(22) 林萬億「当代慈善特色 従救済転為福利的社福事業」経典雑誌編著『台湾慈善四百年 清領編，日治編，戦後編』経典雑誌，2006年，137頁。
(23) 1934（昭和9）年，嘉義隣保館設立。1936（昭和11）年，台中隣保館設立。1937（昭和12）年，東勢社会館，彰化隣保館，豊原社会館，清水社会館設立。1938（昭和13）年，新竹市方面委員事業助成会社会館設立。
(24) 杵淵義房『台湾社会事業史（下）』徳友会，1940年（永岡正己総合監修，大友昌子・沈潔監修『植民地社会事業関係資料集 台湾編』11巻，近現代資料刊行会，2000年，9頁所収）。
(25) 李健鴻『慈善與宰制──台北県社会福利事業史研究』（北県歴史與人物叢書5）台北県立文化中心出版，1996年，67-90頁。
(26) 1947年2月28日，台北市で勃発した民衆と国民党軍との衝突事件。国民党軍はこれを武力で鎮圧した。暴動と無関係の台湾で指導的地位にあった人々も，数多く逮捕，殺害され，民衆の国民政府に対する恐怖が続いた。
(27) 沼崎 前掲書，57頁。
(28) 同前書，73頁。
(29) 北波道子「台湾における公営事業民営化と行政院国軍退除役官兵輔導委員会」『関西大学 経済論集』57巻3号，関西大学経済学会，2007年，21-42頁。
(30) 1979年12月，高雄市で行われた雑誌『美麗島』主催の人権擁護大会で，警察とデモに参加した民衆が衝突し，主催者らが投獄された事件。国民政府は国際社会から厳しい批判を浴び，民主化への気運が一気に高まった。
(31) 台北州（現・新北市）生まれ。京都帝国大学・台湾大学卒業。アメリカ留学を経て，台北市長に就任。副総統在職中の1988年，死去した蔣経国の後を継いで本省人としてはじめて総統に就任し民主化を推進した。1996年，台湾で最初の直接選挙に

より再選。2000年，任期満了。
(32) 沼崎，前掲書，108-109頁。
(33) Wong, J. *Healthy Democracies : Welfare Politics in Taiwan and South Korea*, Cornell University Press, 2004, pp. 62-63, 151-152.
　　Aspalter, C.（ed.）, *Health Care Systems in Europe and Asia*, Routledge, 2012, p. 147.
(34) Aspalter, C. *Democratization and Welfare State Development in Taiwan*, Ashgate Publishing Company, 2002, pp. 90-93.
(35) 行政院主計総処「中央政府総予算」（http://www.dgbas.gov.tw/ct.asp?xItem=26269，アクセス日：2015年2月13日）。
(36) 広井良典・駒村康平編『アジアの社会保障』東京大学出版会，2003年，11頁。
(37) アジア経済研究所編『アジア動向年報　2015年』アジア経済研究所，2015年，239頁。
(38) ARC国別情勢研究会，前掲書，46-60頁。台湾人の中国就労は，大陸が「台湾香港澳門居民在内地就業管理規定」（1994年），台湾が「台湾地区與大陸地区人民関係条例」（1992年）に基づき行われている。
(39) 行政院経済建設委員会人力規画処『2012年至2060年台湾人口推計』行政院経済建設委員会，2010年，22頁。
(40) 行政院経済建設委員会「新世紀第三期国家建設計画」2009年。
(41) 衛生福利部統計処『「100年社会福利服務機構概況調査」結果摘要分析』衛生福利部統計処，2011年，9-12頁。
(42) 子ども虐待，配偶者暴力，高齢者虐待を家庭内暴力というキーワードで一つに括り，老親，夫婦，親子，兄弟などに対する総合的な暴力防止と被害者保護の対応策を定めた法律。
(43) Ku, Yeun-Wen. "Comparative Welfare Policy Instruments in East Asia", Ka Ho Mok and Ray Forrest（eds.）, *Changing Governance and Public Policy in East Asia*, Routledge, 2009, pp. 143-148.
(44) 総則，資格取得，業務，社会工作師事務所，社会工作師協会，罰則などについて，全57条から構成。社会工作師とは，社会工作の専門的な知識と技術を用いて，社会的機能の回復，促進を目的に，個人，家族，集団，地域を援助する専門職業者をいう（同法第2条）。
(45) 衛生福利部社会救助及社工司「歴年社会工作師及格人数統計」及び「領有社会工作師執照人数」（http://www.mohw.gov.tw/cht/DOSAASW/DM1.aspx?f_list_no=580，アクセス日：2014年2月18日）。
(46) 考選部『考選統計　中華民国102年』考選部，2014年，370-371頁。

⑷⑺　内政部『内政統計年報　中華民国97年』内政部，2009年，310-311頁。及び，衛生福利部社会救助及社工司「社会工作専職人員数」(http://www.mohw.gov.tw/OHT/DOS/DisplayStatisticFile.aspx?d=31885，アクセス日：2014年2月18日)。
⑷⑻　低麗珍「社会工作専業発展與社会工作師證照的対話」『国家菁英季刊』4巻4期，考選部，2008年，127-140頁。
⑷⑼　1964年設立の全国規模で児童福祉を実践する民間団体。さまざまなボランティアグループが，台湾全域23カ所の家庭扶助中心（家庭扶助センター）をステーションに，専門家と連携しながら，児童養護，里親，障害児療育，家庭教育，非行臨床などの実践を続けている。
⑸⑼　信徒数については各宗教の帰依の規定に基づいて記載されている。行政院主計総処編『統計年鑑　民国102年』行政院主計総処，2014年，75頁。
⑸⑴　荘秀美「台湾における高齢者福祉の民営化の実態と課題──企業の参入をめぐって」『海外社会保障研究』157号，国立社会保障・人口問題研究所，2006年，87頁。
⑸⑵　低，前掲論文。
⑸⑶　シルバー・マーケットのこと。
⑸⑷　海外からの出稼ぎ介護労働者のこと。1992年，就業服務法の施行により法的根拠を整備。これまでフィリピン，ベトナム，インドネシアなどの東南アジア諸国から，資格や専門性などの条件を低くして，積極的に受け入れた。このため，多くが低賃金・不安定就労である。

参考文献

永岡正己総合監修，大友昌子・沈潔監修『植民地社会事業関係資料集　台湾編』（全30巻）近現代資料刊行会，2001年。

台湾史研究部会編『台湾の近代と日本』中京大学社会科学研究所，2000年。

廖宜方『図解　台湾史』易博士文化，2004年。

伊藤潔『台湾──四百年の歴史と展望』中公新書，1993年。

周婉窈／濱島敦俊監訳『図説　台湾の歴史』平凡社，2007年。

沈潔編著『中華圏の高齢者福祉と介護──中国・香港・台湾』ミネルヴァ書房，2007年。

世界経済情報サービス編『ARCレポート　台湾2007』世界経済情報サービス，2007年。

呉密察監修，遠流台湾館編著　横澤泰夫編訳『台湾史小事典　増補改訂版』中国書店，2010年。

又吉盛清『台湾　近い昔の旅──植民地時代をガイドする』凱風社，1996年。

王順民『宗教福利』亜太図書出版社，1999年。

第Ⅰ部　歴史編

アジア経済研究所編『アジア動向年報　2009年』アジア経済研究所，2009年。
若林正丈『台湾の政治——中華民国台湾化の戦後史』東京大学出版会，2008年。
何義麟『台湾現代史——二・二八事件をめぐる歴史の再記憶』平凡社，2014年。

第2章 日本人による「私設社会事業」の展開
——「セッツルメント人類之家」創設者・稲垣藤兵衛

はじめに

　前述したように，今日の台湾では，日本統治下の社会事業史を主題に，庶民が気軽に読める書籍が多数出版されている。それは植民地社会事業の掘り起こしが「台湾人の視点」から一般の人々を含め広く行われるようになったことの証左である。こうした状況のもと，それを「日本人の視点」から掘り起こし，比較照合することは，相互理解を深めるうえで意義深い。

　2010年9月，台湾の文化的中心である台北国家戯劇院のメインホールで台湾音楽劇三部曲「渭水春風」(The Impossible Times) が上演された。それは，「台湾の孫文」(台湾孫中山)，「抗日運動の英雄」と称されている蔣渭水の思想と行動を主題としたオペラで，彼を支えた朋友として稲垣藤兵衛が取り上げられ，準主役級で登場する。本章では，この日本では取り上げられることのなかった「セッツルメント人類之家」創設者・稲垣藤兵衛の思想と実践について考察する。

　稲垣藤兵衛は，1892（明治25）年3月10日，京都府に生まれ，1914（大正3）年，同志社大学政治経済部経済科を選科生として卒業した[1]。翌1915（大正4）年の神学科卒業生に，清水安三[2]（1891-1988年），周再賜[3]（1888-1969年）がいる。そして，卒業と同時に台湾に渡り，1916（大正5）年，台北市大稲埕に「セッツルメント人類之家」を創設し，数々の先駆的社会事業を展開した。しかし，終戦により，1947（昭和22）年，国民政府より強制帰還を命ぜられ，最後の引揚船で帰国する。その後，1955（昭和30）年3月20日，病を得て63歳で没した（図表2-1参照）。

第Ⅰ部　歴史編

図表 2-1　稲垣藤兵衛　略年譜

1892（明治25）年	3月10日出生（京都府）
1894（明治27）年	日清戦争
1895（明治28）年	下関条約（遼東半島，台湾，澎湖諸島の割譲）　台湾，日本統治下
1897（明治30）年	片山潜，東京神田にキングスレー館を設立
1898（明治31）年	児玉源太郎が第4代台湾総督に就任　後藤新平が総督府民政局長に就任
	台湾公学校令制定
	保甲条例制定
1899（明治32）年	台北仁済院・台南慈恵院・澎湖晋済院を設立
	施乾，出生（台北州淡水郡）
1904（明治37）年	日露戦争
	台中慈恵院を設立
1905（明治38）年	ポーツマス条約（旅順・大連の租借権，北緯50度以南の樺太の割譲）
1906（明治39）年	嘉義慈恵院を設立
1910（明治43）年	大逆事件
	韓国併合
	台湾総督府，「五箇年計画理蕃事業」を開始
	大科崁の役
1911（明治44）年	辛亥革命
1912（大正1）年	中華民国成立
	大正デモクラシー（自由主義の風潮高まる）
1913（大正2）年	連温卿，世界人工語（エスペラント）運動を開始
	苗栗事件
1914（大正3）年	(22歳) 同志社大学政治経済部本科経済科（旧専門学校課程）卒業，渡台
	第一次世界大戦（―1918〔大正7〕年）
	後藤新平「最近殖民政策」につき同志社で講演
	太魯閣番の役，西来庵事件
1915（大正4）年	佐竹音次郎，鎌倉保育園台北支部を大稲埕下奎府町一丁目に設立
	蔣渭水，台北市大稲埕に大安医院を開業
	蕃務本署を廃止（武力討伐による蕃人統治政策に終止符）
1916（大正5）年	(24歳) 台北市大稲埕港町二丁目に稲江義塾設立
1917（大正6）年	ロシア革命　民族独立の世界的な潮流　米国大統領ウィルソン「民族自決」を提唱
1918（大正7）年	シベリア出兵
	米騒動勃発
1919（大正8）年	朝鮮（三・一独立運動），中国（五・四運動）など各地で反日・独立運動
	台湾教育令制定（本島人，内地人の分離教育政策の実施）
	田健治郎が最初の文官総督に就任，「内地延長主義」政策を掲げる
1920（大正9）年	施乾，商工課の全台北市民調査で艋舺区域を担当
	台湾議会設置請願運動
1921（大正10）年	私立静修高等女学校（台北市大稲埕）を会場に台湾文化協会創立集会（民族啓蒙運動の高まり）　林献堂が理事長に就任
	清水安三・美穂夫妻，北京に崇貞学園を設立
1922（大正11）年	(30歳) 艋舺で自廃運動を開始
	台湾教育令を改正（本島人と内地人との共学制の導入）
	新竹・高雄慈恵院を設立

第 2 章　日本人による「私設社会事業」の展開

1923（大正12）年	関東大震災
	施乾，艋舺に台北愛愛寮を設立
	台北，新竹，台南，高雄の各州に方面委員制度を設立
1925（大正14）年	治安維持法制定
	(33歳) 三菱財閥による土地収奪に農民の先頭に立ち闘争
	施乾『乞丐社会的生活（乞食社会の生活）』『乞丐撲滅論（乞食撲滅論）』を発刊
	賀川豊彦，大阪に四貫島セツルメント設立
1927（昭和2）年	(35歳) 社会・文化運動機関紙『非台湾』編集発行
1928（昭和3）年	**(36歳) 大稲埕下奎府町三丁目州有地四千百四十坪の貸下を受け稲江義塾を移転**
	施乾，昭和天皇の即位大典に参加
	台湾社会事業協会設立（事務局を総督府内に設置）
1929（昭和4）年	世界恐慌
1930（昭和5）年	施乾，「御下賜金」3,000圓を獲得
	(38歳) 託児所を開始
	霧社事件
1931（昭和6）年	満州事変（戦時体制強まる）　台湾文化協会の終焉
	(39歳) 人類之家，毎年紀元節にあたり奨励御下賜金を受領（各年400圓）
1932（昭和7）年	満州国建国
	(40歳) 人類之家，台湾社会事業協会より2,000圓，恩賜財団慶福会より1,000圓の補助金を受け七十余坪の講堂及び教室各一棟の建築に着手し竣工
1933（昭和8）年	施乾，愛愛寮を財団法人に改組（理事長を金子光太郎として，自身は常務理事として実質運営）
1934（昭和9）年	施乾，京都在住の清水照子と結婚
	嘉義隣保館設立
1936（昭和11）年	台中隣保館設立
1937（昭和12）年	日中戦争の勃発
	東勢社会館，彰化隣保館，豊原社会館，清水社会館設立
	総督府「皇民化運動」の推進
	「国語家庭」制度（日本語奨励策）を開始
1938（昭和13）年	国家総動員法制定
	新竹市方面委員事業助成会社会館設立
1939（昭和14）年	清水安三・郁子夫妻，北京にセツルメント愛隣館を設立
1940（昭和15）年	改姓名（中国姓を廃して日本式の氏名に改めさせる政策）
1941（昭和16）年	「皇民奉公会」発足，台湾総督府谷川清が総裁に就任
	太平洋戦争（-1945〔昭和20〕年）
1944（昭和19）年	施乾，脳溢血のため急逝（享年45歳）
1945（昭和20）年	ポツダム宣言受諾・降伏
1947（昭和22）年	(55歳) 国民政府より強制帰還を命ぜられ最後の引揚船で帰国
	二・二八事件
1949（昭和24）年	蔣介石率いる中華民国政府，台湾に撤退
	「戒厳令」発令，白色テロ拡大，中華人民共和国建国
1950（昭和25）年	朝鮮戦争勃発
1955（昭和30）年	(63歳) 3月20日永眠

注：太字は稲垣藤兵衛関連，下線部は施乾（第2章で展開）関連の出来事。

第Ⅰ部　歴史編

　ここで稲垣の思想と実践を取り上げる理由は，日本の植民地支配が終わって70年が過ぎた今も，台湾の人々から「稲藤」と親しみ深い態度で敬意をもって語り継がれていることへの驚きからである。日本人による統治下の台湾社会事業の対象は，「本島人」（台湾人）よりも「内地人」（台湾在住の日本人）が主流であった。そうした時代，「稲藤」は何を望んで「本島人」のためにセッツルメント活動を展開したのか。本章では，彼の生きざまを通して，今日の社会福祉実践に対する問題提起を読み取りたい。また，筆者と並行する形で台湾においても稲垣の研究が進められ，その過程で，真理大学(4)及び佛教慈済功徳会(5)より文献の提供を受けた。前述の文献及び筆者が渉猟した資料を基に，従来の認識に再検討を加えたい。

1　「セッツルメント人類之家」とは

（1）事業の概要

　人類之家の沿革について，台湾総督府文教局「台湾社会事業要覧　昭和六年三月」に，次のように書き記されている。

　　「大正五年九月十五日設立，稲垣藤兵衛は台北市大稲埕に於ける細民の生活改善並びに人格的接触に依り住民を精神的に感化善導せんと企図し港町二丁目に『セッツルメント人類之家』を創設し，隣佑の指導者となり，之を精神的，物質的に向上せしむる為め，事業を社会部及び児童部の二部に分かち社会部に於いては相談，巡回訪問，就職斡旋，失業者及び浮浪者の保護並びに之が教化に努め，児童部に於いては簡易教育の普及と不良少年発生防止の一端として稲江義塾を設け，隣人の子弟にして就学の機会なき者を収容し国民として必要なる初等教育を授くると共に不良少年を収容して之が感化に務む。而して港町本館は市区改正の為め，道路敷地に衝り早晩移転の要あるを以って，昭和三年七月下奎府町三丁目州有地四千百四十坪の貸下を受け一部を農園とし，其他は目下敷地地均し及び舊建物を取

除中にして，昭和五年より託児所を開始の予定なり」[6]。

　事業概要について，前述の「台湾社会事業要覧」(各年版)に基づきまとめると (図表2-2-1~2参照) その要点は以下のようになる。①本島人の貧困・低所得者層が居住する地域を拠点に活動した，②個人経営を貫き通した，③児童部と社会部を設け子どもから大人まで全ての住民を対象に総合的な社会事業を展開した，④稲江義塾を設け貧困のために教育を受けられない子どもに初等教育を実施した，⑤婦人保護活動を実践した。

(2) 児童部・稲江義塾

　日本植民地下の本島人 (台湾人) を代弁した台湾の代表紙『台湾民報』において，設立から13年目を迎えた稲江義塾の卒業式の様子が次のように紹介されている。

　　「三月十八日午後一時港町所在の義塾で人類之家の卒業兼修業式及び学芸会を挙行した。この日列席の父兄，各界来賓を併せ四百名。学芸会は，唱歌，遊戯，対話，演説など計二十種の題目で，その演芸の熟練と精巧は公学校と遜色無し。列席の父兄と来賓は拍手喝采，五時閉会。稲垣は『高等遊民的学校教育』『製造知識階級的浮浪者』に反対し，『萬人労働的労作主義新教育』を実践してきた。開校十三年で，千人以上の不就学の台湾人児童及び台湾語発音の困難な中国人児童を収容している」[7]。

　当時の台湾の初等教育は，内地人 (台湾在住の日本人) 子弟に対し小学校で，本島人子弟に対し公学校 (6年制及び3-4年制) で，それぞれ別に行われた。しかし，それは台湾の言語，習俗，道徳，宗教，などの生活様式の総体を尊重するためのものでは決してなかった。あくまでも，台湾人に対する公学校教育を規定する原則は，国語 (日本語) の普及にあった[8]。台湾総督府文教局が実施した学齢児童就学率調査によれば，1919 (大正8) 年，内地人子弟は96％と高

図表 2-2-1　セッツルメント人類之家事業概要 1（事業成績及び経費）

1929（昭和4）年度		1931（昭和6）年度		1934（昭和9）年度	
社会部		社会部		社会部	
失業者保護（負傷のため）	3人	相談指導	383件	相談指導	531件
延人員	1,035人	医療救護	97件	医療救護	96件
相談指導	324件	浮浪者指導	48人	浮浪者指導	70人
医療救護	157件	職業紹介	215人	宿泊保護　延人員	58,937人
浮浪者身柄引取	63人	宿泊保護　実人員	103人	帰郷旅費貸給与	41件
職業紹介	215人	延人員	3,237人	婦人保護	26件
宿泊保護　実人員	37人	帰郷旅費貸与	38件	交渉斡旋	98件
延人員 2,923人　平均79泊		婦人保護	11件	児童部	
巡回訪問　　毎日	1回	交渉斡旋	79件	児童給食　延人員	2,621人
児童部		児童部		稲江義塾収容児童	189人
稲江義塾収容児童	178人	児童給食　実人員	187人	夜間国語講習	42回
不良少年保護	34人	延人員	1,654人	不良少年保護	14人
学用品給貸与	68人	稲江義塾収容児童	164人	学用品給貸与	75人
児童宿泊保護　毎日	7人	夜間国語講習	28人	職業補導講習	9人
夏季林間学校	1回	不良少年保護	36人	児童宿泊保護	23人
		学用品給貸与	72人		
		児童宿泊保護	7人		
収　入		収　入		資　産	10,800・00圓
奨励金, 助成金	330・00圓	奨励金	400・00圓	建　物	7,000・00
農園収入	736・19	補助金	4,000・00	其　他	3,800・00
寄付金	1,250・00	農園収入	640・00		
基金より生じる収入	14・50	寄付金	1,700・00		
その他	3,719・50	その他	480・00		
計	6,050・19	計	7,220・00		
支　出		支　出			
事務費	282・00圓	事務費	150・00圓		
事業費	5,768・19	事業費	1,470・00		
計	6,050・19	臨時費（建築費）	5,600・00		
資　産	5,995・50圓	計	7,220・00		
		資　産	5,995・50圓		

注：「台湾社会事業要覧」の数値は漢数字表記であった。
出所：台湾総督府文教局「台湾社会事業要覧　昭和六年三月」（2巻，265-266頁），「台湾社会事業要覧　昭和八年三月」（3巻，206-207頁），「台湾社会事業要覧　昭和十年九月」（5巻，197-198頁）（永岡正己総合監修，大友昌子・沈潔監修『植民地社会事業関係資料集　台湾編』各巻，近現代資料刊行会，2001年所収）。

率であったが，本島人子弟は21％，とりわけ女子が7％（男子32％）と低かった。吉野秀公は『台湾教育史』の中で次のように述べている。

　　「本島人向学心の向上と財界の好況とに依り公学校教育は近年益々発展の域に進んで居る。大正七年末には学校数本分校合わせて三百九十四校で

第2章 日本人による「私設社会事業」の展開

図表 2 - 2 - 2　セッツルメント人類之家事業概要 2（事業成績及び経費）

1935（昭和10）年度		1938（昭和13）年度		1940（昭和15）年度	
社会部		社会部		社会部	
相談指導	273件	相談指導	126件	相談指導	83件
医療救護	97件	医療取扱	29人	医療救護	27件
浮浪者保護	54人	浮浪者保護	29人	浮浪者保護	24人
宿泊保護　延人員	6,734人	宿泊保護　延人員	7,238人	宿泊保護　延人員	4,365人
職業紹介	75件	職業紹介	25件	職業紹介	84件
帰郷旅費貸給与	52件	帰郷旅費貸給与	378件	帰郷旅費貸給与	143件
婦人保護	37件	婦人保護	45件	婦人保護	22件
児童部		児童部		児童部	
児童給食保護　延人員	2,738人	児童給食保護　延人員	4,380人	児童給食保護　延人員	3,916人
学用品貸与	89人	学用品貸与	91人	学用品貸与	6,240人
稲江義塾収容児童	185人	稲江義塾収容児童	235人	稲江義塾収容児童	225人
夜間国語講習	57回	夜間簡易国語講習	68人	夜間国語講習	93人
職業補習講習	10人	児童宿泊	34人	児童宿泊	21人
不良少年保護	17人	不良少年保護	45人	不良少年保護	31人
資　産		昭和十三年度決算		昭和十五年度決算	
	10,800・00圓		5,235・00圓		10,635・00圓
建物	7,000・00	昭和十四年度予算		昭和十六年度予算	
其他	3,800・00		5,320・00圓		12,234・00圓
		資　産		資　産	
			12,500・00圓		69,300・00圓

注：児童給食保護は罹病率・死亡率の低減を目的に保健事業の一環として行われた。なお児童並びに収容保護中の者を自然に親しめ勤労精神を涵養するため農園を経営している。

出所：台湾総督府文教局「台湾社会事業要覧　昭和十三年十一月」（6巻，203-204頁）、「台湾社会事業要覧　昭和十四年十一月」（7巻，226-227頁）、台北州「社会事業概要　昭和十五年度」（40巻，134-135頁）（永岡正己総合監修，大友昌子・沈潔監修『植民地社会事業関係資料集　台湾編』各巻，近現代資料刊行会，2001年所収）。

あったが大正十年には五百三十一校に達し児童数は大正七年に於いて男九万二千女一万六千五百であったが大正十年に於いては男十四万三千女三万六百人に達し男に於いて五万一千人余女に於いて一万四千人余の増加である。従って就学歩合も増加した大正七年の一五・七一は大正十年には二七・二二人に達した。特に女児就学は極めて不振の状態にあって大正七年

に於いては女児の就学百人中四・九五人であったが大正十年には一〇・二六人に達した」[10]。

こうした時代状況のもと，稲江義塾において，保護・救済でなく自立支援を目的に，男女平等の観点から基礎教育を実践したことは画期的であった。

実際行われた教育の様子について，前述の新聞記事から，稲江義塾には複数の職員がいて定められた教育課程を計画的に実施していたと推測できる。また，稲垣が1927（昭和2）年に自ら主幹編集した機関紙『非台湾』においてもその一端が窺える。

「稲江義塾も今日まで十二年間，維持を続け，益々盛んになって行きます。今日までに約一千名の出身者を出して居ります。現在稲江義塾で働いて居るのは連神旺，呉清海，林子濤の三君で何れも一生けんめいやつて居ります。教師が不足なので，みんなは多数の生徒を受け持ち，尚ほ其の外いろいろな雑用までして何も，かもやつて各自が小言も言わずに働いて居ります。生徒はいつでも百四五十人ぐらいは居ります。台北在住華僑の子弟で義塾で学び，今上海や厦門や廣東，香港等の各地に帰って居る者も少なくない」[11]。

稲江義塾には台湾語の理解が困難な台北在住華僑の子弟も含まれていた。これらの児童は台湾のあらゆる公教育制度から疎外された子どもたちであった。

戦後，台湾歴史学の権威であり，後述する日治時期の大富豪・林本源家の末裔であった林衡道（1915-1997年）は，1995年，台湾を代表する有力紙『聯合報』に次の随筆を寄稿している。

「日本統治下の大正10年頃，私はまだ8歳の学童であったと思うが，毎日のように人力車に乗って人類之家の前を往来していた。そこには着古して破れた衣服を纏った一群の子どもたちが，読書や唱歌，体操などに打ち

込んでいた。そのなかに日本人の教師がいて、子どもたちを前に、アコーデオンを奏で歌いながら身体を動かし舞っている姿が今でも記憶に残っている。あのころまだ子どもであった私には、人類之家の意義は分からなかったが、困窮家庭の子どもたちのための私塾であることだけは知っていた」。

2 「稲藤」とはどのような人か

(1) 社会事業家，社会運動家，そして基督者

稲垣は、『台湾日日新報』に、「人類之家から（一）～（三）」と題し、続けて寄稿している。以下は、その抜粋である。

　　「それは人類が凡ての人と互いに愛し合ひ、融け合ひ、一つになり合ふ機会と因縁とを興えていただく坩堝として、神様に導かれてつくりつつあるもの。即ち実は神様の裏（うち）から生まれ出て、そして神様によって育てられつつあるものでありまして、そしてそれは従来世間から公学校の補助機関などと誤られて来た事もなくはないが、決して書房義塾、学校などではありません。また教会でもなければ、感化院でもなく、YMCAなどともまったく違ひます。欧米のソーシャル・セッツルメント・ウオーク（社会同化事業）とは形の上ではだいぶ似通う点もありますが其本質においては、全然相違せるものなる事を御承知願ひたい。『人類之家』は『私』は『あなた』で、『あなた』が『私』である。私たちは『あなた』を『私』の内部に育むと共に『あなた』の裏（うち）に『私』を生かさんとするものだ」。

また、人類之家にはエスペラント語（世界人工語）の看板"Domo de Homarano"（人類のあばら家）が掲げられていた。この意図について稲垣は『非台湾』において次のように述べる。

「我等は現下の台湾を非とす。而して我等の是なりと信ずる台湾の創建に急ぐ。／我等は台湾を愛す。我等が台湾を愛するは，我等の為に愛するにはあらず。台湾の為に台湾を愛するなり。／併かも我等は台湾を超えて台湾を愛す。台湾を超えて台湾を愛すとは何ぞや？ 世界と人類の為に台湾を愛するを謂う。／我等は台湾に生く，併かも我等は台湾を超えて，台湾に生く。／台湾に於ける我等の使命を遂行する事により，世界の改造と人類完成の大業に参翼すべく，此の蕞爾たる一小島に於ける我等の部署に就く者なり」[15]。

稲垣はこの宣言を実際の行動として現すべく農民運動や廃娼運動にも参翼し民衆を警醒している。稲垣の戦いの一つに，「名実共に一資本家の農奴になり終わった」竹林問題に対する闘争がある。それは，1925（大正14）年，「台中州竹山郡台南州斗六郡嘉義郡に亘る竹林七千余甲の所有権が完全に三菱の手に移され，現住民二万余人が二百年来祖先より継承せる遺業を失う」[16]という事件であった。『近代日本社会運動史人物大事典』には，稲垣が「三菱財閥による土地収奪に抗して，農民の先頭に立って闘った」[17]とある。

竹内信子は，『植民地台湾の日本女性生活史2　大正篇』において，1922（大正11）年，芸娼妓自由廃業運動をして台湾に大波乱を起こした稲垣を以下のようにリアルに描き出している。

「六月の初めのことである。『虐げられる姉妹たちへ』と題された自由廃業の宣伝ビラが艋舺遊廓内へ撒かれ，一部は娼妓たちへ郵送された。稲江義塾の塾長の稲垣は，たちまち警察の手で宣伝ビラを押収され，検察局へ送検されてしまった」[18]。

今日の日本で「社会事業の父」と呼び習わされる生江孝之（1867-1957年）は，内務省社会局嘱託として台湾を視察した際の台湾社会事業の印象について，次のように後述している。

第 2 章　日本人による「私設社会事業」の展開

　　「今日まで殆ど内地人中の誰一人として彼等の中に身を投じ隣保事業を
　起こし，又は徹底的の同化運動を実施したもののないことは誠に残念の次
　第である。適々台北市に於いて十数年来一身を捧げて斯業に従事している
　一内地人あるも，その周囲は彼に加うるに強大な壓迫を以てし，現在に
　於いては実に孤軍奮闘の状態にあるのは気の毒の至りである。彼とは稲垣
　藤兵衛君その人である。彼は本島人の住居区内に自ら生活し稲江義塾なる
　私塾を設けて本島人を訓育しつつあったが，数年前より婦人保護事業に手
　を延ばし娼妓の自廃の援助，又は誘拐されし婦女の保護等を開始してより
　俄然或方面の嫌悪を買い，一時は冤罪を被りて拘禁さるるまでの難境に
　直面したとのことであるが，尚好く毅然として其難局に耐え，今尚戦いを
　続けているやに仄聞する」[19]。

　生江は折にふれ稲垣を世に知らせている[20]。それは生江が基督教社会事業の本
質をめぐって，「其の古きドグマを揚棄して所謂被壓迫階級たる無産階級大衆
の解放のために深甚なる関心を有し，更に進んで之に参興するの覚悟を決める
ことこそ基督教的社会正義の示命ではあるまいか[21]」と述べたことからも，稲垣
に対する生江の同感，共鳴が窺える。

（2）基督者としての背景

　サマリア人，娼婦，生活に追われ律法を守る余裕のない地の民と一緒に食事
をしていたイエスのように[22]，稲垣の働きは基督者の信仰に基づく実践であった。
しかし，稲垣は最初から「信仰的生活態度」が真実であることを証明するため，
渡台した人ではなかったように思う。調べるほど，それは違うという思いが強
くなる。

　彼の生き方は，はじめから目標を設定しておいて，単一方向的に直進する
「弾道ロケット型」のそれではない。稲垣を，直線的（線形的）に捉えるよりも，
人生がそのつど修正・更新されながら螺旋状をたどる観点から捉えた方が適切
である。留岡幸助や山室軍平をして社会事業に一路躍進させたものが，「とり

45

第Ⅰ部　歴史編

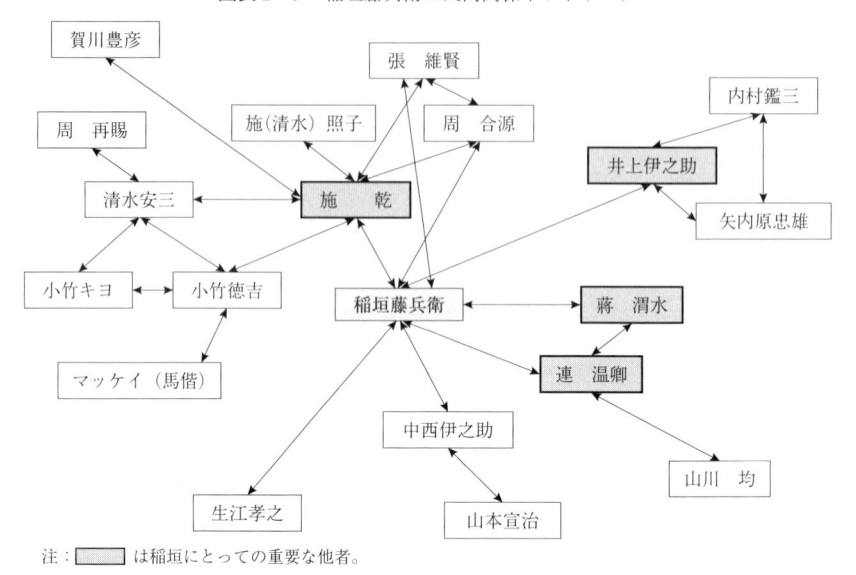

図表2-3　稲垣藤兵衛の人間関係ネットワーク

[図：稲垣藤兵衛を中心とした人間関係ネットワーク図。登場人物は、賀川豊彦、張維賢、内村鑑三、周再賜、施(清水)照子、周合源、井上伊之助、清水安三、施乾、矢内原忠雄、小竹キヨ、小竹徳吉、稲垣藤兵衛、蔣渭水、マッケイ(馬偕)、連温卿、中西伊之助、生江孝之、山本宣治、山川均。施乾、井上伊之助、蔣渭水、連温卿は網掛け。]

注：　　　　は稲垣にとっての重要な他者。

わけ新島襄のキリスト教主義教育の学校，同志社で学んだことによる」とするのなら，この意味（こうした歴史の書き方）において，稲垣は「同志社が生み出した社会福祉の先駆者たち」とは違っている。筆者には，人類之家が「新島先生の人格と主義主張」によって生み出されたとは思えない。筆者はむしろ，人類之家創設の直接的な契機は，無教会宣教師として台湾先住民族に基督の福音を伝え続けた井上伊之助（1882-1966年）との出会いにあるのではないか，と推測している（図表2-3参照）。

　稲垣は井上をして「台湾時代の無二の友人」といわせている。1960（昭和35）年刊行の『台湾山地伝道記』において，「君とわたしは仕事も違い，思想も一致していないこともあったが，キリスト教に立脚した人道主義には同感共鳴していたので，時に面会して議論もし寝食を共にして兄弟の交際をつづけておった」と記している。

　井上は高知県で生まれた。聖書学院在学中の1906（明治39）年，台湾の花蓮で父が「生蕃」（当時の原住民族に対する呼称）によって殺されたのを機に，山地

46

伝道を志す。医術を学び，1911（明治44）年に渡台する。以来，引き揚げの1947（昭和22）年まで医療に従事しながら基督の福音を各地の原住民族に伝え続けた。「偏遠医療宣教歴史見證文化館」（南投県魚池郷）には，「1911.12. 日人井上伊之助医師来至台湾，従事山区医療伝道台湾各地為原住民服務」とあり，井上の功績を公開している。矢内原忠雄（1893-1961年）[25]は，井上を「台湾山地伝道の父──日本のシュヴァイツァー」[26]と称え次のように述べる。「領台後渡来せる我が神道仏教及び基督教はほとんど凡て在住内地人にのみ関係し，その活動は本島人生蕃人に及ばないのである」「稀に井上伊之助の如く高山蕃人に対する基督教伝道の篤志家出ずる」[27]。井上の信仰の師である内村鑑三（1861-1930年）は，井上の『生蕃記』発刊に際し，以下の序を寄せている。

　　「私の知る範囲に於いて君は台湾生蕃の霊魂救済をその生涯の事業として居る唯一の日本人である。君の父君は台湾で製脳業に従事中生蕃人の殺す所となった。そして君は日本人として父の仇を報ゆるの心をもって，生蕃人救済にその一生を委ねられたのである。まことにキリスト信者らしき復讐の方法であって，かくあってこそ救霊の効果は挙がるのである」[28]。

　それでは一体，稲垣と井上が最初に出会ったのはどこなのか。稲垣は1914（大正3）年の山地警察服務として太魯閣蕃（花蓮木瓜渓上流及び立霧渓上流一帯）の役に動員されて後，1915（大正4）年，台中庁警察課に内勤巡査として勤務するが，井上は1911（明治44）年から1917（大正6）年の間，新竹州庁樹杞林支庁カラパイ蕃人療養所に事務嘱託として勤務している[29]。台中と新竹は隣接しており，カラパイの地は太魯閣蕃とは至近の距離にある。またカラパイは井上の父を殺したタイヤル族の土地であった。また彼は稲垣への追悼文の後に，「私はタイヤルを愛している」という自作の詩を掲載している[30]。とすれば，両者が親交を結ぶ発端はこの地ではなかったか。
　植民政府の「理蕃政策」（原住民族統治政策）は，「撫育」という名目のもとに駐在所を設置し，山地資源を掠奪することを目的とした[31]。こうした状況にあっ

て，井上は，「家族をよびよせ，タイヤル語を習得し，彼らの宗教，人情，風俗を知り，真に彼らの生活にとけこんで，あらゆる機会をつかんで福音宣教の使徒たらんと願った」。大学を卒業したばかりの若き稲垣にとって，この井上の姿勢は強烈に新鮮なものとして映ったに違いない。と同時に，それを秀逸なものとして意識してしまうほど，総督府の差別的政策に付き従う植民地下級官吏としての自己の矛盾を意識せずにはおられなかったのではないか。

（3）稲垣的性格特殊

　井上伊之助は『台湾山地伝道記』において，追悼文「街の奇人，稲垣藤兵衛」を掲載し，「台湾総督府時代，台北大稲埕の一奇人として日本人より台湾人の間で評判が高かった」「官僚主義一色ともいうべき台湾で，社会主義的な立場に立ち，貧しい者の友となって当局や富豪社会と戦いぬいてきた人だった」と評している。また，1953年刊行の『台北文物』の「大稲埕特集　人物及びその故事」に稲垣に関する記載がある。黄式杰は「怪傑稲垣藤兵衛」と題して，稲垣の人となりを「同情本省人的立場」「反骨漢」「正義感」「毅然」「反対攻撃」などの言葉で紹介し，「大学卒者にもかかわらず，高い地位に就くことを望まず，人々が最も避け恐れる台湾山地警員の職に志願して臨んだ」と稲垣の功績を絶賛している。

　しかし，稲垣は，社会運動家でありながら，その一方で彼の経歴から政治支配との深い繋がりが読み取れる。たとえば，彼は山地警察服務後の1915（大正4）年に台中庁警務課に内勤巡査として勤務するが，その仕事は「警察沿革誌」編纂事務であった。そして1916（大正5）年には，総督府内務局社寺課で文官業務に服している。同沿革誌編纂業務は原住民や漢人の虐殺，凄惨な事件，農民運動や社会運動などに関する高等機密書類に直に触れる仕事であった。また，内務局社寺課は，植民地社会事業施策推進の中核機関であった内務局文教課と同一局であり，所属官署は隣接していた。

　さらに，朱天心の『古都』には，「林本源家より空き倉庫一棟を借り受け稲江義塾を設立し」とある。林本源家とは，矢内原忠雄がその著『帝国主義下の

第2章　日本人による「私設社会事業」の展開

台湾』で「台湾糖業帝国主義」と批判した台湾屈指の富豪である（本島人林家も内地人資本家によって，会社経営の実権及び会社利潤を搾取されてしまうのだが……[38]）。そして，「台湾社会事業要覧」には，「昭和三年七月下奎府町三丁目州有地四千百四十坪の貸下を受け一部を農園とし，其他は目下敷地地均し及び舊建物を取除中にして，昭和五年より託児所を開始の予定なり」[39]とある。また，総督府による情報統制，新聞紙新規発行の許可主義，出版物に対する事前検閲の制度のもとで，稲垣の活動が『台湾治績志』[40]及び『台湾日日新報』に掲載されているが，一方の『台湾治績志』は統治官庁が施政「成果」を顕彰するため刊行され，他方の『台湾日日新報』は総督府，地方官庁の広報類を附録することによって金銭を得たため「御用紙」と本島人の間で揶揄された日報であった。[41]

前述の生江孝之は，「純然たる私設隣保事業」として人類之家を積極評価しながらも，「併し彼の行動に対しては之を審らかせざるがため，今俄かに批判を加うることは出来ないが」と疑問を呈する。[42]そして岩本秋心に至っては，『解剖せる稲藤』の全頁を通し，稲垣を「偽善者」「危険人物」と痛烈に批判し，「行け！，去れ！，汝須く台湾を退け！。これを以て汝に與ふる最後の一句となす」と攻撃している。[43]また，総督府警務局『台湾総督府警察沿革誌』に次の一文がある。

　　「当初稲垣は無政府主義思想の影響拡大のために蔣渭水，連温卿等と提携を図りたるも稲垣の人物を忌避し，蔣渭水，連温卿等は敬遠の態度を執り従って其の指導下の無産青年，文化協会員等は稲垣との来往を好まず次第に之等のグループと離隔するに至れり」[44]。

さらに，国史館台湾文献館前館長の劉峰松によれば，「来台し台中大墩街派出所巡査の任につく。上司と衝突し太魯閣蕃討伐隊に編入」とある。稲垣は路上に倒れた台湾工人を見兼ねて助けに行き，上司に背いてまで軍隊救護所に介抱を談判し，軍紀違反となったのである。[45]肯定―否定とその評価は一致しないが，「稲垣的性格特殊」[46]という言葉が示すように，激しい人であったことは間

49

違いない。

3　なぜ大稲埕で本島人なのか

（1）大稲埕の地域性

　井上は，稲垣が「マラリアにかかり一時辞職帰還を許されたが，健康が回復したので再び台湾に渡り，大稲埕の六館街にあったある商事会社の空家を借り受けて稲江義塾の看板を掲げ，台湾人の貧しい就学児童を集めて教えていた」(47)と述べている。

　日本植民地下の台北は，大きく三つの区域に分かれていた。現在でもこの三区域はそれぞれ固有の雰囲気を保っている。「城内」（現・中正区）は，総督府があり，植民地行政の中枢となっていた地域で，内地人が多く住んだ。「艋舺」（現・萬華区）は，台北発祥の地とされる最古の市街地であった。そして人類之家があった「大稲埕」（現・大同区）は台北駅の北側一体の地域である。稲江とも呼ばれ，東シナ海へと流れ込む淡水河のほとりに街が開け，商業・貿易の中心地であった。(48)当時の本島人の居住形態の特徴について，大友昌子は次のように指摘する。第1は，城内には在台日本人が多く，また中流以上の階層が居住する傾向があった。第2に，台北城外の周辺地域に低所得者が居住する傾向があり，台湾人の低所得層の居住分布は，城外の北町方面（大稲埕）に集中していた。第3に，台湾人の低所得労働者層は階層移動が少なく，世代を越えて貧困生活を再生産し，同じ地域に住み続ける傾向にあった。(49)

　稲垣が人類之家を創設する前年の1915（大正4）年に，佐竹音次郎（1864-1940年）(50)が鎌倉保育園台北支部を同地区大稲埕に開設している。佐竹が事前視察で横行する児童人身売買(51)を目撃したときの様子について，同行した益富政助は『聖愛』の中で次のように述べる。

　　「是より先，大正三年の春，園父は三女花子を伴い台湾に来たが，台湾のところところで彼等が視たる此地の児童の状態は，彼等とりては殆ど皆

涙の種ならぬはなかった。ああ何ぞ悲惨なる⁽⁵²⁾」。

　また，当時の『台湾日日新報』の特集記事に，「不良少年が大稲埕に約三百　泥棒しても十四歳未満で罪にならぬが附目———一種の社会問題だ⁽⁵³⁾」があり，同地区の深刻化する児童問題を紹介している。今日でも，大稲埕では，南に隣接する艋舺と同様，狭域的空間に血縁的・地縁的社会関係を累積し，固定的で安定した庶民的な生活構造が保持されている。

（2）「稲藤」と台湾文化協会

　当時，この地区大稲埕は，抗日運動を進める活動家の拠点であった。稲垣は稲江義塾で，台湾文化協会の中枢にいた連温卿（1895-1957年）の協力を得て児童にエスペラント語を教えているが⁽⁵⁴⁾，このことは稲垣と同協会との繋がりを物語る。稲江義塾には，近隣や区内あるいは外から来て援助する篤志家の中に協会の会員がいて，抗日運動との全体的関連の中で有機的に機能していた。同協会は，1921（大正10）年，「台湾文化の発達を助長する⁽⁵⁵⁾」を目的に，集会場を大稲埕私立静修女学校（現・静修高級中学）に1,000余名の会員を集め，理事長に林献堂（1881-1956年），専務理事に蒋渭水（1891-1931年）を選任して始まった。台湾総督府にとって，政治結社の開設は許容できない問題であった。このため，活動は文化講演会・演芸会・活動写真の開催，時事問題の学習会，文芸会その他各種倶楽部の実施などの形をとるが，しかし，それは「日本の植民地支配に対する批判の喚起」を意図していた⁽⁵⁶⁾。

　連温卿は，1913（大正2）年，エスペラント運動を始め，1924（大正13）年東京で開かれた世界人工語大会への出席を契機に，大正期社会主義運動の理論的指導者であった山川均（1880-1958年）の影響を強く受ける。そして1927（昭和2）年，台湾文化協会の主導権を掌握するが，山川主義者として排撃され，1929（昭和4）年，協会を除名される⁽⁵⁷⁾。

　蒋渭水は，台湾総督府医学校を卒業後，1915（大正4）年，大安医院を大稲埕に開業した⁽⁵⁸⁾。又吉盛清によると，「大安医院の右側には台湾民報の発行所が

あり，左側には文化書局があった。医院には，台湾文化協会の関係者がたえず出入りしていた」とある。1927（昭和2）年台湾文化協会が左旋分裂し，蒋渭水が同時退会した翌年の1928（昭和3）年，稲垣は大安医院の近く（西へ約300mの距離）に人類之家を移転している。そして，1930（昭和5）年，託児事業を開始し，児童部・稲江義塾の事業拡大を図っていく。蒋渭水には，1922（大正11）年，細民児童の教育施設として文化義塾の開設を計画するが，総督府から不許可にされた，という苦い経験がある。人類之家・児童部の事業拡大は，病魔におかされ1931（昭和6）年40歳の若さで人生を閉じた蒋渭水の志の実現と繋がっているのかもしれない。また蒋渭水は，1928（昭和3）年，台湾民報発行五周年特集で，協会結成の動機がアジア民族の連盟と人類の世界平和の促進にあったと記しているが，これもまた，人類が幸福になることを願って，ひたすら奉仕の活動を続けた稲垣の思想性と共通する。

（3）社会運動家から社会事業家へ

　稲垣の自廃運動，農民闘争，及び社会・文化運動機関紙『非台湾』の編集発行などの時期が，台湾文化協会の隆盛期と一致する。稲垣は，台湾文化協会の隆盛にあわせ，社会運動家として社会そのものの大衆的な改良を求めていった。そして，台湾文化協会の衰退・終焉にあわせ，社会事業家として，その軸足を移していった。

　台湾文化協会は，1927（昭和2）年，左派の主導によって分裂し，軍国主義が台頭する中，弾圧が強化され，1931（昭和6）年，終焉を迎えた。人類之家は，同年より毎年，御下賜金を，そして翌1932（昭和7）年に台湾社会事業協会及び恩賜財団慶福会より補助金を受ける。台湾総督府文教局「台湾社会事業要覧　昭和九年九月」には，「昭和七年一月台湾社会事業協会より金二千圓，同年二月恩賜財団慶福会より一千圓の補助を仰ぎ七十余坪の講堂及び教室各一棟の建築に着手し最近竣工せり。昭和六年以降毎年紀元節の佳辰に當り　御下賜金を拝受す」とある。

　こうして公的補助（私設社会事業奨励助成金）が事業継続の支柱となるに伴い，

夜間国語講習（日本語奨励のために読み書きを教える）という項目が，1931（昭和6）年の事業成績から登場しはじめる（図表2-2-1参照）。つまり，ここにおいて人類之家もまた他の民間団体と同じく，総督府によって全島優良私設社会事業団体として次第に包摂されていくのである。

4 「稲藤」に対する台湾の評価

（1）積極肯定派

前述の黄式杰は，次のように稲垣の消息を気遣い彼の偉業を評価している。

> 「国民政府が稲垣を日本に強制送還させて以後，消息はわからない。生きているのかどうか探す術もないが，しかし，台湾の貧困児童に対する教育への功績は永遠に不滅である」[63]。

そして，日本統治期に関する台湾歴史研究の第一人者・荘永明は『台湾慈善四百年　清領編，日治編，戦後編』の中で，木村謹吾と共に稲垣藤兵衛を，本島人のために義行と熱情で貢献した「真愛台湾」の実践者として積極的に肯定・評価している。木村謹吾とは，1917（大正6）年，台北市大稲埕北門外街木村胃腸病院内において私立台北盲唖学校を創設し，障害のため公教育への就学機会を持たない内地人及び本島人の児童に無月謝で基礎教育を，また困窮児童には寄宿舎や昼食料等を提供した人である[64]。1928（昭和3）年，台北州立台北盲唖学校として台北州に移管後も校長を務めた。

荘の記述には，木村，稲垣とも，免費教育を与えられた児童の大成に関する賞賛的な記述が共通している。稲垣をめぐっては，台湾の代表的近代画家・洪瑞麟を挙げ，「稲垣の人道主義及び基督教的な啓蒙がその後の『悲天憫人』（世の乱れを悲しみ，民の困窮を哀れむ）的な芸術の創作に影響した」[65]と述べている。洪瑞麟（1912-1996年）とは，帝国美術学校西洋画本科を卒業して1938（昭和13）年に帰台後，鉱工画の分野を開拓した人であり，「坑内工作中」「日本貧民窟」

「鉱工入坑」などの作品がある。

　内地人（日本人）による社会事業の傾向は，内地人を相手にしたもの，あるいは本島人に対して「国語（日本語）教育」を与えるものが主流であった。この点からも，人類之家は特殊であった。1928（昭和3）年から1930（昭和5）年まで人類之家から至近にあった鎌倉保育園台北支部は，その活動を本島人細民子弟の託児から，本島人子弟のための日本語教育へと性質を変えていくが，それは「台湾人が日本人の学校に入る」ための教育であった。1917（大正6）年，内地人と本島人幼児の共学会事業（統合保育）として，愛育幼稚園を開設し，1921（大正10）年には同幼稚園児余暇指導の愛育舎を発足させ，日本語教育の成果向上に重きをおいた。そして同支部は，「昭和五年城内佐久間町に移転し，昭和七年託児所の一部を艋舺新富町に移転し，之を幼児の園と称す」が，幼児の園の1931（昭和6）年度事業成績をみると，「内地人四十人，本島人六人，朝鮮人一人　計四十七人」となっている。ここから，事業の対象が次第に内地人子弟に移行していったことが推測できる。このためか，筆者の知る限り，今日の台湾において，鎌倉保育園台北支部の印した足跡が語り継がれることは無い。

　戦前台湾の社会事業を担った内地人の多くは，台湾人子弟の国語（日本語）教育にあたってきた。台湾からみれば，彼らは台湾人の総日本人化を目指した「皇民化教育」の尖兵ということになる。周婉窈は近代化と植民地化を同時的に招来した日本統治の本質をめぐって，問題提起している。「植民地統治がいかに豊富な遺産をとどめたにせよ，近代植民地統治の遺した最大の傷痕は，おそらく，植民地人民から彼ら自身の伝統・文化や歴史認識を剥奪し，『自我』の虚空化・他者化を招いたことであろう。これは植民地において最も癒されがたい傷痕なのである」。こうした状況のもとで，稲垣は，国家への絶対化を拒否して，そこからの解放を根底に据え実践した。この姿勢が台湾の人々の共感を呼ぶのだろう。

（2）現象・表層肯定，本体・本質否定派

　国立中正大学社会福利学系副教授の呉明儒は，稲垣の社会事業の特徴を「最

図表2-4　植民地下台湾の隣保事業

名　称	設立年月日	所在地	経営主体
セッツルメント人類之家	1916年9月15日	台北市	個　人
嘉義隣保館	1934年5月1日	嘉義市	財団法人嘉義博愛会
台中隣保館	1936年12月15日	台中市	財団法人台中市方面委員事業助成会
東勢社会館	1937年2月15日	東勢郡	東勢街
彰化隣保館	1937年5月29日	彰化市	財団法人彰化市方面委員事業助成会
豊原社会館	1937年7月3日	豊原郡	豊原街
清水社会館	1937年11月13日	大甲郡	清水街
新竹市方面委員事業助成会社会館	1938年9月1日	新竹市	財団法人新竹市方面委員事業助成会

出所：台湾総督府文教局『台湾社会事業要覧　昭和十四年十一月』（永岡正己総合監修，大友昌子・沈潔監修『植民地社会事業関係資料集　台湾編』2巻，近現代資料刊行会，2001年，250-256頁所収）。

早期的台湾社区組織」という言葉で台湾におけるコミュニティ・オーガニゼーションの歴史的起点と位置づけ，当時の植民地社会事業政策としての隣保館事業との違いを指摘している。

総督府成徳学院（少年感化教育施設）院長であった杵淵義房は，『台湾社会事業史』の中で隣保館事業の時系列的な段階・過程について次のように述べている。

　　「台湾に於ける隣保館事業は，大正五年九月稲垣藤兵衛が台北市港町にセッツルメント人類之家を創設したのを以て嚆矢とする。越えて昭和九年五月には，台南州嘉義市に嘉義隣保館が設置され，次いで台中州に於いては，昭和十一年乃至同十二年の間に於いて，台中隣保館（台中市），東勢社会館（東勢街），彰化隣保館（彰化市），豊原社会館（豊原街），清水社会館（清水街）の五機関が相前後して設置された」（図表2-4参照）。

人類之家が個人経営（民間施設）であるのに対して，前述の隣保館（社会館）は街（基本的な行政単位で現在の鎮・郷に相当）などの行政区や各市の方面委員事業助成会が運営する公設・準公設の施設であった（第1章の資料1-2「公設・準公設の隣保館」を参照されたい）。この点において，個人経営である人類之家は特殊であった。生江孝之は，総督府の委嘱で地方巡回講演をした際の社会事業の

印象について，「公設及び準公設の事業が極めて多く」「台湾に対し純然たる私設隣保事業の設立を切望する」と後述している。

　1931（昭和6）年の満州事変を契機に戦時体制が深まり，時代の潮流は，同年「部落振興運動」，1936（昭和11）年「民風作興運動」，1937（昭和12）年「皇民化運動」，そして1941（昭和16）年「皇民奉公運動」へと，国家総動員の体制を強めていく。総督府は，地域という単位で，集会所を設置し，中堅人物の育成と組織化の進展を必要とした。官主導の「睦隣組織運動」（セッツルメント）は，地域レベルで官僚制の浸透を図る一つのモデルケース（実験例）であった。こうした困難な状況にあって，稲垣は独りセッツルメントを，台湾人が自ら「抵抗する貧民」としてのアイデンティティを獲得する自治・自発的な運動として位置づけた。それは，内地の隣保事業が目標とした「遂に貧民窟を脱して独立せる立派な市民になること」，つまり社会教化事業ではなかったのである。

　このように稲垣の社会事業を現象・表層的に肯定しながらも，本体・本質的には植民地支配の主要推手としての域を超えるものではない，とする見解を持つ論者がいる。国立中山大学社会科学院副教授の李天賞は，人類之家を「台湾最早」の「社区発展」（コミュニティ・ディベロプメント），「社区組織」（コミュニティ・オーガニゼーション）と位置づけ，今日の県，市・郷で実践される社区発展協会の起源であると評価する一方で，それは植民地化を目指した日本式近代化（近代西欧文明の模倣）に過ぎない，と異議を唱える。台湾大学社会工作学系教授の林萬億は，人類之家を皇民化推進のため1930年代後半に集中して設立された公設，準公設の隣保館と比較して，「是一個睦隣組織」（social settlement）（唯一つのソーシャル・セッツルメント）という言葉でその根本的な差異を指摘する。しかしその一方で，総督府が統治の仕組みとして民間社会事業を植民地行政に組み込む過程で，人類之家もまた支配政策としての社会教化機関へと変質したと述べている。

　1930（昭和5）年，台湾社会事業協会主催の第1回「児童節」において児童権益の重視を総督府の方針として決定するが，それは「児童国家財産化」観念の浸透を意図したものに他ならず，この年，稲垣は稲江義塾に託児所を設置し

第2章　日本人による「私設社会事業」の展開

ている。これなどは施政方針に即応する形での事業展開といえるだろう。前述のように稲垣もまた，1931（昭和6）年以降，毎年紀元節にあたり奨励御下賜金を受領している。そして1932（昭和7）年には，台湾社会事業協会，恩賜財団慶福会より補助を得て70余坪の講堂及び教室各一棟を建設している。『台湾社会事業要覧』に掲載された「皇室と本島社会事業」をみると，「大正十二年以降，毎年紀元節に際しては，私設社会事業御奨励の思召を以って御下賜金を賜い，本島に於いて此の有難き光栄に浴したる団体八十一に及び」とあるが，それはごく限られた一部の「優良私設社会事業」に対する下賜であった。とすれば，稲垣もまた国家権力の庇護の下ではじめて社会事業経営を可能とした，といえようか。

　真理大学台湾文学資料館館長の張良澤は，稲垣の教育者としての先駆的事業展開に注目する。そして前述の劉峰松も，人類之家が稲江義塾を中心に発展したこと，戦後それが林慎（当時の台湾省婦女工作指導委員会委員）によって所有され，今日でも「協進幼稚園」として継承されていることを紹介している。しかし，その一方で，1898（明治31）年，熊本県人兼松磯熊が大稲埕建昌街に設立した「『稲江義塾』と『地点相同（一致）』両者の関係は如何に？」と，稲垣と総督府との繋がりを疑う文面になっている。なぜなら，兼松磯熊が経営した同義塾の会員に，台湾語学習が日々の職務に直結する総督府，公学校，裁判所，警察に勤務する人々が名を連ねていたからである。

（3）全面否定派

　この立場に立つ代表的論者は国立空中大学社会科学系副教授の李健鴻である。彼は『慈善與宰制――台北県社会福利事業史研究』の中で，内地人による社会事業のすべてを「恩侍福利体制」という言葉で否定し，それを次のように特徴づける。

①　日本皇室による恩沢の強調とそれに対する台湾人民の感懐（心に抱く思い）と仁徳の心の表現。

57

② 恩賜の儀式と監督制御，すなわち「恩」と「威」による統治。
③ 皇室の代理在台湾機構としての各種恩賜財団の位置づけと，社会事業行政主管機関の仲介調整による民間団体への恩賜金の分配給付。
④ 施助者と受助者の「恩賜」と「従順」の序列化された階層秩序による社会騒動不安の抑制。

そして，この「恩侍福利体制」の浸透は，結果として，内地人の社会事業に傾斜する「民族差異による福利資源不平等分配」を引き起こす。稲垣が州政府から借り受けた四千余坪の敷地は元来本島人の土地であったことはいうまでもない。この観点に立てば，稲垣の人類之家は，もとから存在した台湾人の共同体の上に外来のセツルメントを被せた二重構造でしかなかったことになる。当時日本のセツルメント研究の第一人者であった大林宗嗣は，セツルメント運動が持っている社会改良のエネルギーについて次のように指摘する。

「その利用方法の如何に依つては有産支配階級の自己擁護の為の手段となる事が出来るが又それと同時に無産階級が自己を擁護し又自らの階級の利益を助長し且つ発展せしめる手段ともなり，更に進んで無産階級が階級なき社会を建設完成せんが為の行程に於いて極めて有力なる手段ともなり得るのであると云う事が出来る」。

しかし，抑圧される側の台湾の人々からすれば，それは支配階級の自己擁護のための手段（台湾に対する侵略の一環）に過ぎず，他民族による植民地支配という状況の下では，無産階級が自らの階級の利益を発展させるための有力な手段とはとてもなり得なかったのである。

おわりに

1947（昭和22）年，「稲藤」は井上とともに最後の引揚船で帰国した。同じ苦

しみを味わった友として，井上は「稲藤」を追想している。

　「終戦後二十二年に強制送還を命ぜられて，最後の引揚船で佐世保に上陸して十日間，板の間に寝起きして語りあった。／君は東京に落ちつき，わたしは関西や静岡県下だったので面会する機会も少なかったが，二十九年の春，胃下垂の手術する前の晩に書いたハガキに『長年お世話になった。こんど手術するので，このまま眠ってしまうかも知れない。君は元気で長生きしてください』とあった。しかもその時の手術は経過がよく回復したのに」。
　「お互い同士だった。君の気持ちはよくわかる。小説よりも奇だった君の一生の最後のページにわたしは君の友としてこれだけは書きのこしたい。／台湾に骨埋めんとちかいたる君は逝きたり我をのこして」[87]。

　筆者は大稲埕の長老である楊東興の案内で何度か人類之家の跡地を訪ねている。日本統治下，そこが「貧民窟」であったことは容易に想像できる。しかし，人類之家の面影は今は無い。跡地の一画を公園が占め，他は，家と家とが密集した状態で多数の人々が群がり住んでいる。
　「稲藤」は，時代の流れに翻弄され，志半ばにして離れざるを得なかった。彼は「無念なおもい」「悲惨」というものを背負う人であった。また彼は抑圧された貧しい人々のもつ感性をもっていた。だからこそ「稲藤」は基督に近い存在だったと思う。「稲藤」は最初から「信仰的生活態度」が真実であることを証明するため，渡台した人ではなかったように思う。調べるほど，それは違うというおもいが強くなる。その信仰は現実の血と涙の実践から，より真実なものに深まっていったのではないか。

付　記
　本目的を達成するため，「稲藤」に繋がる人々を対象に現地踏査を実施した。主な取材協力者は，楊東興（台北市体育会太極拳委員会名誉主任委員，大稲埕松年〔長

第Ⅰ部　歴史編

老〕），邱杏華（行政院新聞局〔当時〕），陳丁財（台湾基督長老教会　艋舺教会長老）である。とりわけ，楊は「稲藤」との出会いがあり，当時のことを記憶している。感謝して章をくくりたい。

注

(1) 同志社時報社『同志社時報』115号（1914年）に次のように記されている。「大正三年三月二十日，原田助社長のもと，第三十九回卒業式が挙行され，大学神学部八名，大学経済科（旧専門学校課程）二十八名，大学英文科（旧専門学校課程）二名，普通学校七十九名の計百十七名が卒業した」。原田助（1863-1940年）は，「『東西洋の文明を融化し，両者の長所を結合して世界的新文明を建設する』ことのできる国際感覚豊かな人材の育成を標榜した『同志社の国際人』」として知られている（同志社山脈編集委員会編『同志社山脈——113人のプロフィール』晃洋書房，2002年，19頁）。

(2) 宣教師として中国にわたり，1921（大正10）年，妻の美穂とともに北京朝陽門外に崇貞工読女学校を創始し貧民救済にあたる。

(3) 差別と迫害に徹底して抗した基督教教育者。周は台北市大稲埕公学校（現・太平国民小学）を卒業している。

(4) 1966年，台湾基督長老教会により創設された大学。同大学より提供された『台湾文学評論』9巻2号，2009年には次の論文が掲載されている。
　　張良澤「『稲垣藤兵衛』是誰？」50-52頁。
　　劉峰松「『人類的使徒』稲垣藤兵衛——兼述松丘傷感有趣的自白」53-70頁。

(5) 同会発行の経典雑誌編著『台湾慈善四百年　清領編，日治編，戦後編』経典雑誌，2006年の献本を受けた。同書は台湾社会福祉研究の第一人者林萬億（台湾大学社会工作学系教授）が監修している。なお同会は，仏教をその指導理念に据えたNGO組織で，海外を含め広域的にボランティア活動を展開している。

(6) 台湾総督府文教局「台湾社会事業要覧　昭和六年三月」（永岡正己総合監修，大友昌子・沈潔監修『植民地社会事業関係資料集　台湾編』2巻，近現代資料刊行会，2000年，351-352頁所収）。

(7) 「台北『人類之家』挙行盛大的卒業式」『台湾民報』201号，昭和3年3月25日地方通信欄　台北，台湾雑誌社，1928年，6頁（景印本，東方文化書局復刊14号，1973年）。

(8) 林茂生／古谷昇訳『日本統治下の台湾の学校教育——開発と文化問題の歴史分析』（1929年コロンビア大学博士論文）拓殖大学海外事情研究所華僑研究センター，2004年，54頁。なお，1898（明治31）年発布の公学校規則第1条で次のように規定している。「公学校は本島人の子弟に徳教を施し実学を授け以て国民たるの性格を

養成し同時に国語に精通せしむるを本旨とす」（台湾教育会編『台湾教育沿革誌』1939年〔『旧植民地教育史資料集4』青史社，1982年，229頁所収〕）。
(9) 井出李和太『台湾治績志』台湾日日新報社，1937（昭和12）年（南方資料叢書9，青史社，1988年，46頁所収）。1939（昭和14）年刊行の台湾教育会編『台湾教育沿革誌』には次のような記載がある。「由来本島では女子の教育は重んぜられず，一般父兄もこれに対して，ほとんど無関心の状態であつた。適々国語伝習所時代に一二就学者を見たが，これ等も多くは周囲の嘲笑に堪えず，数日にして業を廃し，或いは男装して辛くも継続するといふ状態であつた」（台湾教育会編，前掲書，248頁）。
(10) 吉野秀公『台湾教育史』台湾日日新報社，1927年，404頁。
(11) 『非台湾』1927（昭和2）年3月20日（澁谷定輔文庫，埼玉県富士見市立中央図書館所収）。
(12) 『聯合報』1995年10月24日，聯合報股份有限公司。
(13) 『台湾日日新報』大正11年1月31日，2月2日，2月4日（1922年1月-3月，影印本83号，五南図書出版，1995年，266，282，298頁）。
(14) 史可乗「人類之家・台湾ESP学会」『台北文物』3巻1号，台北市文献委員会，1954年，91-93頁。
(15) 『非台湾』前掲紙。当時『台湾民報』に，「稲垣が月刊報紙を創刊し『人類愛』の視点から現代社会の問題を論じ民衆を警醒している」と報じられた（「『非台湾』出現了」『台湾民報』152号，昭和2年4月10日，1927年，8頁〔前掲資料10号〕）。
(16) 揚井克己ほか編『満州・朝鮮・沖縄』（矢内原忠雄全集23巻）岩波書店，1965年，516頁。
(17) 近代日本社会運動史人物大事典編集委員会編『近代日本社会運動史人物大事典』紀伊國屋書店，1997年，344頁。
(18) 竹内信子『植民地台湾の日本女性生活史2 大正篇』田畑書店，1996年，234頁。
(19) 生江孝之「台湾社会事業私見」『社会事業』8巻2号，中央社会事業協会，1924年，21頁。
(20) 生江孝之「隣保館の話」『社会事業の友』台湾社会事業協会，1932年，41頁。
(21) 生江孝之『日本基督教社会事業史』教文館出版部，1931年（『戦前期 社会事業基本文献33』日本図書センター，1996年，307頁所収）。
(22) マタイによる福音書9.11-13，マルコによる福音書2.16-17，ルカによる福音書5.30-32。
(23) 同志社大学社会福祉学会編『社会福祉の先駆者たち』筒井書房，2004年，4頁。室田保夫編著『人物でよむ近代日本社会福祉のあゆみ』（ミネルヴァ書房，2006年，114-115頁）では，山室軍平の社会事業実践の起点を，新島の死去にともない「謹ンデ其遺志ヲ継ガンコトヲ其在天ノ霊ニ誓フ」と新島の遺志を継ぐことにあったと

する。また、同志社山脈編集委員会編『同志社山脈──113人のプロフィール』（晃洋書房，2002年，89頁）では、留岡幸助を「同志社の戦前の社会事業の中心」と述べている。

⑳　井上伊之助『台湾山地伝道記』新教出版，1960年，304-305頁。同書は、井上の『生蕃記』（警醒社書店，1926年）、『蕃社の曙──台湾伝道の思い出』（ともしび社，1951年）に、「雑」「台湾関係来信」を加えたものである。

㉕　東京帝国大学教授、内村鑑三門下生。新渡戸稲造の思想を継承し人道主義的な立場から植民政策学を講義。台湾文化協会の活動を支援した。

㉖　揚井克己ほか編『交友・追憶』（矢内原忠雄全集25巻）岩波書店，1965年，467-468頁。

㉗　若林正丈編『矢内原忠雄「帝国主義下の台湾」精読』岩波書店，2001年，264頁。

㉘　井上伊之助『生蕃記』警醒社書店，1926年，序。

㉙　井上『台湾山地伝道記』前掲書，342頁。

㉚　同前書，306-307頁。

㉛　林玉茹・李毓中／森田明監訳『台湾史研究入門』汲古書院，2004年，169頁。

㉜　稲場満・山下幸夫編『内村鑑三の継承者たち──無教会信徒の歩み』教文館，1995年，66頁。

㉝　井上『台湾山地伝道記』前掲書，304-305頁。

㉞　黄式杰「怪傑稲垣藤兵衛」『台北文物』2巻3号，台北市文献委員会，1953年，109-110頁。

㉟　劉，前掲論文，62頁。

㊱　「台湾総督府所属官署概表1895年5月-1945年8月」（デジタルアーカイブ『近現代アジアのなかの日本』ジェトロ・アジア経済研究所）（http://www.ch.ide.go.jp/asia_archive/database/soshiki_list/taiwan/index.html/，アクセス日：2011年9月10日）。

㊲　朱天心『古都』城邦出版集団，2002年，230頁。

㊳　若林編，前掲書，49-52頁。これに関し、戴月芳・羅吉甫主編『台湾全記録──15000B.C.～1989A.D』の中で、林本源家を「日本領台時、為台湾首屈一指的富豪」として、「1898年8月2日、台湾総督児玉源太郎が林家を訪問」「1903年11月15日、林本源家は自邸花園で日本の文武官と紳士150人を招待し園遊会を開催した」と記している（戴月芳・羅吉甫主編『台湾全記録──15000B.C.～1989A.D』錦繡出版社有限公司，1990年，167，178頁）。

㊴　台湾総督府文教局編「台湾社会事業要覧　昭和六年三月」（永岡正己総合監修，前掲書2巻，351-352頁所収）。

㊵　井出，前掲書，1002頁。

⑷1 呉密察・黄英哲・垂水千恵編著『記憶する台湾——帝国との相克』東京大学出版会，2005年，246頁。
⑷2 生江孝之「台湾社会事業私見」前掲論文，21-22頁。
⑷3 岩本秋心『解剖せる稲藤』岩本嗣泰発行（台湾新聞社印刷），1923年，184頁（同志社大学社史資料室所収）。本書では，「総督府は本島における各種社会事業，教育事業に対し補助金を下付しているにもかかわらず，稲江義塾に対しては何故か一文も補助金を出さない」（126頁）など事実誤認の記載が散見される（実際には総督府から継続して補助金を得ている）。「搔払ひ主義の自廃運動」（1-44頁），「自廃問題に対する警察側の態度」（145-156頁）「社会に代わりて偽善者稲垣藤兵衛に與ふ」（157-184頁）など，本文の大半を婦人保護運動に対する批判に費やすことから，著者は娼妓の自廃の援助により損害をこうむる側の代弁者であったと思われる。
⑷4 台湾総督府警務局編『台湾総督府警察沿革誌』第2編「領台以後の治安状況」中巻，1939年（台湾総督府警務局編『台湾社会運動史〔復刻版〕』龍渓書舎，1973年，890-891頁所収）。
⑷5 劉，前掲論文，62頁。もしそうなら，稲垣は太魯閣蕃の役に加わっていたことになる。
⑷6 會顯章『張維賢』国立台北芸術大学，2001年，43頁。
⑷7 井上『台湾山地伝道記』前掲書，304-305頁。
⑷8 片倉佳史『観光コースでない台湾——歩いて見る歴史と風土』高文研，2005年，53-56頁。
⑷9 大友昌子「台湾窮民の生活と社会事業——台湾における1920年代～1930年代『社会調査』からの一考察」台湾史研究部会編『台湾の近代と日本』中京大学社会科学研究所，2003年，165-167頁。
⑸0 1896（明治29）年，小児保育院（現・児童養護施設　鎌倉保育園）を創設。旅順，台北，京城，北京などに支部を開く。内村鑑三門下生。同台北支部を大稲埕下奎府町一丁目に開設。
⑸1 「これは，なにもそのころ特有の話しではない。子どもを生むと，財産として考える（必ずこれを貨視す）。その子の歯が生えかわる七，八歳のころになると，父兄はこの子を売ってもうけようとたくらむ。売ってもうけが足りないときは，他人の子を盗みだして，縄でしばったり，さるぐつわをかませたりする。日本語で『子どもは家の宝』と言うときの『宝』は，精神的な意味合いが強いが，『宝』と言いながら『貨視す』は，まさに物としてのそれである」（加地伸行ほか『中国』〔世界の子どもの歴史9〕第一法規出版，1984年，5頁）。
⑸2 益富政助『聖愛』鎌倉保育園，1922年，139頁。なお，吉村良司編『日誌　佐竹音次郎』（社会福祉法人鎌倉保育園，1976年）を確認したが，稲垣藤兵衛及び稲江

義塾に関する記載はない。
⑸ 『台湾日日新報』大正15年12月3日（1926年12月―1927年2月，影印本108号，五南図書出版，1994年，31頁）。
⑸ 近代日本社会運動史人物大事典編集委員会編，前掲書，344頁。
⑸ 同会は設立趣意書に「台湾文化ノ向上ヲ謀ラントス。…（中略）…相互ニ道徳ノ神髄ヲ切磋シ，教育ノ振興ヲ計リ，体育ノ奨励ヲ行ヒ，更ニ芸術ノ趣味ヲ養ヒ，以テ其ノ発達ヲ穏健ニ，其ノ帰結ヲ期セントス」と謳っている。
⑸ 伊藤潔『台湾――四百年の歴史と展望』中公新書，1993年，113頁。
⑸ 陳芳明「連温卿與抗日左翼的分裂――台湾反殖民史的一個考察」『20世紀台湾歴史與人物――第6回中華民国史専題論文集』国史館印行，2002年，3頁。
⑸ 謝仕淵「熱血男兒　蔣渭水」財団法人公共電視文化事業基金会編『台湾百年人物誌1』玉山社，2005年，16頁。
⑸ 又吉盛清『台湾　近い昔の旅　台北編――植民地時代をガイドする』凱風社，1996年，240頁。
⑹ 吉田荘人『人物で見る台湾百年史』東方書店，1993年，49頁。
⑹ 伊藤，前掲書，114頁。
⑹ 台湾総督府文教局編「台湾社会事業要覧　昭和九年九月」（永岡正己総合監修，前掲書4巻，246-247頁所収）。
⑹ 黄，前掲論文，109-110頁。
⑹ 「無月謝にて内地人，本島人の盲唖者に普通教育を施し独立自営に必要なる技芸を授く貧困にて就学し能はさる盲唖者を給費生として寄宿舎に収容し総ての費用を給す，通学する貧困者には昼食料等を給す，事業開始当時は設立者及教師一名にて速成按摩科を授業せしも其後遂次拡張し現在校長以下八名にて盲生四一，唖生四八名の教育を為す」（台湾総督府文教局編「台湾社会事業要覧　大正十五年三月」〔永岡正己総合監修，前掲書1巻，197-198頁所収〕）。
⑹ 荘永明「真愛台湾――木村謹吾與稲垣藤兵衛」『台湾慈善四百年　清領編，日治編，戦後編』経典雑誌，2006年，116-117頁。
⑹ 佐竹要平「佐竹音次郎と小児保育院――事業を支えた家族」『キリスト教社会福祉学研究』42号，日本キリスト教社会福祉学会，2009年，95頁。
⑹ 吉村良司編『日誌――佐竹音次郎』社会福祉法人鎌倉保育園，1976年，654-679頁。
⑹ 台湾総督府文教局編「台湾社会事業要覧　昭和八年三月」（永岡正己総合監修，前掲書3巻，204頁所収）。
⑹ 周婉窈／濱島敦俊監訳『図説　台湾の歴史』平凡社，2007年，220頁。
⑺ 呉明儒「社区発展與組織再造――台湾高齢社区照顧模式之比較分析」6頁（台湾福利学会国際学術検討会『社会暨健康政策的変動與創新趨勢――邁向多元，整合的

福利体制』台湾福利学会，2005年，http://www.swat.sw.ccu.edu.tw/ 台湾福利学会，アクセス日：2010年12月3日）。
(71) 杵淵義房「台湾社会事業史　下」（永岡正己総合監修，前掲書11巻，331頁所収）。杵淵は隣保館を隣保制度の中核として捉えるが，この隣保制度とは，「一国の各下級地方行政区画内を一定の戸数又は地域を標準として，之を多数の地区に細分し，其の地区内の隣接各成員が隣保団結の力を以って，東洋固有の隣保相扶の精神と連帯責任の観念とに基づき，…（中略）…以って地方行政の運営を輔くるの目的を以って設定された国営の自治制度」であった。つまり彼は，隣保相扶の公的制度化（国営教化社会事業）を担う中心的組織として公設・準公設の隣保館を位置づけた（同前書，9頁）。
(72) 生江孝之「台湾の印象と希望」『社会事業の友』28号，台湾社会事業協会，1931年，3‐4頁。
(73) 廖宜方『図解　台湾史』易博士文化，2004年，188-189頁。
(74) 王順民『宗教福利』亜太図書出版社，1999年，20頁。
(75) 生江孝之「隣保館の話」前掲論文，92頁。
(76) 李天賞『台湾的社区與組織』揚智文化事業，2005年，135頁。
(77) 林萬億「当代慈善特色――従救済転為福利的社福事業」経典雑誌編著『台湾慈善四百年　清領編，日治編，戦後編』経典雑誌，2006年，134-141頁。
(78) 同前書，138頁。
(79) 台湾総督府文教局編「台湾社会事業要覧　昭和九年九月」（永岡正己総合監修，前掲書4巻，154頁所収）。
(80) 台湾総督府文教局編「台湾社会事業要覧　昭和十四年十一月」（永岡正己総合監修，前掲書7巻，3‐13頁所収）。
(81) 張，前掲論文，50-51頁。
(82) 劉，前掲論文，67頁。財団法人台北市私立協進幼稚園（台北市士林区）に移転し現存。財団法人台北市私立協進幼稚園林慎記念奨学金を設け国内公私立大学独立学院の社会系，社会工作系在学の成績優秀な学生に給付している。
(83) 富田哲「統治者が被統治者の言語を学ぶということ」『台湾教育史研究会通信』14号，台湾教育史研究会，2001年，25頁。
(84) 李健鴻『慈善與宰制――台北県社会福利事業史研究』（北県歴史與人物叢書5）台北県立文化中心出版，1996年，69頁。
(85) 同前書，82-83頁。
(86) 大林宗嗣「社会事業の現代的様相と其の解釈」『社会事業』14巻10号，中央社会事業協会，1931年，18頁。
(87) 井上『台湾山地伝道記』前掲書，305-306頁。

第3章 台湾人による「私設社会事業」の展開
―― 「台北愛愛寮」創設者・施乾

はじめに

資料3-1 今日の台北市私立愛愛院

　台北最古の古刹龍山寺前の大通り和平西路を少し西へ行った路地裏に高齢者福祉施設「台北市私立愛愛院」がある。愛愛院は，地域とうまく溶け合い，萬華ならではの下町情緒に満ちた独特の喧騒と雑多な雰囲気をまとっている（資料3-1参照）。筆者は，愛愛院の歴史とその取り組みに強く惹かれ，以降，現地踏査を継続している。

　台北市私立愛愛院は，台湾の代表的社会事業家，施乾（Shi Gian, 1899-1944年）が1923（大正12）年，台北市萬華大理街に開設した路上生活者の救護施設「台北愛愛寮」を歴史的な起源としている。その後，施（清水）照子（1910-2001年）が夫・施乾の遺志を継いで，弱者救済に尽力した。時代の推移とともに高齢者施設として再編され，1976年，名称を台北市私立愛愛院と変更し，現在，長男・施武靖（1942年-）が，安老所（養護老人ホーム），養護所（特別養護老人ホーム），自費安養中心（健康型有料老人ホーム）などの居住施設（入居者約120名）を設置・運営している。

　本章では，施乾及び照子の足跡を，重要な他者（彼らを取り巻く人間関係の中でも最も重要な影響を及ぼした人々）との関連でたどり，台湾「社会福利」にお

ける「台北愛愛寮」の歴史的役割，存在意義について考察する。

1 「台北愛愛寮」とは

(1) 誕生の背景

　施乾は1899（明治32）年日本植民地下の台北州（戦前の地方行政区分）淡水郡で生まれた。1912（大正元）年，淡水公学校を卒業後，1914（大正3）年から1917（大正6）年まで台湾総督府工業講習所（現・国立台北科技大学）に学び，1919（大正8）年，総督府商工課の技師に就任した。在職中，諸書耽読し，西田天香，賀川豊彦の学説に心酔する。1920（大正9）年，商工課の全台北市民調査で艋舺区域（現・萬華区）を担当することになるが，そこで貧困に喘ぐ人々の実態を目の当たりにする。当時，台北市には私立の「乞食寮」が3カ所（大稲埕鴨寮街・艋舺龍山寺街・学海書院辺街）あった。しかし植民地化によって制度が弛廃して，「乞食」たちは「流離失所曝露於風雨之中」（雨露をしのぐ家もない）となっていた。施が大稲埕に隣接する艋舺区域に台北愛愛寮を創設するのが1923（大正12）年のことであるが，ちょうどこの時期は1921（大正10）年の大稲埕を拠点とした台湾文化協会の誕生を契機として社会改革運動が隆盛にむかう時期であった（第2章図表2-1「稲垣藤兵衛　略年譜」を参照されたい）。こうした状況のもとで，施乾は「乞食寮」の創設を発心する。

　施乾は叔父の施煥に対して父施倫の説得を頼み，さらに数百元の開設費用を請う。木材業を営む伯父の施坤から材木の寄贈を受ける。そして，1923（大正12）年，少しばかりの土地（一片曠地）を購入して，簡素で狭い板屋（簡陋之板屋）を一棟こしらえ，12人の職員を雇用し，二十数人の「乞食」を収容して台北愛愛寮が始まった。

　施乾は1925（大正14）年，『乞丐撲滅論』（乞食撲滅論），『乞食社会的生活』（乞食社会の生活）などの著書を発刊し，1926（昭和元）年，「乞丐撲滅協会」を組織する。1933（昭和8）年，事業の最大の協力者であった妻謝惜の急逝により，施乾は幼子二人（後に愛愛院の活動を支える長女明月と次女美代）を抱え途方

第Ⅰ部　歴史編

図表3-1　台北市私立愛愛院　略年譜

1923（大正12）年	施乾，台北愛愛寮を開設
1925（大正14）年	『乞丐社会的生活』（乞食社会の生活），『乞丐撲滅論』（乞食撲滅論）を発刊
1926（昭和元）年	乞食撲滅協会を組織
1928（昭和3）年	昭和天皇の即位大典に参加
1930（昭和5）年	「御下賜金」3,000圓を獲得
1933（昭和8）年	愛愛寮を財団法人に改組（理事長を金子光太郎として，施乾は常務理事として実質運営）
	妻謝惜が長女明月，次女美代を残し急逝
1934（昭和9）年	京都在住の清水照子と結婚
1942（昭和17）年	長男施武靖誕生（長女明月，次女美代の他，三女敏娜，四女香爲，五女愛郷の姉あり）
1944（昭和19）年	脳溢血のため急逝（享年45歳）
1945（昭和20）年	日本の敗戦　愛愛寮活動休止の状態
	施（清水）照子，夫の遺志継ぎ弱者救済に尽力することを決意
1952（昭和27）年	台北愛愛救済院と改称
1963（昭和38）年	養護所の業務を開始（台北市政府社会局委託）
1973（昭和48）年	安老所の業務を開始（台北市政府社会局委託）
1976（昭和51）年	台北市私立愛愛院と改称
1987（昭和62）年	戒厳令が解除され民主化進展
1989（平成元）年	4階建てに増改築，しかし入居者は減少
1991（平成3）年	自費安養中心の業務を開始
2001（平成13）年	永眠する（享年91歳）
	施武靖，院長就任
2007（平成19）年	地下1階，地上6階の新院舎完工（自費養護及び「失智長者之専門養護区」〔認知症高齢者専用棟〕を増設）

にくれた。そして，1934（昭和9）年，京都在住の清水照子と再婚するが，志半ばで，1944（昭和19）年，脳溢血のため急逝（享年45歳）する。創設から今日に至るまでの経緯は図表3-1の通りである。

　施乾と照子の二人は何故，誰もが見向きもしなかった「乞食寮」の運営という困難な事業に駆り立てられることになったのか。ここで，施乾と照子の思想の系譜をたどりたい（図表3-2参照）。

（2）事業の概要

　台湾総督府文教局編「台湾社会事業要覧　昭和八年三月」の中で，台北愛愛寮の沿革は次のように記されている。

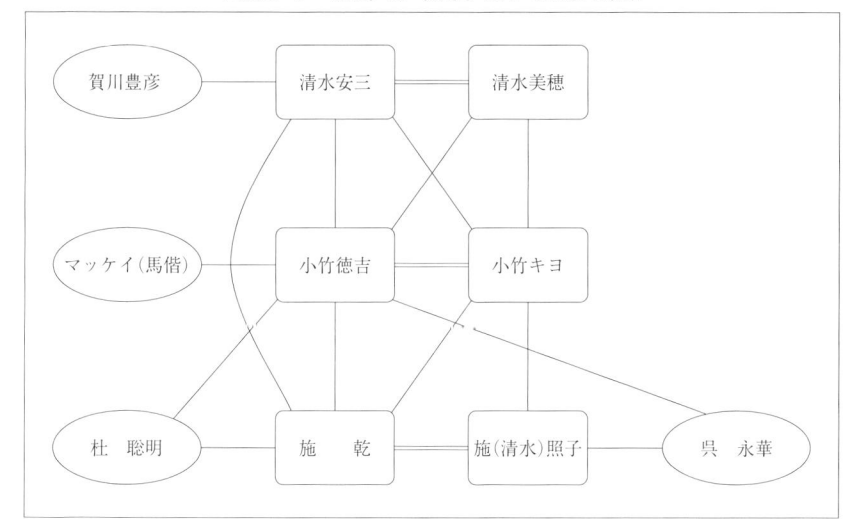

第 3 章　台湾人による「私設社会事業」の展開

図表 3 - 2　施乾，施（清水）照子の思想の系譜

```
賀川豊彦 ── 清水安三 ── 清水美穂

マッケイ(馬偕) ── 小竹徳吉 ── 小竹キヨ

杜　聡明 ── 施　乾 ── 施(清水)照子 ── 呉　永華
```

「設立者施乾，乞丐生活の改善を企図し大正十二年八月十五日台北愛愛寮を設立す，収容の乞丐に対し授産の方法により労働心を涵養し，或いは医療により疾病を治療する等乞丐の救済及生活改善に努めつつあり，昭和三年二月会員組織となし本事業の徹底を期せり。昭和四年度に於て恩賜財団明治救済会より四千二百圓，財団法人台湾婦人慈善会より一千圓，恩賜財団慶福会より一千圓計六千二百圓の補助を得て癩患者隔離病室，授産場，精神病室，隔離室を新築せり，昭和四年以降紀元節に当り事業奨励の思召を以て年々御下賜金を拝受す，尚昭和五年十二月には特別の思召により金三千圓拝受せり」。
(1)

また，「授産は塵拂制作及養豚にして収容中比較的健康なるものを従事せしめ塵拂制作は毎日十人内外制作に従事せしめたり」
(2)
ともある。1931（昭和 6）年の事業成績は，収容保護人員が363人（当年度末収容人員は男81人，女72人の計153人），医療実人員が243人（延べ人員 3 万8,452人），経費が 1 万8,450圓（そのうち，御下賜金500圓，補助金700圓，会費及び寄付金 1 万1,100圓，前年度よりの繰越金

69

2,552圓，その他3,598圓）であった。台北愛愛寮は，1930（昭和5）年，台湾総督府によって楽生院（現・ハンセン病療養所楽生療養院），アヘン矯正所台北更正院が設立されるまで，老若男女の窮民たちやハンセン病療養者，精神科疾患やアヘン中毒に苦しむ人々が共同生活を行う総合的な救護施設として活動した。

当時の救護施設は，州知事を代表者とする各慈済院による救護と，個人及び民間団体によるによる救護とに分かれていた。個人及び民間団体による救護については，1931（昭和6）年，全国58カ所で実施され，そのうち院内救護（収容）を実施している団体は10団体で，これ以外は院外救護を行う団体であった。院内救護の規模は，台北愛愛寮が363人と最も多く，1929（昭和4）年に本島人実業団体台南工業協会が中心となり設立された台南愛護会が300人と続く。その後，日中戦争が勃発した翌年の1938（昭和13）年では，この順位は変わらないが，台北愛愛寮の院内救護の人員が389人であるのに対し，台南愛護会は135人と半減している。(3)

一方の，州知事を代表者とする各慈済院による救護については，1940（昭和15）年，全国7カ所の慈済院（台北・新竹・台中・台南・嘉義・高雄・澎湖）における院内救護の総数が214人であるのに対し，院外救護（窮民施療）が延べ1万5,490人，巡回訪問（診療）が延べ2万8,866人であったことから，地域在住の生活困窮者への医療保護を中心としていたといえる。これに対して，台北愛愛寮の場合，同年の院内救護の総数が293人であり，全国7カ所の慈済院の収容者総数よりも多いことから，街頭生活者に雨露しのぐ場を提供する生活救護が中心であったといえる。(4)

2　施乾，施（清水）照子の思想の系譜

筆者は施乾・照子に繋がる多くの人々，組織・団体を対象にヒアリング調査を継続して行った。そしてこれらの現地踏査及び文献・資料の分析に基づいて，以下のような仮説を立てた。すなわち，「愛愛院の思想的な源流は，淡水時代の小竹徳吉（1876-1913年）を中心に連接する（関連を持って繋がる）人々の実践

第3章　台湾人による「私設社会事業」の展開

の中にある。とりわけ，施乾はマッケイ（George Leslie Mackay, 1844-1901年，漢名：馬偕），清水照子は小竹キヨ（1885-1980年）の実践の影響を受けている」。

（1）施乾と小竹徳吉

施は無教会主義の基督者であった[5]。中村孝志は「小竹徳吉伝試説——台湾のペスタロッチ」の中で次のように述べている。

> 「小竹が淡水公学校長時代の生徒施乾は，台湾最初の福祉施設『愛愛寮』を台北艋舺に設立したが，これなどは或いは小竹の指導的影響があったと考えてよいのではないかと思われる[6]」。

小竹徳吉（1876-1913年）は敬虔な基督者であった。当時，日本統治下の台湾では，初等教育が日本人（内地人）児童に対する小学校と台湾人（本島人）児童に対する公学校の二つに分かれていたが，公学校で本島人職員とともに台湾の子どもたちへの教育に尽くしたことで知られている[7]。彼は，1898（明治31）年，台湾総督府国語学校師範部を卒業と同時に1901（明治34）年まで大稲埕公学校（現・淡水国民小学）教諭を務めた。そして，艋舺公学校教諭，台湾総督府国語学校教諭を経て，1907（明治40）年から1910（明治43）年の間，滬尾（淡水）公学校校長として業績を残す。その間の1908（明治41）年には，清水安三の姉，キヨと結婚する。1927（昭和2）年に刊行された吉野秀公『台湾教育史』の中の教育会の人々の章において小竹徳吉評が次のように記されている。

> 「其の温厚なる人格と穏健なる見識とは同校をして面目を一新せしめ模範公学校の称あらしめたが四十三年五月厦門籍民教育を創始するや選ばれて，其の任に当たり旭瀛書院の名を内外に轟かした，至誠の二字は君の全幅であった兎も角初等教育会稀に見る人であった[8]」。

厦門(アモイ)旭瀛書院とは，華南（広東・海南・福建など）への台湾総督府による日本

71

語教育の開拓（華南教育工作）を目的として1911（明治44）年に創設された学堂である。徳吉は初代院長として選抜派遣されるが，1913（大正2）年に38歳で台北にて病没する。

　施乾は淡水公学校に1906-1912年の間在学している。つまり，施は小竹校長のもとで，7歳から11歳までの多感な子ども時代を送ったことになる。当時の学校の様子について，前述の中村論文では，小竹は，「受持学級児童は毎週演習会を行い，自治的に行動してなんら指導せずとも巧みに会を運営した。教員はほとんど毎日のように各科教授法の研究会をおこなった。1909年秋からは，卒業生ならびに中途退学者のための夜間補習教育が始まり，小竹は有望な児童を校長官舎に引き取り，日常の雑用をさせるとともに常時座臥のうちに日本語を教え，生活指導をおこない，全人的な教育を施さんと試みた。この時最初に学僕となったものに杜聡明少年があった」とその教育的特色を指摘している。

　杜聡明（1893-1983年）は京都帝国大学医学部で学び，戦後は国立台湾大学医学院長に就任し台湾医学界で活躍した人物として知られている。杜聡明は施乾への協力を惜しまなかった。1929（昭和4）年には，愛愛寮のアヘン中毒者を治療しながら矯正方法について調査研究を継続した。これが1930（昭和5）年，台湾総督府によるアヘン中毒者の矯正施設である台北更正院の創設へと繋がった。

　小竹は清水安三（1891-1988年）の義兄である。清水安三は，同志社大学神学部を卒業後の1917（大正6）年に日本組合基督教会宣教師として中国に渡り，民族を超越した工読主義（働きながら学ぶ）の教育実践を行った人物として知られている。1919（大正8）年の五・四運動で反日感情高まる最中の北京において，同志社女子専門学校を卒業した妻・美穂（1896-1933年）とともに災童救済事業に従事して，1921（大正10）年，北京朝陽門外の貧民街に崇貞学園（崇貞平民女子工読学校）を創始し，女子に経済的自立を目指す技術に対する価値を促した。美穂は崇貞の経営に奔走するが，ついに過労で倒れ38歳で病没する。1937（昭和15）年，日中戦争が勃発すると，安三は北京を戦禍から護るために奔走するが，戦後1946（昭和21）年に日本に帰国して，賀川豊彦の協力で桜美

第3章　台湾人による「私設社会事業」の展開

林学園を創立する。この清水安三の愛愛寮訪問について，王昭文は「拯救乞丐的社会改革者——施乾」の中で，「1928年の菊池寛による訪問よりも前，清水安三牧師が台湾視察をした際に，愛愛寮の物語と彰化基督教医院『切膚の愛』の物語（蘭大衛〔デビッド・ランズボロー〕医師が妻の皮膚を負傷した児童周金耀に移植して救助した話）を聴き訪ね，これに感動して帰国後，報道して，愛愛寮の活動に対する日本社会の関心を高めた」と述べている。

　ところで，筆者が淡水国民小学を訪問した際，当時校長を務めていた蕭憲誠は次のことを繰り返し述べている。小竹徳吉は，カナダ基督長老教会最初の海外宣教師マッケイを尊敬し，生徒たちに彼がはじめて淡水に入港した時の言葉，*"No other labor ever before me"*（佇我前頭猶未有工人佇遮做工）（「1872年3月9日船入淡水港」『馬偕日記』）を繰り返し唱えることによって，先駆者精神を奨励していた。

（2）施乾とマッケイと淡水

　マッケイは，カナダ基督長老教会最初の海外宣教師として台湾へ渡った。1872（明治5）年，淡水に入り，ここを宣教の地と決め，また，医療と教育の基地とした。その後，台湾人張聰明と結婚。長女媽連，次女媽以利もまた台湾人と結婚した。そして，1901（明治34）年「淡水，我永遠的故郷」という言葉を残して台湾に永眠する。マッケイは伝道のみならず，医療，教育，農芸などさまざまな分野・領域で活動している。『台湾基督長老教会艋舺教会設教120週年紀念特刊』によれば，マッケイの台湾への貢献として，伝道（60カ所の教会設立，信徒4,000人），医療（1880〔明治13〕年，偕医館開設），教育（1882〔明治15〕年牛津学堂開学〔現・私立淡江高級中学〕），農芸（キャベツ，カリフラワー，サトウダイコン，セロリ，台湾アカシアなど）と多岐にわたる。

　マッケイの昇天は施乾が2歳の時であるから，両者の間には直接の接点はない。しかし，筆者は，施乾の実践方法との共通性に着目したい。これについて，以下に要約する。

① ヒューマニティーを基地とする実践（徹底した寄り添い）

施乾は著作の中に，「向上帝祈　祷懺悔」（汝ら悔い改めよ天国は近づけり），「愛敵人之心」（敵を愛し迫害する者のために祈れ）などの典型的な基督信仰概念を多用している。人類愛の作用（効き目）を確信して，ひたすら実践して去った人だといえよう。

② 社会経済的な視点（経済的不平等の原因・結果としての貧困に対する理解）

施乾は金銭的な施しが乞食を生み出すものとして，伝統観念的な慈善を厳しく批判。乞食生活からの離脱と人間的な尊厳の回復を訴えた。

③ 開発促進的な視点（医療・保健の重視）

患う者には医療を与えた。1929（昭和4）年，施乾と同郷の杜聡明が無報酬で定期的にアヘン中毒者の診察に当たった。このことは，後に杜聡明が全島のアヘン中毒者の矯正治療を総督府に建議する糸口となった（1930年，台北更生院の開設）。

④ 教育学的なアプローチ

自主的な学習実践集団としての生活改善グループをこしらえ，教育的に接近した。衣食住などの身近な生活の合理化から始まり，共同炊事や共同保育，読書習字，健康管理（生活習慣の確立）など，さまざまな面に広がった。

⑤ 自立支援

自立更正の工芸訓練（養豚及び竹器，藤器，叩き，豆腐，野菜の生産・販売）など，就労技術の獲得を目指し実践した。

⑥ 一生燃焼

多くの人々がマッケイの精神を語るときに，その都度強調される言葉が「寧願焼，不願朽壊」（老朽を願わず，生命を燃焼し尽くすことを願う）である。施乾もまた「一生燃焼」して去った人であった。

施乾は1926（昭和元）年，「乞食撲滅協会」を組織して，富豪からの会費収入を得るが，これでも愛愛寮の運営資金が足りず，最後は，父親所有の資産をはたいて運営に充当した。彼をしてそこまで実践に全力を傾注させたものは何か。

そこには彼が多感な少年時代を過ごした淡水の風土が大きく影響しているのではなかろうか。それはマッケイによって培われた基督教的なものへの志向性が強い風土である。

（3）施（清水）照子と小竹キヨ

　施（清水）照子は，京都市中京区で両替商を営む商家に3人姉妹の長女として出生した。京都市立第二高等女学校一期生として入学の頃，父清水半兵衛は事業に失敗している。その後，京都在住の施秀鳳（施乾の従姉妹）の仲介により見合い。親族の反対を押し切り施乾と結婚。挙式（下鴨神社）には親族は誰も参列しなかった。

　小竹キヨ（1885-1980年）は，日本女子大学校創立翌々年の入学（三期生）で，校長成瀬仁蔵（1858-1919年）をはじめ敬虔な基督者の教師から女子教育における社会事業家養成の必要について学んだ。そして，石井十次（1865-1914年）が1887（明治20）年に創設した岡山孤児院で，1906（明治39）年から1908（明治41）年の3年間を家庭（小寮舎）の主婦（保母）として子どもたちの衣食住の一切の世話を献身的に実践した基督者であった。当時の東北凶作地孤児救済に着手した頃の岡山孤児院は，約1万1,000坪の敷地に50棟の小寮舎が点在し1,200人の子どもたちが暮らしていた。1908（明治41）年，小竹徳吉と結婚して渡台するが，校長官舎での児童と寝食を共にする全人教育の実践はキヨの岡山孤児院での経験が活かされていたものと思われる。しかし，1913（大正2）年，徳吉38歳で病没により公学校教員などを経て帰国し，1920（大正9）年，京都市立盲唖院の教師となり，1920年代を中心に盲聾教育界の実践者として活躍した。

　照子の妹は筆者に対して，「姉は『聴こえ』に軽い障害があった」「姉はプロテスタントの教会に通っていたが，聾唖教育に携わる女性教師の話をよくしていた」と述べている。これは筆者の推測の域を越えるものではないが，その女性教師とは，小竹キヨであったのかもしれない。もしそうであれば，小竹キヨの台湾時代の思い出話は，後年（渡台1934〔昭和9〕年）台湾の社会事業に身を捧げた照子に種々の示唆と勇気を与えたに違いない。

3　施乾，施（清水）照子への評価

　今日の台湾において，施乾に対する社会的な評価は，社会改革者，「恩侍福利体制」の迎合者など，肯定，否定と定まらない。一方，照子については，近年，『台湾百年人物誌』などの著作に数多く登場し，「人間大愛」の実践者として高く評価されている。

（1）社会改革者としての施乾

　1994（平成6）年，台北県立文化センターは王昶雄を編者に『孤苦人群録』を出版した。それは台湾歴史の再構築（洗い直し）を目的に，植民地時代の北台湾文学（散文，詩文，評論，詩，小説など）県籍名家14人作品16冊が刊行されたが，そのうちの1冊であり，評論集として施乾の『乞丐是什麼』（乞食とは何ぞや），『乞丐撲滅論』（乞食撲滅論），『乞丐社会的生活』（乞食社会の生活）などの著作が収められている。編者の王昶雄は，「編輯導言」の中で日本文豪菊地寛が日本へ持ち帰り広く世に知らしめたほどの大作であったと施乾を絶賛している。また，「問樵　施乾及其事業」において，賀川豊彦の学説を踏まえた科学的実践であったと賞賛している。賀川豊彦（1888-1960年）は，プロテスタント基督教の牧師・伝道者であるとともに，詩人であり小説家であり，また社会活動家であった。そして彼にとって社会的活動を行うことはそのまま，社会の最も苦しむ人々と，精神的内面的な同情ではなく，身体的具体的に連帯する「社会的基督教」の実践であった。1920（大正9）年に刊行した自伝小説『死線を越えて』は，「スラム街にのりこんだ主人公が苦戦苦闘のすえ庶民のこころに溶け込み，しだいに社会運動に献身していく健気な生き方が，賀川自身の体験にもとづいて描き出され」，当時の一大ベストセラーとなった。同年，施乾は商工課の全台北市民調査で艋舺区域（現・萬華区）を担当することになるが，そこで貧困に喘ぐ人々の実態を目の当たりにする。

　施乾が大稲埕に隣接する艋舺区域に愛愛寮を創設するのが1923（大正12）年

のことであるが，ちょうどこの時期は1921（大正10）年の台湾文化協会の誕生を契機として社会改革運動が隆盛に向かう時期であった。多くの若者が街路に噴出する貧窮者の社会的な惨状を無視できなかったように，社会構造的な矛盾に向かって高揚する若き感情が施乾をして先駆的社会事業へと突き動かしたのかもしれない。施は1925（大正14）年の『台湾民報』に，「乞丐底問題」と題して，「最底辺の問題を最重要の解決課題として取り組まなければ，台湾は『麗島——Formosa』から『醜島』になる」と述べる。前述のように稲垣藤兵衛（第2章参照）は1927（昭和2）年創刊の『非台湾』に，「我等は現下の台湾を非とす。而して我等の是なりと信ずる台湾の創建に急ぐ」と宣言するが，そこに施乾は「祝発刊萬華愛愛寮施乾」と一文を寄せるなど，社会改革への志向をめぐって両者には接点がある。そして同年，共に「孤魂連盟」を結成することから，無政府運動で結びつく関係を知ることができる。

　台湾総督府警務局『台湾総督府警察沿革誌』によれば，「孤魂連盟」とは，「本島人の教化を標榜し，稲江義塾を経営しつつありし無政府主義者稲垣藤兵衛の主唱に基づき本島人無政府主義者を集めて組織せる研究会グループの名称のこと」とある。中心会員の一人，台湾新劇の第一人者・張維賢は大稲埕民衆講座で同連盟の趣旨を次のように宣言した。

　　「孤魂とは生前孤独にして死後寄辺なき憐れむべき霊魂の言うなり，其の悲哀は恰も吾人無産階級農民の現代に於ける生活と異ならず，吾人は茲に孤魂連盟を組織し我等の光明，無産階級解放運動に進出せんとするにあり」。

　施乾と張維賢，林斐芳という全く違う分野の文化青年が無政府主義運動で結びつき，張維賢の星光演劇研究会は愛愛寮の募金のために公演を行うなど連盟は台湾民衆からも注目された（資料3-2参照）。しかし，稲垣と施との結びつきは，必ずしも堅固な関係ではなかったようである。前述の警察沿革誌には，「台北市萬華の博愛園愛々寮主施乾は寄付金募集に関し周合源，稲垣等と相織

資料 3-2 当代三大「乞食頭」（右から施乾・張維賢〔別名・張乞食〕・周合源）

出所：荘永明「台湾新劇第一人」『台湾紀事』上，時報文化出版社，1989年，423頁。

り孤魂連盟の趣旨に賛同して之に参加せしが，稲垣の放任的態度を執りたる以後，孤魂連盟は施乾方に実権を移したるかの観さえありたり」とある。1928（昭和3）年，孤魂連盟は取調べと家宅捜索を受け1年という短さで事実上消滅している。

（2）「恩侍福利体制」の迎合者としての施乾

　施乾は，1928（昭和3）年に昭和天皇の即位大典に参加するなど，体制とのかかわりを深めていった。同年から，毎年「御下賜金」が給付され，1930（昭和5）年には3,000圓を獲得する。これに続いて，日本人が組織する各種慈善団体（恩賜財団明治救済会・財団法人台湾婦人慈善会・恩賜財団慶福会など）から補助を得て，授産室，精神病棟などを設置している。以降，特頒賜金を得て，経営は軌道に乗り出す。この過程で，施乾は，1933（昭和8）年，愛愛寮を財団法人に改組して台北州会議員で弁護士の金子光太郎を理事長に，台北州会議員で元台北北警察署長の近藤満夫を常任理事に迎え組織の強化を図っている。また彼は，1942（昭和17）年に地元行政区緑町区長及び青年団長に選任されている。

こうして皇室による補助が愛愛寮を継続させる主要因となったことから，施乾の実践を「恩侍福利体制」（日本の皇室の「恩賜」と台湾人民の「侍らう」関係による社会的秩序の維持）の一環として位置づける考え方が根強くある。[31]

このように積極的に総督府の支配体制に追従していったという説がある一方，植民政府の下，「恩侍福利体制」に組み込まれざるを得なかったという説がある。前述の王昭文は，次のように述べる。

> 「実践の師と仰ぐ賀川豊彦が社会運動の路を歩んだけれども，施乾は愛愛寮の活動に全力を投入した。これは植民地下台湾の特殊な社会状況に起因するのかもしれない。当時，植民政府は，台湾人を監視し暴力で抑えつけ，反抗の芽を容赦なく摘み取った。したがって，社会運動による改革の可能性はゼロに等しかったのである」[32]。

（3）「人間大愛」実践者としての施（清水）照子

施（清水）照子の次女美代（1930年-）は施乾と先妻・謝惜との間に生まれた。幼少より愛愛寮の働きに加わり，台北赤十字看護学校を卒業後，護士長（看護婦長）として永年勤務した。さらには，晩年の照子を看護した「生き字引」的存在の人である。美代は筆者に次のように述べた。

> 「母は，愛愛寮は乞食の収容施設だとわかっていたが，みなが制服を着用し，野球チームもある立派なところだと思ってやってきた。しかし，到着して初めて，そこは粗末なボロ屋に，牛が草を食み，みなボロ着を纏っているところだということがわかって，来たことを後悔した」。

また，徐蘊康著『人間大愛　施乾與清水照子』の中でも，美代の言として次の一文が紹介されている。

> 「母は台湾の習慣に馴染めなかった。ただ黙々と父に従い仕事をした。

第Ⅰ部　歴史編

　　　近隣に居住する台湾製糖の日本職員のところで，故郷生家を想い，帰りた
　　　いと涙した。父母の関係もうまくいかず，父は『我慢してくれ』と請うて
　　　いた」。⁽³³⁾

　これらのことから，渡台した当時の，心理的葛藤に苦しみ，不安定でどちら
にも帰属できない漂泊者（境界人）としての照子の側面が浮かんでくる。
　日本の敗戦が色濃くなり，そして終戦を迎えた当時（1944-1945年），愛愛寮
は活動を休止している。その理由を尋ねた筆者に対して美代は次のように答え
ている。

　　　「父が他界した翌年に姉明月が広東省から帰り愛愛寮の活動に加わった。
　　　去就に迷う母も，これで日本に帰らないことを決心した。愛愛院の働きが
　　　継続している一番の理由は母と姉の努力である」。

　戦前渡台した日本人は，戦後台湾からの送還を強制された。しかし，200人
を超える入居者たちと施乾の遺子が照子の帰還を願わなかった。照子は毅然帰
化することを発心して，中華民国国籍を取得し名を施照子と改め，施乾の遺志
を継承した。⁽³⁴⁾こうした照子の行動と運命が台湾民衆によって支持されたことこ
そ，日本人が関わった日本植民地下の社会事業の多くが時代の終焉と同時に消
滅したにもかかわらず，照子は「人間大愛」の実践者として賞賛され続け，そ
して台北市私立愛愛院として現存している最大理由ではなかろうか。
　照子が日々好んで用いた聖句を紹介しておく。テサロニケ人への第一の手紙
（帖撒羅尼迦前書）第5章第16-18節「いつも喜んでいなさい。絶えず祈りなさ
い。すべての事について感謝しなさい」（不時愉快不停祈告，凡事都要感謝）。

（4）「同食同寝」（一大家族同様）の思想と実践
　施（清水）照子は戦前，城内区（当時の日本人居住地区）にあった日本人教会
日本基督教団台北幸町教会（現・台湾基督長老教会済南教会）よりも，地元萬華

第3章　台湾人による「私設社会事業」の展開

区の台湾基督長老教会艋舺教会に信仰的交流を求めている。艋舺教会は，照子の要請を受け，愛愛院で1940年代後半から1960年代にかけて，孤児を対象に野外日曜学校を継続的に実施した。当時の牧師は，第3代牧師・呉永華（任期1942-1961年）第4代牧師・戴伯福（任期1961-1973年）であった。戴伯福（1914-1995年）は，留学生として淡水中学から同志社中学に1931-1933年の間編入している。

施乾が敬服して止まない信仰の師，賀川豊彦は，善いサマリア人の譬え（ルカによる福音書第10章第25-37節）から，「非宗教的宗教運動の意義」「所謂宗教生活の虚偽」について次のように語っている。

「即ち，マタイ伝二十五章三十一節以下の教える所は，所謂『宗教的』なることが，実際は，宗教的でなく，返って『非宗教的』と考えらるる，弱者貧民をいたわり，前科者，行き倒れに衣食住を与え，世人のあわれみの目からも漏れたような窮民の為に小さい情をかける。それが本当の意味で宗教的生活と称すべきものであると云うのである。我々はこの点について，真の宗教生活が何であるかを明確に理解する必要がある[35]」。

この観点に立てば，施乾は真の宗教生活を実践する基督者といえるだろう。また，王昭文は次のように述べる。

「愛愛寮の基本構想，即ち『同食同寝（一大家族同様）』〔「引導乞丐人重拾人的尊厳」〔路上生活の人々が人間としての尊厳を取り戻せるよう支え導きます〕「我是要你們技術・譲你們有能力」〔私はあなたがたに技術を身につけ，能力ある人になってほしいのです〕）は，賀川豊彦の貧民窟活動経験によっている[36]」。

おわりに

今日に至るも，台北市私立愛愛院の入居者が消費する米はすべて地域からの

寄付米によっている。それは萬華区の地域特性に由来している。同区では，狭域的空間に血縁的・地縁的社会関係を累積し，固定的で安定した庶民的な生活構造が保持されている。現院長の施武靖もまた，その土地に生まれ，住みつき根づいている土着的住民の一人である。

　こうした「同食同寝」（一大家族同様）の思想と実践の根源にあるものは，お互いに愛し合い敬い合う人同士との相互信頼に基づいた，「人の自然な関係」ではなかろうか。愛愛院の「人の自然な関係」は，地域固有の風習，文化，生活，縁や恩，情という温かみのある関係性の中で同じ目標を共に行う濃密な共同体としての目的意識で結ばれた，その歴史的な累積によって支えられているのだといえる。筆者に対する次の美代の言葉が端的にそれを表現している。

　　「私たち姉妹は孤児たちの食事介助や散髪，入浴などの助けをした。父は，子どもたちの悪臭を放つ汚い衣服を洗濯し，私たちの衣服を代わりに与えた。私たち姉妹は，あえて反対はしなかったが，はたして自分たちは本当の子どもなのかと疑った。学校の同級生はお金を持ち，豪華な弁当をもってきたが，わたしたちは豆と味噌しかなくて，また，くさいからあっち行けといわれ，大変つらい思いをした」。

　筆者の関心は，「愛愛寮とはどんな施設か」という浅い次元から始まった。それが次第に「愛愛寮を掘り起こすことが，私の台湾『社会福利』研究にとってどういう体験となるのか」という次元へと変化した。それだけ，愛愛寮には台湾の土着的な福祉の思想性に通底する深さが秘められている，ということであろうか。その根源的な理解を求めてさらに調査を続けたい。

　付　　記
　　本章の目的を達成するため，主に以下の人々から聞き取り調査及び資料提供のご協力をいただいた。そのことを記して感謝にかえたい（敬称略）。
　　聞き取り調査…①台北市私立愛愛院院長　施武靖（長男），②施美代（次女），③台湾基督長老教会　艋舺教会長老　陳丁財，④台北市体育会太極拳委員

会主任委員 李振貴、⑤淡水国民小学校長 蕭憲誠、⑥私立淡江高級中学理事長 蕭東浩。

資料提供…①台北県立文化中心 頼怡靜、②桜美林高校教諭 清水賢一、③台湾基督長老教会 済南教会牧師 翁修恭、④済南教会長老 林国煌（元台湾大学教授）、⑤台湾基督長老教会 柳原教会長老 洪伯宗、⑥同志社校友台湾支部長 蔡有義、⑦同志社大学技術・企業・国際競争力研究センター研究員 河口充勇。

注
(1) 台湾総督府文教局編「台湾社会事業要覧　昭和八年三月」（永岡正己総合監修，大友昌子・沈潔監修『植民地社会事業関係資料集 台湾編』3巻，近現代資料刊行会，2000年，82-83頁所収）。
(2) 同前書，83頁所収。
(3) 台湾総督府文教局編「台湾社会事業要覧　昭和十四年十一月」（永岡正己総合監修，同前書7巻，82-87頁所収）。
(4) 台湾総督府文教局編「台湾社会事業要覧　昭和十七年三月」（永岡正己総合監修，同前書8巻，49頁所収）。
(5) 周合源先生治喪委員会「悼念周合源」『海峡評論』37巻，海峡評論雑誌社，1994年，55頁。
(6) 中村孝志「小竹徳吉伝試説──台湾のペスタロッチ」『南方文化』7号，天理南方文化研究会，1980年，104頁。
(7) 1898（明治31）年の台湾公学校令，台湾総督府小学校官制を公布して公学校と小学校の制度を定めた。1941（昭和16）年に国民学校令が公布され公学校と小学校を一つにして国民学校と改称されるまで続いた。
(8) 吉野秀公『台湾教育史』台湾日日新報社，1927年，360-361頁。
(9) 蔡蕙光「台湾総督府による台湾籍民学校の成立──東瀛学堂・旭瀛書院・東瀛学校」『東京大学日本史学研究室紀要』16号，2012年，126頁。
(10) 台湾教育会編『台湾教育沿革誌』1939年（『旧植民地教育史資料集4』青史社，1982年，512頁所収）に次のように記されている。「明治四十二年十月廈門在留の籍民相会し，有志の醵金に依り，台湾公学校に準拠せる学堂の設置を領事に請願した。翌四十三年一月，森領事代理より総督府に教員の派遣方を出願し，五月三十日，台湾公学校教員小竹徳吉の派遣を見るに至った。六月二十六日山仔預桂州堆の一民家を租借し，旭瀛書院を設立，八月二十四日四十七名の児童を収容，始業式を挙行した」。
(11) 中村，前掲論文，96-97頁。

第Ⅰ部　歴史編

(12)　吉田荘人『人物で見る台湾百年史』東方書店，1993年，100頁。
(13)　李紅衛『清水安三と北京崇貞学園――近代における日中教育文化交流史の一断面』不二出版，2009年，181-187頁。
(14)　清水美穂の思想と実践については，山崎朋子『朝陽門外の虹　崇貞女学校の人びと』岩波書店，2003年に詳しい。
(15)　同志社山脈編集委員会編『同志社山脈――113人のプロフィール』晃洋書房，2007年，66-67頁。
(16)　王昭文「拯救乞丐的社会改革者――施乾」『20世紀台湾歴史與人物――第6回中華民国史専題論文集』国史館印行，2002年，368-369頁。
(17)　『台湾基督長老教会艋舺教会設教120週年紀念特刊』台湾基督長老教会艋舺教会，1997年，17-23頁。
(18)　宮崎牧子「小竹キヨと岡山孤児院――社会事業に生きた若き女性」『紀要』33号，桜美林短期大学，1994年，87-94頁。中村孝志は，前掲論文の中で次のように述べる。「母校大津高女が高給（25円という）をもって迎える就職を謝絶し，濃尾大震災，さらに東北地方の凶作で増加した孤児を収容していた岡山孤児院での手当5円の主婦奉仕を志願した女姓である」。
(19)　細井勇・菊池義昭編『岡山孤児院関係資料集成』第1巻，不二出版，2009年，243-250頁。
(20)　聾教育開学百周年記念事業実行委員会『京都府盲聾教育百年史』京都府教育委員会，1978年，215-220頁。
(21)　王昶雄編，李天蹭訳『孤苦人群録』台北県立文化中心出版，1994年，編輯導言。
(22)　金井新二「賀川豊彦――『社会実践的なキリスト教』に生きる」高橋章編著『近代日本のキリスト者たち』社会評論社，2006年，132-133頁。
(23)　山折哲雄「復刻版に寄せて」賀川豊彦『死線を越えて（復刻版）』PHP研究所，2009年，1頁。
(24)　施乾「乞丐底問題」『台湾民報』67号，大正14年8月26日，台湾雑誌社，1925年，32-34頁（景印本，東方文化書局復刊5号，1973年）。
(25)　『非台湾』1927（昭和2）年3月20日（澁谷定輔文庫，埼玉県富士見市立中央図書館所収）。
(26)　台湾総督府警務局編『台湾総督府警察沿革誌』第2編，「領台以後の治安状況」中巻，1939年（台湾総督府警務局編『台湾社会運動史（復刻版）』龍渓書舎，1973年，890頁所収）。
(27)　同前，891頁。
(28)　荘永明「台湾新劇第一人」『台湾紀事』上，時報文化出版社，1989年，423頁。
(29)　台湾総督府警務局編，前掲書，891頁。

第 3 章　台湾人による「私設社会事業」の展開

⑶⓪　愛愛寮理事長，台北州会議員。1888（明治21）年京都府生まれ，1909（明治42）年台湾総督府作業所勤務，1916（大正5）年中央大学法科卒業，1923（大正12）年弁護士試験合格と共に開業，台北出征軍人後援会扶助部長，台湾競馬協会会長，台北馬事協会会長を歴任した（CD-ROM版『台湾人物誌　日本統治時代（1895-1945年）』Part1, 2, 3　雄松堂，2004年）。

⑶①　李健鴻「恩侍福利体制與不平等（「民族差異」的福利資源不平等分配)」『慈善與宰制──台北県社会福利事業史研究』（北県歴史與人物叢書5）台北県立文化中心出版，1996年，67-90頁。

⑶②　王，前掲論文，383-384頁。

⑶③　徐蘊康「人間大愛　施乾與清水照子」『台湾百年人物誌1』財団法人公共電視文化事業基金会，玉山社，2005年，84頁。

⑶④　周惠玲主編『台湾歴史辞典』行政院文化建設委員会，2004年，575-576頁。

⑶⑤　賀川豊彦「最後の悲劇」1925（大正14）年8月16日　於イエスの友関西聯合修養会（『賀川豊彦全集第10巻』キリスト教新聞社，1964年，179-188頁所収)。

⑶⑥　王，前掲論文，370-374頁。

参考文献

内政部社会司編印『社会福利基本数拠』2004年。
陳俊宏『重新発現馬偕傳』前衛出版社，2000年。
鄭仰恩編『宣教心，台湾情──馬偕小傳』人光出版社，2001年。
林満秋『從京都小姐変成乞丐之母』『台湾心女人』遠流，2000年。
李筱峰・荘天賜編『快読台湾歴史人物』玉山社，2004年。
阪口直樹『戦前同志社の台湾留学生──キリスト教国際主義の源流をたどる』白帝社，2002年。
又吉盛清『台湾　近い昔の旅──植民地時代をガイドする』凱風社，1996年。
山崎朋子『朝陽門外の虹　崇貞女学校の人びと』岩波書店，2003年。
吉田荘人『人物で見る台湾百年史』東方書店，1993年。
大友昌子「台湾における『社会事業』の展開──植民地体制下における救貧法制度の成立に関する一考察（1895-1910)」『社会事業史研究』社会事業史学会，2003年。

第Ⅱ部　制度編
―― 少子高齢化と社会福祉政策 ――

第4章 先鋭化する家族・地域問題
—— 人口減少社会と新しい次世代育成対策

はじめに

　筆者は，わが国の市町村における総合的な子育て支援の推進策の策定（2010〔平成22〕年）と，その進捗状況のアセスメントに参画してきた。このプランは，国における2003（平成15）年の「次世代育成支援対策推進法」が定める市町村行動計画に位置づける計画であり，「行動計画策定指針」に即して，5年ごとに（5年を一期として）プランが策定され実施された。こうした背景を踏まえ，「子ども・子育て支援法」（2012年）に基づき子育て支援施策の新たな総合計画を策定し，前プランを引き継ぐ後継プランとして2015年から開始した。

　この「行動計画策定指針」は一部アジアの国でも採用され，とりわけ台湾では，国内の少子化対策をトータルに推進するため，理念，活動方針，基本政策など事業全体を進めるうえで核となるリーディング・プロジェクトとして同指針の考え方を積極的に採用している。今日の台湾では，少子化が急速に進行し，また，産業集積と都市化の進展，地域移動の激化と地域の協力・共同関係の希薄化に伴い，家族，親族，近隣住民などによるインフォーマルな子育てシステムが急速に解体している。こうした状況下で，とりわけ低年齢児（3歳未満児，いわゆる0-2歳児）保育対策の整備・拡充が大きな政策課題となっている。

　筆者はこうした台湾の子育て支援施策の動向を知るため，支援の必要な家族への取り組みを進めている行政機関，地域団体，NPO，ボランティアなど公私の関係機関・団体・組織を訪ね，施策についての実情や，機関が実施する支援の状況について聞き取り調査を行った。本章では，まず，近年の家族と地域の変化，人口政策の変遷と各種提言，施策を概観し，次に，保護者ニーズが高

第4章　先鋭化する家族・地域問題

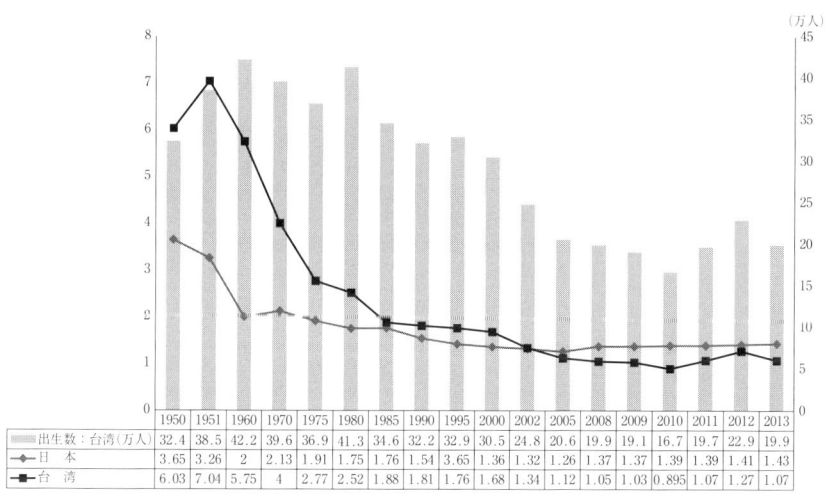

図表4-1　合計特殊出生率の推移——日台比較

	1950	1951	1960	1970	1975	1980	1985	1990	1995	2000	2002	2005	2008	2009	2010	2011	2012	2013
出生数：台湾(万人)	32.4	38.5	42.2	39.6	36.9	41.3	34.6	32.2	32.9	30.5	24.8	20.6	19.9	19.1	16.7	19.7	22.9	19.9
日　本	3.65	3.26	2	2.13	1.91	1.75	1.76	1.54	3.65	1.36	1.32	1.26	1.37	1.37	1.39	1.39	1.41	1.43
台　湾	6.03	7.04	5.75	4	2.77	2.52	1.88	1.81	1.76	1.68	1.34	1.12	1.05	1.03	0.895	1.07	1.27	1.07

出所：厚生労働省『我が国の人口動態　平成27年　平成25年までの動向』厚生労働統計協会，2015年，44-45頁，内政部戸政司「総生育率，出生人口数」『人口統計資料』(http://www.ris.gov.tw/zh_TW/346，アクセス日：2014年8月25日)をもとに筆者作成。

まりつつある低年齢児保育対策を中心に，「台湾児童暨家庭扶助基金会」での現地踏査を踏まえ，考察する。なお，内容の正確性を期すため，本分野で特に使われる語句については原語を併記する。

1　近年の家族と地域の変化

(1) 少子高齢化の推移

　台湾では少子化が急速に進行している。図表4-1に見るように，出生率が1951年の7.04をピークに減少しながら，日本とは2002年の1.34を境に上下逆転し，さらに低下していく。そして，2010年には，0.895と前年の1.03から大きく下落して世界最低となった。日本は合計特殊出生率が3.65（1950〔昭和25〕年）から1.54（1990〔平成2〕年）へと推移するのに40年を要しているが，台湾の場合は近似値である3.71（1971年）から1.56（1999年）へと推移するのにわずか28年しか要していない。こうした子ども総数の急減を具体的に示す統計とし

て，行政院教育部（日本の文部科学省に相当）の「教育統計指標」がある。そこでは，6-11歳（国民小学＝小学校）の学齢人口数が1990年の235万4,000人から2011年の145万7,000人へと約4割減少（-38.1％）したことを報告している。また，行政院経済建設委員会（国家経済の建設を推進する行政機関で2014年に国家発展委員会へ改組）は「中華民国　2012年至2060年人口推計」を発表し，学齢人口数が2022年には121万7,000人と推計（中位推計値）するが，これに従えば，1990年から32年間で学齢人口数が半減（-48.3％）することになる。[2]

　政府による人口政策のマニフェスト（声明書）である「中華民国人口政策綱領」（1969年施行，最新改正2014年）には，有効な人口政策として，「提升（上昇）生育率，緩和人口高齢化速度」が掲げられ，「少子化対策」と「高齢化対策」を一体として具体化を進めるべき，との認識がなされている。[3] 台湾では，少子化に伴い高齢化も急速に進行している。図表4-2に見るように，65歳以上の高齢者人口の全人口に占める比率（老年人口比率〔％〕）が，2012年には11.2と，日本の24.2と比べて低く，「高齢社会」（高齢者人口が14％を超えた社会）にも至っていないが，2060年には，台湾が39.4，日本が39.9と拮抗すると推計される。台湾の高齢化の特徴は，その速度の速さにあり，超高齢社会（高齢者人口が21％を超える社会）から2060年まで，日本は53年間であるのに対し，台湾は33年間となっている。とりわけ，65歳以上高齢者人口の0-14歳年少人口に占める比率（％）が急速に上昇し（図表4-3），2012年が76.3％（高齢者1人に対して年少人口1.3人），2020年が129.2（1：0.8），2040年が274.5（1：0.4），2060年が401.5（1：0.2）と推計される。[4]

（2）未婚・晩婚化の進行

　台湾の人口は，2013年現在，2,337万人であるが，図表4-4に見るように，2025年に減少局面に入り，2055年には2,000万人を切ると推計される。

　台湾では「晩婚，不婚，遅育，少育」という非婚・晩婚・晩産化の社会状況を表す言葉が流布している。婚姻状況をめぐっては，図表4-5に見るように，とりわけ25-29歳の未婚率の上昇が高く，1990年から2013年の間に，31.9％か

第 4 章　先鋭化する家族・地域問題

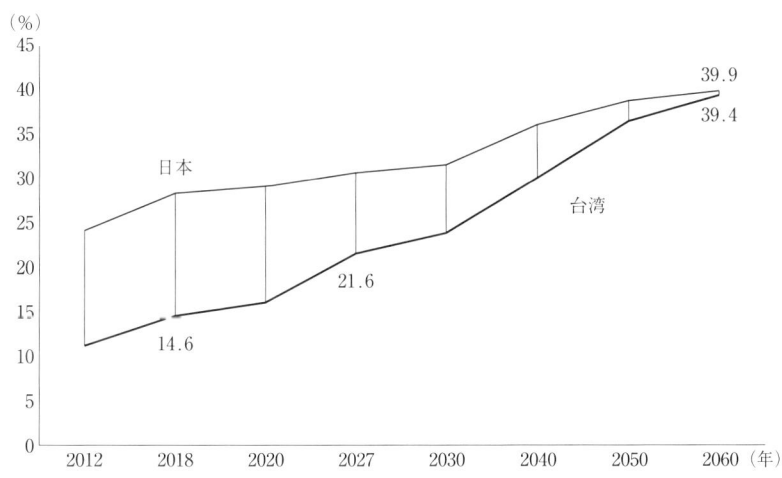

図表 4-2　老年人口（65歳以上）比率——日台比較

（％）
日本
台湾
39.9
39.4
21.6
14.6

出所：国立社会保障・人口問題研究所『日本の将来推計人口―平成23（2011）～72（2060）年―（平成24年1月推計）』厚生統計協会，2012年，79頁，行政院経済建設委員会『中華民国　2012年至2060年人口推計』行政院経済建設委員会，2012年，9-10頁（中位推計に基づき表記）をもとに筆者作成。

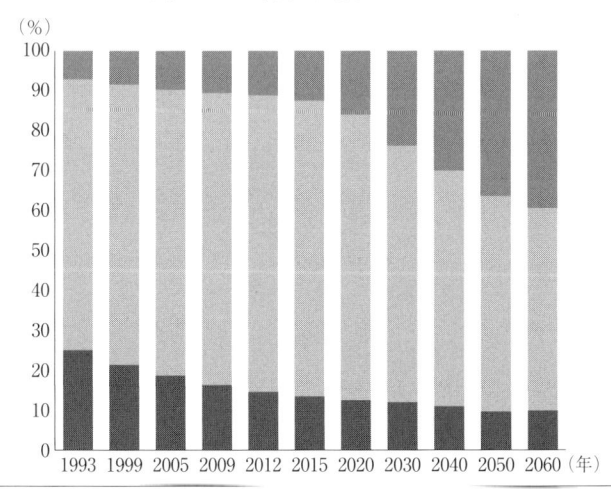

図表 4-3　年齢 3 区分別人口の推移

■高齢者人口（65歳以上）　■生産年齢人口（15～64歳）　■年少人口（15歳未満）

出所：内政部『中華民国人口統計年刊　民国102年』内政部，2014年，869頁，行政院経済建設委員会『中華民国　2012年至2060年人口推計』行政院経済建設委員会，2012年，24，33頁（中位推計に基づき表記）をもとに筆者作成。

第Ⅱ部　制度編

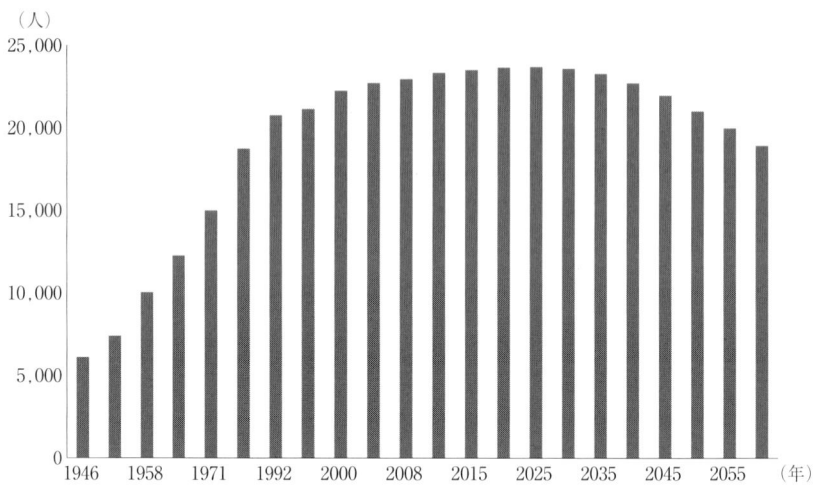

図表4-4　人口の推移

出所：内政部統計処『内政統計年報　民国97年』内政部，2008年，46，52-53頁，行政院経済建設委員会『中華民国　2012年至2060年人口推計』行政院経済建設委員会，2012年，21，31頁（中位推計に基づき表記）をもとに筆者作成。

図表4-5　年齢別未婚率の推移（女性）

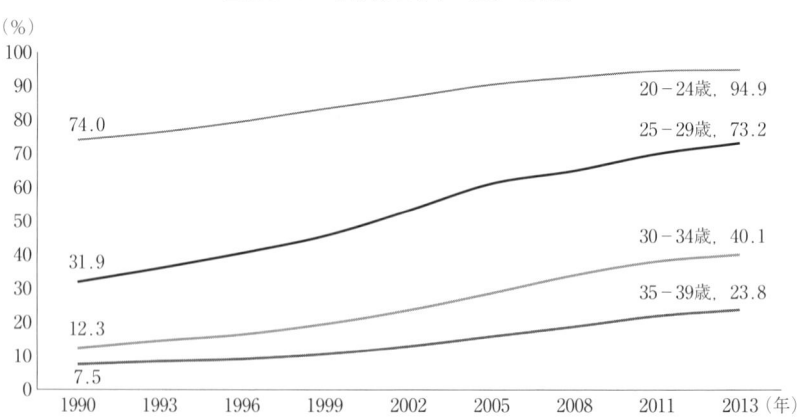

出所：内政部統計処「婚姻状況」『内政統計年報』（http://www.moi.gov.tw/stat/year/y02-03.xis，アクセス日：2014年8月25日），行政院主計総処『統計年鑑　民国102年』2014年，12頁をもとに筆者作成。

ら73.2％へと2倍を越え上昇している。未婚率の上昇は初婚年齢と第一子出産年齢の上昇をもたらす。女性の平均初婚年齢は，1990年が25.8歳，2013年が29.7歳であることから，23年間で3.9歳上昇している。女性の第一子出産平均年齢については，1990年が25.4歳，2013年が30.4歳であることから，5歳上昇している。出生率の減少率が，1991年（1.72）から2000年（1.68）の10年間（－0.04）よりも，2001年（1.04）―2010年（0.895）の10年間（－0.51）の方が高くなるが（図表4－1参照），この10年間は，大専（専門学校・短大・大学）卒以上の生母の占める比率が著しく上昇した時期である（詳細は後述）。

2　人口政策の変遷と各種提言・施策

（1）「人口政策白皮書」にみる少子化対策

　台湾では，1990年代に入り，人口政策の方針が抑制策から増加策へと転換した。1991年，合計特殊出生率が1.72（出生数32万1,000人）となったことを契機に，翌年，「中華民国人口政策綱領」及び「加強推行人口政策方案」を「緩和人口成長」（人口増加の緩和）から「維持人口合理成長」（合理的な人口増加の持続）に改正し，これを推進するため，1994年，「社会福利政策綱領」及び「社会福利政策綱領実施方案」を策定した。

　しかし，その後も出生率の低減が加速し，2003年，ついに出生率が1.24となり，1.30を切る「超低生育（出生）率」へと突入した（出生数22万6,000人）。こうした状況のもとで，2006年，行政院経済永続発展会議は，緊急課題として，地域を基盤に子どもと家族に質の高い保育や教育環境を保障するため，児童育成に対する公的責任の明記と総合的な子育て支援策の実施を提言した。これを受け，2008年，政府は「人口政策白皮書（白書）」を策定した。しかし，2009年には出生率が1.03（出生数19万人），そして2010年には，0.895と「世界生育率最低国家」となった。同年，政府は，「孩子是我們最好的傳家宝」（娘と息子は私たちが授かった一番の家の宝）をスローガンとして掲げている。

　同白書では，人口政策に係る重大議題として「少子女化」（少子化），「高齢

化」「移民」の三つを掲げ，それぞれ①政策の目標（基本理念），②政策を推進する柱，③政策を先導する象徴的な事業を提示している。このうち少子化対策をめぐっては，その目標として，「市民一人ひとりが仕事と生活の調和を図りつつ，女性の労働力（参加）率を高め，それによって，社会経済全体の成長と女性の権利拡張を推進する」を明記している(9)。

　同白書は，政府の人口政策に係る基本的な方向性を示したマニフェスト「中華民国人口政策綱領」に大きく依拠している。本綱領では，活動方針（基本政策）として「落実（実行）性別平等」（男女共同参画）を掲げ，生活全般の男女の均等な機会・条件の確保，就業における男女格差の撤廃を実現するため，女性の子育て負担軽減策を強化するとともに，女性の就業能力の向上を支援することを謳っている。このため，台湾では少子化対策は女性の労働力率上昇の文脈で語られることが多く，同白書では，女性の労働力率と出生率の関係を正の相関関係とすること（女性の労働力率が高い社会は出生率も高い）が政策目標とされる。そして，この目標を達成するため，七つの柱と，それを先導する40の施策・事業（リーディング・プログラム）が示され(10)，行政院教育部，内政部，労工委員会（2014年労働部に昇格），衛生署（2013年衛生福利部に昇格）など責任，権限を持って管理する省庁が明記されている。また，施策・事業には，その継続性と達成目標の数値化が重視され，2008年から2009年をパイロット・プログラムとして実験的に試行する期間とし，それらを踏まえ，2010年から2015年まで進捗状況を点検・評価しながら，段階的に実施することとなっている(11)。以下，同白書に示された少子化対策をめぐる七つの柱とリーディング・プログラムについて要約する(12)。

　　① 次世代を育むすべての子育て家庭を支援
　　　・「幼児教育及照顧（保育）法」の制定（2011年）
　　　・「居家式托育服務」（家庭的保育サービス）の法定化（2011年）
　　　・「児童課後照顧服務班與中心設立及管理辦法」（放課後児童クラブとセンター設立管理規則）施行に基づく児童課後照顧服務（放課後児童健全育成

事業）の拡充（2012年）
- ・保母・教保人員の資質向上及び人材育成機能の充実
② 子育て家庭への経済的な支援
- ・「5歳幼児免学費（無償）教育計画」の実施（2011年）
- ・「保母托育費用補助」（保育費用補助）の実施（2011年）
- ・「国民年金法」（2008年）改正による「生育（出生）給付」の実施（2011年）
- ・「父母未就業育児津貼（手当）」の実施（2012年）
③ 仕事と子育ての両立を支援
- ・中小企業の托児（保育）施設設置の推進
- ・「性別工作平等法」（男女雇用機会均等法）の2008年改正に基づく妊婦の労働権益保障の強化
- ・企業等の仕事と生活の調和に向けた取り組みの促進
④ 出産休暇及び育児休業体制の整備拡充
- ・産前産後休暇及び「育嬰留職停薪津貼」（育児休業手当）の充実
⑤ 乳幼児の発育・発達のための保健供給体制の整備拡充
- ・妊産婦・新生児検診の推進
- ・安心して妊娠・出産できる環境づくり
- ・不妊・早産・流産に対する支援の充実
⑥ 要保護児童・少年対策の推進
- ・子どもの生命・安全と人権への取り組み強化
- ・児童虐待対策の推進
- ・少年の更生保護を担うソーシャルワーカーの拡充
- ・「親職教育」（ペアレント・トレーニング）の実施
- ・里親・養子縁組制度の拡充
⑦ 未婚男女の婚姻機会の拡大及び子育てを支え合う環境づくり
- ・市民・地域ぐるみで子どもを共に育む理念の普及促進
- ・学校での家事分担教育の推進

この「少子女化社会政策」は，日本の「次世代育成支援対策推進法」をモデルとするが，児童に対する観念（子ども観）を私的「家務事」（家庭内の事柄）から「公共領域」へと転換させることによって，育児責任の社会化を推進した[13]，と肯定・積極的に意味づけされる一方で，具体的な各施策に係る法規の制定や政策の方針，原則を示す基本法が未整備で，施策を総合的に推進するための整合性，系統性，計画性が不足している[14]，との指摘がある。

（2）主な対処施策
 1）保育料免除などの親への経済補助
 ①　5歳幼児免学費（無償）教育計画

2004年，「原住民幼児就読公私立幼稚園学費補助」制度が開始され，保育料免除の経済補助が，先住民族の居住地域や離島などの遠隔地域で，一部実験的に実施された。これを継続しながら，2007年には，「扶持（扶助）5歳幼児教育計画」を策定することによって，保育料免除の範囲を低所得者層へと拡大させ，そして2011年，それが5歳以上の就学前教育の拡大を目的に，所得制限を伴わない「5歳幼児免学費教育計画」へと発展した。この補助計画は，公立の授業料を無償化するとともに，私立の授業料に充てる就学支援金を創設し，家庭の教育費の負担を軽減する「免学費補助」と低所得など社会的不利な立場の一部の親への「経済弱勢（脆弱）加額補助」の2種類の補助から成っている[15]。これによって，2011年には，5歳幼児入園率が94.5%に上昇した[16]。

 ②　保母托育費用補助（保育費用補助）

一般世帯を含むボーダーライン，貧困，多子（3子以上），DV被害，ハイリスクなどの共働き夫婦世帯及び単親就労世帯などで，2歳未満の子どもが「社区保母系統」（後述）に登録（加入）する保母による家庭的保育もしくは「托嬰中心」（乳児保育所）で施設保育を受ける場合に，親の経済負担を目的に「保母托育費用補助」を給付する。家族構成や経済状況などにより毎月3,000-5,000元（1万1,700-1万9,500円）を補助する制度。

 ③　父母未就業育児津貼（手当）補助

2歳未満の子どもがいる共稼ぎでない(父母のどちらかが育児のため就労できない)社会救助法(生活保護法)による扶助受給世帯を対象に、毎月、「低収入戸」(低所得世帯)に5,000元(1万9,500円)、中低収入戸(ボーダーライン世帯)に4,000元(1万5,600円)を補助する制度。

2)出産休暇,育児・介護休業

「性別工作平等法」(2002年)に基づき、雇用主に対し、分娩前後の就業停止と8週間の有給による出産休暇が義務づけられ(第15条)、子どもが3歳になるまで最長2年で育児のための無給休職(育児休業)を申請できる(第16条)。また、病気や事故で子どもの世話が必要なとき、年7日を限度に「家庭照顧假」(看護休暇)が取得できる(第20条)。なお、育児休業の規制内容を担保するため、2002年施行の「育嬰留職停薪実施辦法」(育児休業法)に基づき、雇用主に対し、原則6カ月以上の育児休業が義務づけられる(第2条)。

育児休業手当をめぐっては、労工(一般被雇用者)が「就業保険法」、公教人員(公務員・教員)が「公教人員保険法」など職域ごとに制度化され、一般被用者では、「性別工作平等法」の規定に基づき育児休暇を申請している人は父母を問わず育児休業手当を申請でき、6カ月を限度に平均給与月額の6割が給付される。また、2009年、「性別工作平等法」が改正され、30人以上規模の事業所に育児休業手当の給付を義務づけた。行政院労働部が2014年に実施した「雇用管理性別平等概況調査」によれば、育児休業取得率(%)は、29人以下の事業所が34.2、30-249人が79.6、250人以上が95.2、組織形態別では公営が66.9、民営が39.3であった[17]。

3 少子化対策・子育て支援施策の課題

(1)低年齢児保育需要の高まり

行政院主計総処の「人力資源調査」によれば、女性の労働力率(%)は、25-44歳が1986年の53.9から2014年の79.4へと推移し、28年間で25.5ポイント上っている[18]。また、同調査では、教育程度別による女性の労働力率について、

第Ⅱ部　制度編

図表 4-6　3歳未満の子を養育する方法（推移）

□自己（父母）　■親族（祖父母など）　■保母（訪問・預かり）　□外籍護工　■施設保育

出所：行政院主計総処「15至49已婚女性子女之主要照顧者」『婦女婚育與就業調査統計表』（http://www.dgbas.gov.tw/ct.asp?xItem=35733，アクセス日：2014年11月5日）。

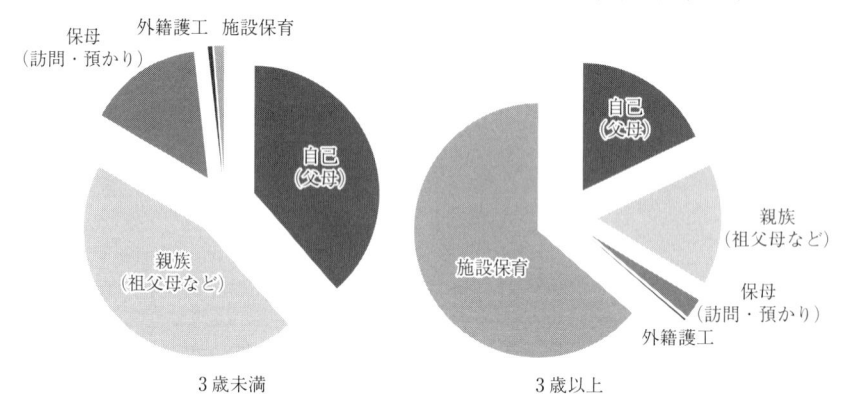

図表 4-7　3歳未満及び3歳以上の子を養育する方法（短大・大卒以上）

3歳未満　　3歳以上

注：外籍護工とは海外からの介護労働者。
出所：行政院主計総処『婦女婚育與就業調査報告　民国102年』行政院主計総処，2013年，19-20頁。

2001年には国民中学（中学校）以下31.6，高級中学（高等学校）38.1，大専（短大）以上30.4であったのが，2014年にはそれぞれ26.2，52.4，64.4と，高学歴女性の労働力率に占める比率が上昇していることを明らかにした。

従来，台湾では，乳児に対する保育の中に施設保育が選択肢として含まれることは少なかった。就業女性の育児に対する強力な援助者は，両親（子の祖父母），その他の親族によるものであった[19]。しかし，今日では，女性の高学歴化に伴い，低年齢児（3歳未満児，いわゆる0-2歳児）の保育需要が高まりつつあ

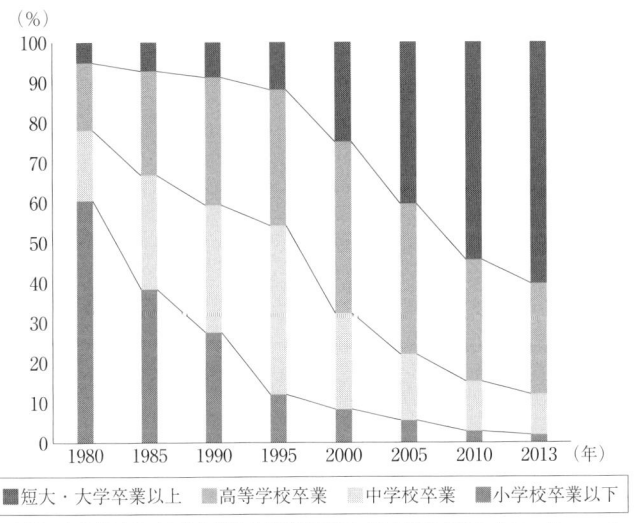

図表4-8　出産した母の教育程度別構成比の推移

（グラフ：1980年から2013年までの、短大・大学卒業以上、高等学校卒業、中学校卒業、小学校卒業以下の構成比の推移）

■短大・大学卒業以上　■高等学校卒業　■中学校卒業　■小学校卒業以下

出所：内政部戸政司「出生数按生母教育程度」『人口統計資料』（http://www.ris.gov.tw/zh_TW/346, アクセス日：2014年11月5日）。

る。

　行政院主計総処が2013年に実施した「婦女婚育與就業調査」によると、「3歳未満の最年少の子どもの保育を主に誰がするか」の問いに対する回答（％）は、自己（子の父母）が51.8、両親（子の祖父母）及びその他の親族が38.1、保母（保育ママ）が9.1、「施設保育」（保育所等）が0.8であった[20]。2000年に実施された同調査と比べると、自己（子の父母）が低下し（72.3→51.8）、両親（子の祖父母）及びその他の親族（20.7→38.1）、保母（6.5→9.1）、施設保育（0.5→0.8）が上昇している。大専以上については（図表4-6～7）、3歳以上では、施設保育（幼児園）が63.8％を占め、3歳未満では、自己（子の父母）が38.5、両親（子の祖父母）及びその他の親族が44.8、保母が15.0、施設保育が1.3となっていて、女性の中で高学歴層ほど、夫婦による子育ての自己完結度が低下し、その分、祖父母及びその他の親族などの自助・共助レベルのインフォーマルな社会資源に対するニーズと併せ、保母や托児所などの公的レベルのフォーマルな社会資源へのニーズが高くなる[21]。

そして，図表4-8に見るように，大専卒以上の母の比率（%）が，1990年が8.8であったのが，2000年には24.9，そして2013年には60.3と，高学歴化が急速に進んでいる[22]。また，行政院主計総処の調査は，既婚女性による子どもの養育を理由とした退職が低下する傾向にあることを明らかにした（39.1%〔2000年〕→21.0%〔2013年〕）[23]。それは出産しても就労を継続する（就労を中断することが少なくなり，中断期間も短くなる）高学歴女性の増大を意味することから，今後も低年齢児の保育需要のさらなる高まりが予測される。

台湾人女性は教育のレベルによって二つにライフコースが分かれ，低学歴女性は子育てのために仕事を辞める傾向があるのに対し，高学歴女性は結婚や出産の後も退職年齢まで仕事を継続する傾向がある[24]。台湾人女性の高学歴志向は強く，教育部統計処の調査によれば，2000年に入って以降，4年制大学生の女性比率は5割を保持している（2014年は49.7%）[25]。喻維欣（Wei-Hsin Yu）は*Gendered Trajectories*（『ジェンダーの軌跡』）の中で，高学歴の日本女性と台湾女性の出産を契機とした雇用の継続をめぐる異なる傾向（相違）について次のように述べる。

「米国と同様に，高学歴の台湾女性にとって職業的な持続可能性を強化することが課題であり，出産後も継続して働くことが第一義となる。一方，日本女性の高学歴化が進んでいるにもかかわらず，子の養育者としての母親役割をより強く強調する一般的な言説が出産後の就労行動に大きな影響を与えている。台湾の高学歴既婚女性は，仕事と家庭の高いレベルの両立を達成するため，男性と同等の高い地位と好条件の仕事を獲得しようと努力する」[26]。

（2）「社区保母系統」実施計画の策定

1990年代以降の少子化の影響で一人っ子や核家族が増加したため，親は一人の子にすべての愛情を注ぐようになっている。平均世帯人員は，1971年の5.5人から2013年の2.8人へと，42年間で半減している[27]。子育ての自己完結度が低

下したことにより，母親が働くためには，子どもを委ねる社会資源の確保と質の維持がこれまで以上に必須となり，義務教育段階に比べてあまり検討されてこなかった乳幼児期の保育・教育に改めて注目が集まった。こうした社会状況のもと，子育て支援ネットワークの再構築，とりわけ「双薪（共働き）家庭」の2歳未満児の保育ニーズに対応すべく，2001年，内政部は「居家式托育服務」（家庭的保育事業）の推進を目的に，「社区保母系統」（地域型保育システム）実施計画を策定した。

「社区保母系統」とは，直轄市（台北市・新北市・台中市・台南市・高雄市・桃園市など中央政府の管轄を直接受ける市），各県（市）政府によって構築される人材バンクで，所管内の保育ニーズを勘案して，家庭的保育の供給組織を地域ごとに区画し，保母人員の登録・管理及び保育状況の把握，研修・訓練，監督・指導を行う子育て支援システムを指していう。いわば，「私的領域の乳幼児養育を公共領域へ移行させる」ものである。具体的には，①20歳以上の「丙級保母人員技術士証」のある有資格保母が所在地の「社区保母系統」に加入し，②「訪視輔導員」（訪問指導員）による家庭環境検査，「托育行為輔導」及び「社区保母系統」が実施する年20時間以上の研修・訓練の受講を義務づけ，③保母の同時保育人数は5歳以下の幼児が4人以下，そのうち2歳未満の幼児については最大2人を上限として（5人以上の場合は「托育機構設立許可申請」が必要），幼児4人に保母1人以上を配置する。「丙級保母人員技術士」とは，労働部（労働省）労働力発展署が労働者の技能レベルを公証する（全国技術士技能検定）制度であり，受験資格は高等学校以上の保育，家政，看護課程を卒業した20歳以上の台湾人及び外国・大陸出身配偶者，そして外僑居留証（長期滞在ビザ）を有する外国人となっている。1998年より制度化され，2015年1月現在，累計で12万4,300人が資格検定に合格している。

政府は低年齢児保育対策を一層推進すべく2008年「建構友善托育環境──保母托育管理與托育費用補助実施計画」（子どもを共に育む環境づくり──保母保育管理及び保育費用補助実施計画）を策定した。それは，2歳未満の児童を養育する者，社区保母系統及び托嬰中心（乳児保育所），社区保母系統に加入する有資

格保母を対象に，2013年までの5年間で計画を実施・達成するものであり，①保育サービスの質と量の向上，社区保母系統の拡大，保育制度の普及推進，②2歳未満児童を養育する者への保育費用補助から成っている。

政府は計画に基づき，2011年，一般世帯を含む低所得，多子，ハイリスクなどの共働き夫婦世帯及び単親就労世帯などで，2歳未満の子どもが「社区保母系統」に登録（加入）している保母による家庭的保育もしくは「托嬰中心」（乳児保育所）で機構式托育（施設保育）を利用した場合に，「保母托育費用補助」を給付する制度をスタートさせた。また政府は，2011年「児童及少年福利與権益保障法」を改正し，「居家式托育服務」に法的根拠を与え（第25条），家庭的保育を提供する者に直轄市，県（市）の主管機関に登記を義務づけることによって，保母人数の把握，登記，指導，管理，保育料の基準を厳格化させ，違反者には罰則規定を設けることとした。併せて，「居家式托育服務者」（保育ママ）の範囲を，20歳以上の，①丙級保母人員技術士証を取得した者に加え，②高級中学（高等学校）以上の幼児保育，家政，護理（看護）科を卒業した者，③保母専業訓練課程（126時間以上）の修了証書がある者へと拡大した（2014年施行）。さらに，これを担保すべく，2014年，「居家式托育服務提供者登記及管理辦法」（家庭的保育サービス提供者の登記と管理に関する規則）を施行し主管機関による保育ママの登記，指導，監督，検査等の事項及び登記の廃止，遵守事項等について定めている。同規則では，家庭的保育の方式を①半日（6時間以内），②昼間（6-12時間），③全日（12時間以上），④夜間（午後8時～午前8時），⑤延長，⑥臨時に区分している（第6条）。

2014年現在，「社区保母系統」は全国22の直轄市，県（市）に72カ所設置され（2011年比で10カ所増），「托育人員（保母）登記管理資訊網」（全国保母情報ネット）を通して保母に関する情報を個別に確認できる。台北市の場合，2015年1月現在で5,057人の有資格保母が加入し，7,965人の児童が利用している。加入会員の登録・管理，利用者への「優質保母」の仲介，利用契約標準の開示，全国保母情報ネットの更新などの実際業務は，2カ所の公的機関を除いて法人などの50の民間団体と20の幼児・保育関連学部・学科を設置する学校（大学14，

第4章　先鋭化する家族・地域問題

専科5，高級中1）などが自治体から委託され実施している[34]。

(3)「社区保母系統」の問題点

　前述したように，台湾には，2歳未満児を対象に保育を行う児童福祉施設として，「児童及少年福利與権益保障法」及び「児童及少年福利機構設置標準」に基づき「托嬰中心」（乳児保育所）が設置されている。しかし，公（行政）では2歳未満児を施設で保育する方針は希薄な上，民間（施設経営者）も乳幼児ケアの高コストを理由に2歳未満児を敬遠しがちになっている[35]。また，政府（衛生福利部）には「托嬰中心」を拡大する計画は今のところ無い。かつて「托嬰中心設立及管理辦法」の構想もあったが，たち切れの状態が続いている[36]。たとえば，台北市の場合，2014年現在，幼児園（2歳以上の幼保一元施設）と托嬰中心の設置数は，幼児園が691カ所（国立2，市立147，私立542）に対して托嬰中心が109カ所（私立95，公設民営14）となっていて（全体の13.6％），社区保母系統を利用する0-2歳未満の児童数が4,690人であるのと比べても，托嬰中心の利用児童数は3,150人と少ない[37]。托嬰中心の数が少ないなどの施設保育が未整備な状態で，2歳未満児の保育を社区保母系統などの家庭的保育で凌ごうとする政府の姿勢を安上がり政策だとする批判や，居家式托育服務者の資格範囲の拡大は保育の質の低下を招くという批判がある。また，施設保育と家庭的保育の中間にあって0歳児から2歳児までを対象とする小規模保育事業などにより提供体制を確保すべきである，との提言も出されている。

　2010年，児童福利聯盟文教基金会が3歳未満児の母を対象に実施した「台湾地区幼児媽媽（生母）育児現況調査報告」によると，6割以上の母が一人以上の子どもの出産を望まなかった。理由は，①高額な費用負担，②適切な保母人員・保育所の不足，③臨時托育の欠如であり，これら「育児三大難題」の中で，流行疾病，相互伝染，出席停止，病児保育などに対する「臨時托育服務」（一時保育サービス）への保護者ニーズが全体の5割以上と最も高かった。「臨時托育服務」は，保母の過重負担をもたらす。とりわけ3歳を節目とする乳幼児期の前半は心身の発達が著しく，保育においても発育発達の把握と健康管理など

の施設設備の整った保健的な対応が重要である。こうした課題に対しては，「社区保母系統」が各保母人員の実践を継続して検証し，保護者の保育ニーズに反映させる体制を確立するなどの検討も必要である。

4　「台湾児童暨家庭扶助基金会」へのヒアリング

(1)「社区保母系統」創設の経緯とその後の発展

　2歳未満児の多様化する保育ニーズに「社区保母系統」を中心とした地域型保育システムで対応が可能か。この疑問を解明するため，筆者は，「社区保母系統」制度化の土台（もと）づくりに関わった「財団法人台湾児童暨家庭扶助基金会」（彰化県支部）を訪ねた（以下，家扶基金会）。家扶基金会（本部台北市）は，台湾で最初に貧困家庭の子どもたちに経済支援（スポンサーシップ・プログラム）を行うことを目的に，1964年に創設された非営利組織であり，米国，カナダ，オーストラリア，フランス，ドイツなど世界11カ国から構成される「基督教児童福利基金会世界連盟」(International Network of Christian Children's Funds: INCCFs) のメンバーである。筆者に対応したスタッフは，「社区保母系統」の拡充は安上がり施策の感は否めないことをまず指摘し，その上で，それが誕生した社会的背景について次のように述べた。

> 「今日，22の直轄市，県（市）が72カ所を拠点として実施する『社区保母系統』は，家扶基金会による『家庭式托育服務』の考え方が源流となっている。1970年代後半からの大型インフラ建設や重化学工業の推進など，台湾経済の急成長と急激な社会変動に伴い，新しいタイプの保育課題が出現した。こうした社会状況のもと，家扶基金会では，1981年，親が出稼ぎなど保護者から長期間離れて暮らす子どもを対象に『家庭式寄養照顧服務』（養育家庭〔里親〕事業）を実施した[38]」。

　さらに，1987年，「隣里托育服務方案」（地域交流型保育実施計画）を開始し，

衰退する自然発生的な隣保相扶や親族扶養を人為的に再構築することを試みた。歴史的積み重ねの中から築きあげられた地域性や風土，生活風景を含め，地域住民相互のインフォーマルな伝統的子育て支援の方式を「家庭式托育服務」による地域子育て支援システムとして構築したものが本計画であり，これを浸透すべく，台北市の経費補助を一部で受け，保母訓練を実施した。

　1990年，台北市政府社会局は，本計画を「隣里托児服務専案計画」として制度化し，これを実施するため，家扶基金会をはじめ各種民間団体に「家庭托育保母専業訓練」を委託した。また，高雄市など都市部を中心に本制度が採用され，それが台湾全土に拡大するに伴い，家扶基金会においても「家庭托育保母専業訓練」を最盛期で全国18カ所の家扶基金会「家庭扶助中心」（家族支援センター）で実施した。

　同時期，無資格保母によるネグレクトや虐待事件の頻発は当時の深刻な社会問題の一つであった。これを憂慮した内政部は，1998年，託児業務の証書化を義務づけ，1999年，「家庭托育保母人員督導工作」を開始した。そして，2001年，内政部が各県（市）政府に対して「社区保母系統」の推進を通達したことにより，家扶基金会においても，各県（市）政府の委託業務として各家庭扶助中心が実施計画の推進に参画した。「社区保母系統」を設置し，これを拠点に，地域の実情に密着させた保育業務網及び保母人員の指導と管理体制の整備，保母訓練，「托育諮詢服務」（子育て相談業務），「親職教育」（ペアレント・トレーニング）を実施した。

　そして，2010年，内政部が「社区保母系統」への加入条件として「丙級保母人員技術士証」の取得を義務づけたことにより，家扶基金会は，「家庭式托育保母」の資格取得と現任訓練方式が制度的に確立されたと判断した。家扶基金会のモデル的実践を行政が先行事例として採用し，プログラムの予算化など指標を定めた。これを契機に，家扶基金会は一部の地域を除いて，「社区保母系統」の業務から撤退するが，そこには，既に制度化されたものは行政に委ね（公設民営を含む），民間はモデル的実践に取り組み，それを先行事例として制度化へと繋げていく，という家扶基金会の考え方がある。現在，家扶基金会に

おいて本業務を継続するのは，台北市内湖区，花蓮県家庭扶助中心の2カ所のみである。

（2）低年齢児保育対策の今後のあり方

近年の低年齢児保育対策への保護者ニーズの高まりに「社区保母系統」が的確に対応するため，当面するいくつかの課題について述べる。

前述のように，保護者には「わが子を施設へ預けるよりも親戚へ」という感情（施設保育に対する否定的感情）が今も強く残っている。したがって，台湾の文化的土壌に即した形で，保護者の保育ニーズに対応するには，隣保相扶や親族扶養を人為的に再構築すべく設置された「社区保母系統」の利用可能性を最大限に引き出すことが重要であり，そのためには，家庭的保育の実践を拠点とした各種専門職，施設・機関との連携協働のシステム構築が今後の課題となってくる。

まず，乳幼児の心身の発達の理解，健康管理，安全監視など低年齢児保育の特殊性に留意して運営すべきことはいうまでもない。そのためには，母子保健の機関と積極的に連携し，より効果的な相談支援を行うとともに，特に必要があるケースについては，地域における関係機関と適切な役割分担のもと連携した支援が必須となる。また，妊娠・出産期からの家庭支援の強化，乳幼児健康診査・相談指導・情報提供，子どもの病気や事故（転倒，交通事故，やけど，誤飲，溺水等）などに的確に対応できる医療機関との連携体制の整備が望まれる。

次に，虐待されている子ども，障害のある子ども，気になる子どもにかかわる「社区保母系統」の保母人員をスーパービジョンで側面的に支援する体制がなければならない。乳幼児期は，子育て中で悩みや不安が最も大きくなる時期であり，家庭訪問を通じた母親への支援や，子育て家庭の交流や相談の拠点として，適切な支援に結びつける取り組みが求められる。また，必要に応じて，ソーシャルワーカーが子育て家庭を訪問し，保育相談などの個別的支援を行うことで，社区保母系統と連携した一体的な支援を整備・拡充していくことが望まれる。

第4章　先鋭化する家族・地域問題

　さらに，保育が一番必要なのに使わない家族や，支援体制が整備されてもネットにかからない潜在的利用者の発見も重要課題の一つである。「社区保母系統」のサービス利用は申請に基づいた制度であるため，援助への動機づけが希薄な人々を結果的に切り捨てることも起こりうる。自らこれらの制度を利用することが困難な保護者を積極的に把握することを含め，「弱勢家庭」（特別な支援を必要とする家族）「高風險家庭」（ハイリスク家族）など接近困難な家族に「家庭訪視」（アウトリーチ）の方法で接近する実践の蓄積が望まれる。

　筆者に対し，家扶基金会のスタッフは，次のことを繰り返し強調した。すなわち，2012年の「幼児教育及照顧（保育）法」の施行により，「托児所」は幼保一体型の施設「幼児園」として再編され，同時に「社区教保資源中心」（地域子育て支援センター）として機能を発揮し，「社区（地域）活動」と「親職教育」の発展に協力することとなった。それは，地域レベルで保育を実践する発想で，保育が提供される場を特定の空間・施設から地域へと移す考え方である。一つの「幼児園」にとどまらない，より広域の地域全体を支援する視点から，子どもたちの公的空間を総合的に捉え保障する考え方が，今強く求められている。

　いずれにしても，子どもと家族の問題は，専門・関連領域の境界を越えて発生する。したがって，「社区保母系統」の枠組みを越えたトータルな視点から，介入の方法や技術，支援に必要なサービスを効果的に選択し実践することが必要不可欠となってくる。多様な資源（福祉・教育・保健など）が繋がり，隣接の専門施設　機関，組織・団体とリンクさせながら，そこに福祉を導入していく発想は，「社区保母系統」の重要な視点である。

おわりに

　すべての子どもたちを対象に，人生初期からの発達保障（乳幼児期の教育と保育）を着実に行うためには，「社区保母系統」が，地域の子育て支援のために誰もがアクセスできる，すべての人々に関係する共通の地域施設として，その

開放的で公共的な役割をより一層果たしていくことが求められる。こうした子育て支援システム全体との関連で捉えていく福祉的な観点からの「社区保母系統」をめぐる諸課題の多くは,「社区保母系統」だけの個別的対応では難しい,福祉・保健医療が全体として組織的に取り組むべき課題である。

　変化の激しい時代の福祉実践にあって,民間の先駆性や開拓性は不可欠だとする家扶基金会スタッフの主張は,示唆に富む。家扶基金会が存在する根拠は,子育て支援に求められている実践と,求められている人材のあり方を,市民の視点から問い直し,点検・検証していくところに集約できる。今日の低年齢児保育需要の高まりという変化の激しい時代の福祉実践にあって,民間による実践の先駆性や開拓性は不可欠であり,それによって,気になる子ども,配慮を必要とする子どもたちが,制度の隙間に,こぼれ落ちてしまうことを防いでいく。低年齢児保育対策をめぐって建設的な課題提起を恒常的に行い,制度を超えたモデル的な取り組みを先行事例として制度化へと繋げるために,民間が主体となった運営が不可欠であり,民間に先駆性・開拓性の牽引車としての役割が求められる理由はここにある。筆者は,この観点からも,台湾の子育て支援の今後のあり方を注視し続けたい。

　　付　　記

　本章の動機は,2004年,家扶基金会附設彰化県私立宜智学園(心身障害児療育センター)園長・洪健胤氏(当時)との懇談の中にある。当時,子育て支援施策に関する現地踏査を続けていた筆者に対して,社区保母系統の存在について語り,関連する機関について情報提供をしてくださった。感謝して章をくくりたい。

　　注
(1)　内政部戸政司「総生育率,出生人口数」『人口統計資料』(http://www.ris.gov.tw/zh_TW/346, アクセス日:2014年8月25日)。
(2)　行政院経済建設委員会「中華民国　2012年至2060年人口推計」行政院経済建設委員会,2012年,11頁。0-5歳の学齢前人口については,2012年の119万人から2032年の108万3,000人へと20年間で約2割減(-19%)と推計する。
(3)　行政院「中華民国人口政策綱領」2011年,2頁。

⑷　行政院経済建設委員会，前掲資料，9頁。
⑸　内政部統計処「婚姻状況」『内政統計年報』（http://www.moi.gov.tw/stat/year/y02-03.xis，アクセス日：2014年8月25日）。日本の未婚率（女性）は，2010年，20-24歳が89.6％，25-29歳が60.3％，30-34歳が34.5％，34-39歳が23.1％であった（総務省統計局『日本の人口・世帯　平成22年　下巻（統計表編）国勢調査最終報告』2014年，163頁）。
⑹　内政部戸政司「結婚年齢中位数及平均数」『人口統計資料』（http://www.ris.gov.tw/zh_TW/346，アクセス日：2014年6月15日）。日本は，女性の平均初婚年齢が2012年には29.2歳であった（内閣府『少子化社会対策白書　平成26年版』2014年，14頁）。
⑺　内政部戸政司「出生按生母平均生育年齢」『人口統計資料』（http://www.ris.gov.tw/zh_TW/346，アクセス日：2014年6月15日）。
⑻　内政部『内政概要　民国98年』内政部，2009年，29頁。
⑼　台湾の有配偶女性の労働力率は，2000年が46.1％，2010年が49.0％，2011年50.0％であった（行政院労工委員会「性別労働統計　民国101年」2012年（http://statdb.cla.gov.tw/，アクセス日：2013年3月27日）。
⑽　行政院「人口政策白皮書執行情形表──少子女化組」『人口政策白皮書99-100年（2010-2011年）上半年度執行検討報告──少子女化，高齢化及移民』行政院，2011年，47-116頁。
⑾　内政部戸政司「少子女化7項政策相関措施的主協辦機関及実施期程」（http://www.ris.gov.tw/zh_TW/252，アクセス日：2013年3月27日）。
⑿　行政院「少子女化社会之対策」『人口政策白皮書』行政院，2008年，57-75頁。
⒀　社論「従家庭，企業與福利的角度来看国家臨少子女化，高齢化應有的作為」『社区発展季刊』125期，内政部社会司，2009年，5頁。
⒁　李佳儒「日本因應少子女化社会対策対台湾之啓示」『社区発展季刊』125期，内政部社会司，2009年，268-269頁。
⒂　公立は学費を全額補助，私立は幼児1人年3万元（約11万7,000円）の補助額を限度とする。併せて，年収が70万元（約273万円）以下の家族に対し，公立が年最高2万元（約7万8,000円），私立が年最高3万元（約11万7,000円）の補助を加算する。
⒃　内政部統計処「99底托育機構概況」『内政統計通報』第26週，2011年（http://www.moi.gov.tw/stat/week/，アクセス日：2012年2月13日）。
⒄　労働部「雇用管理性別平等概況調査　民国103年」2014年（http://www.mol.gov.tw/html/svy02/0222menu.htm，アクセス日：2015年5月5日）。
⒅　行政院主計総処「人力資源調査」（http://www.dgbas.gov.tw/dgbas04/bc4/，

⒆　落合恵美子ほか「変容するアジア諸社会における育児援助ネットワークとジェンダー――中国・タイ・シンガポール・台湾・韓国・日本」『教育学研究』71巻4号，日本教育学会，2004年，11頁。

⒇　3歳未満幼児の母を対象に児童福利聯盟文教基金会が実施した「2010年台湾地区幼児媽媽（生母）育児現況調査報告」によれば，「幼児の面倒を誰がみているか」の問いに対し，妻もしくは夫50.2％，祖父母もしくは外祖父母32.5％，保母もしくは機構（施設）14.4％であった。家庭で育てる割合や親族などのインフォーマルネットワークを活用して育てる割合が高く，保母もしくは機構などのフォーマルな制度的乳児保育へのニーズは低い。この傾向は本調査においてもみられている。

㉑　行政院主計処「婦女婚育與就業調査結果綜合分析　民国99年」2010年，5‐6頁。「婦女婚育與就業調査結果綜合分析　民国89年」2000年，6‐8頁。台湾の高等教育（短大以上）在学率は2010年現在83.8％で，男性80.8％よりも女性が87.0％と高い（教育部統計処『教育統計指標之国際比較　民国100年』〔http://www.edu.tw/，アクセス日：2012年11月9日〕）。日本の大学・短大等進学率は2011年現在57.6％（男58.8％，女56.4％）で，日本の数値は女性が低く男性が高い（文部科学省生涯学習政策局調査企画課『教育指標の国際比較』2012年，11頁）。

㉒　内政部戸政司「出生数按生母教育程度」『人口統計資料』（http://www.ris.gov.tw/zh_TW/346，アクセス日：2014年11月5日）。

㉓　行政院主計処「婦女婚育與就業調査結果綜合分析　民国99年」前掲資料，14頁。行政院主計処「婦女婚育與就業調査結果綜合分析　民国89年」前掲資料，18頁。行政院主計総処『婦女婚育與就業調査報告　民国102年』行政院主計総処，2014年，9頁。

㉔　Ochiai, E. and M. Yamane. "Gender Roles and Childcare Networks in East and Southeast Asian Societies", Emiko Ochiai and Barbara Molony (eds.), *Asia's New Mothes : Grating Gender Roles and Childcare Networks in East and Southeast Asian Societies*, 2008, p. 45.

㉕　教育部統計処「大学以上女性学生比率」（http://www.edu.tw/pages/，アクセス日：2015年4月20日）。

㉖　Yu, Wei-Hsin. *Gendered Trajectories : Women, Work, and Social Change in Japan and Taiwan*, Stanford University Press, 2009, p. 147. 欧米との比較においても，小さい子どもをもつ母親は家にいるべきと考える高学歴女性の割合は，日本はとびぬけて高い（イエスタ・エスピン＝アンデルセン／大沢真理監訳『平等と効率の福祉革命――新しい女性の役割』岩波書店，2011年，194頁）。

㉗　行政院主計総処『統計年鑑　民国102年』行政院主計総処，2014年，10頁。

⑱　同計画の対象は5歳児以下だが，2歳児以下を主なターゲットとして設定している。
⑲　翁麗芳「台湾に見る子育て観の変化と保育の市場化」汐見稔幸編集代表『子育て支援の潮流と課題』ぎょうせい，2008年，200頁。
⑳　内政部児童局「居家托育管理実施原則」2010年，1‐10頁。
㉑　労働部「労働統計業務　技能検定合格数──保母人員」（http://www.statdb.mol.gov.tw/statis/jisProxy.aspx?sys=100，アクセス日：2015年4月20日）。2005年が4万710人，2010年が8万2,460人であった。2015年1月は2005年と比べ約3倍の増加である。
㉒　内政部児童局托育服務組「社区保母系統──専業居家式托育服務　各県市保母系統一覧表」2012年1月4日。及び衛生福利部社会及家庭署「全国直轄市，県（市）政府委辦居家托育服務単位及地方政府通記録」（http://www.sfaa.gov.tw/SFAA/Pages/File.ashx?FilePath，アクセス日：2015年5月5日）。
㉓　台北市政府社会局「台北市托嬰中心曁社区保母系統概況　民国104年1月」（http://www.dosw.gov.taipei/ct.asp?xItem=8677846&ctNode=7243&mp=107011，アクセス日：2015年5月5日）。
㉔　衛生福利部社会及家庭署「托育人員（保母）登記管理資訊網」（http://cwisweb.sfaa.gov.tw/index.jsp，アクセス日：2015年5月5日）。
㉕　翁，前掲論文，192-193頁。
㉖　台北市立教育大学「居家式及托嬰中心照顧服務輔導管理規範之研究」内政部児童局委託研究報告，2008年。内政部児童局が直轄市，各県（市）政府及び中華民国児童教保聯合総会，中華民国幼教聯合総会，児童福利聯盟文教基金会，台湾児童曁家庭扶助基金会など全国レベルで活動する民間団体に送った「托嬰中心設立許可及管理辦法草案」に係る報告書（討論摘要及び決議）。
㉗　台北市政府教育局「103学年度台北市幼児園概況」（http://www.doe.gov.taipei/，アクセス日：2015年4月20日）。
㉘　現在23カ所すべての家庭扶助中心で本業務を実施。2013年では，2,301人の児童が里親による支援を受けた。日本と比べ台湾では，子どもを他人に預け長期間離れて暮らすことへの親の抵抗感が少ない。

第5章 「シルバー・マーケット」推奨政策とシニア・タウンの拡大

はじめに

　筆者は，台湾の「老人社区」(退職者コミュニティ)の動静を探るため，台湾を代表するシニア・タウン「長庚養生文化村」(桃園市亀山区)において，2004年から実地踏査を継続している。本章は，その調査結果の概要及び分析と考察である。

　わが国において，2006年，住生活基本法が制定され，それに基づき住生活基本計画が決定された。同計画においては，「ストック重視」「市場重視」の観点から，公的賃貸住宅と併せ民間賃貸住宅を含めた高齢者住宅の質的向上と安定的確保が謳われた[1]。そして2009年には，「高齢者の居住の安定確保に関する法律」(高齢者住まい法)が改正され，住宅政策と福祉政策を一体として民間活力を活用し，総合的に高齢者の居住環境を高めるための取り組みが強化された。また，今日では，公共公益施設や交通・移動手段の整備と住民の地域参加や連携・交流の促進を要件に，高齢者がある程度自己完結可能な中範囲の日常生活圏を構想するコンパクトシティの構築が議論されている[2]。

　同じ東アジアで少子高齢の課題に直面し，政府がその対応（制度の効率化）のため，市場重視と民間活力の活用によって住宅政策と福祉政策を一体とした「老人社区」，すなわち，退職者コミュニティの施策を推進しているのが台湾である。退職者コミュニティとは，シニア・タウンとも呼ばれ，経済的に自立した高齢者を対象に，各種商業施設，健康・医療，教育・文化施設から通信・移動手段網まで，生活に必要な社会インフラを配備した郊外立地の自己完結型施設群のことである。

図表 5‑1　台湾の高齢者居住施設体系

```
老人福利系         保健衛生系         退輔会系(2)         老人住宅系
 ├長期照護          ├慢性病棟          └栄民之家          ├老人社区(3)
 ├養 護             └護理之家(1)                          └老人公寓(4)
 ├失智照顧
 └安 養
```

注：(1)　ナーシングホーム
　　(2)　行政院国軍退除役官兵輔導委員会
　　(3)　退職者コミュニティ（リタイアメント・ビレッジ）
　　(4)　高齢者公営アパート

　政府による「シルバー・マーケット」（銀髪産業）の施政計画が，「老人社区」の経営主体に広範かつ重大な影響を及ぼしている。本章では，この動静を探るため，第1に，台湾の高齢者居住施設体系における「老人社区」の位置を確認し，第2に，大企業集団による「銀髪産業」発展の背景について検討を加える。そして第3に，「長庚養生文化村」（2004年創設）に焦点を絞り，その今日的な傾向及び当面の課題を踏まえ，「老人社区」発展の可能性について考察する。

1　高齢者居住施設体系と「老人社区」

　台湾の高齢者居住施設は，保健衛生系（慢性病棟，護理之家：ナーシングホーム），老人福利系（長期照護・養護・失智照顧・安養），退輔会系（行政院国軍退除役官兵輔導委員会・栄民之家），住宅系（老人住宅：老人社区，老人公寓）に大別される（図表5-1参照）。
　老人福利系の施設（老人福利機構）は，「老人福利機構設立標準」（1981年）において，①長期照顧機構（日本の特別養護老人ホームに相当：長期照護〔長期慢性疾患，医療的ケア対応〕型，養護〔要介護対応〕型，失智照顧〔認知症対応〕型），②安養機構（日本の養護老人ホームに相当），③その他の老人福利機構の3種に分類される。老人福利機構については，行政院衛生福利部の下で社会及家庭署（老人

福利組機構補導科）が各種施政計画を策定し，地方政府（直轄市，県〔市〕）がサービスを実施している。長期照顧型機構の設備及び運営の基準（最低基準）は，1人7m²以上，1室6人以下，看護師15人に1人，ソーシャルワーカー100人に1人，介護職員5人に1人，その他，嘱託医師，理学・作業療法士，栄養士を配置できるとなっている。2012年，老人福利機構総数は1,045カ所であったが，公設民営を含む公立機構は3.6％（38カ所）にしかすぎず，85.8％（897カ所）を入居者数が5人以上50人以下と規定される私立小型機構が占め，その94.8％（850カ所）が養護型機構であった。[3]

　住宅系の「老人住宅」とは，内政部が2003年に策定した政策綱領「老人住宅綜合管理要点」において，「基本施設及び設備の企画設計が，『老人福利法』(1990年)及び老人住宅関係法令に合致することを条件に，主管機関が認可する自己負担型の老人居住使用の建築物をいう」と定義づけられている（第3条）。一般的に，「老人住宅」は，老人公寓（高齢者公営アパート）と「老人社区」の二つに大別される。「老人住宅綜合管理要点」には，①直轄市，県（市）政府は，民間が必要な事業用地を円滑に確保するため必要な措置を講じること，②老人住宅を経営管理する住宅業者は，清潔な環境の保持や高齢者の安全確保，緊急時対応の整備に努め，必要に応じ介護，食事，医療保険，レクリエーションなどのサービスを提供すること，③高齢者の生命，身体，健康あるいは財産に重大な損害が生じた場合は，直轄市，県（市）政府は消費者保護法（1994年）などの関連法規に従い必要な措置を取ることができること，などを定めている。また，内政部営建署が法規範（命令）として制定した「老人住宅基本設施及設備規画設計規範」（2003年）において，外部空間，居室空間，共用空間，公共空間，設備及び施設などの基準が定められている。老人住宅の運営管理は，政府（公立，公設民営）及び民間（財団法人，委託他業者管理）であり，職員配置の基準は無規定，主管機関は行政院内政部営建署，政府補助は税の優遇となっている。[4]

　内政部が策定した「促進民間参與老人住宅建設推動方案」(2004年) を受ける形で，老人住宅の量の見込みを算出するため内政部社会司は2007年「全国老人住宅及老人福利機構供需資訊」を実施した。この結果，「老人住宅」の需要総

数が12万5,271人であるのに対し、供給総数は3,120人と著しく不足していることが明らかとなった。一方の福利系の施設については、内政部の「老人長期照顧及安養機構概況」（2008年）⁽⁵⁾では、長期照顧機構と安養機構の総数が1,042カ所、入居者定員（床位数）が5万3,160人、入居者総数が3万8,273人で、充足率（収容率）は72.0％となっていた。⁽⁶⁾この傾向は今日でも変わらず、衛生福利部の「全国老人福利機構資源分布表」によると、2013年現在、長期照顧機構と安養機構の総数が1,044カ所、入居者定員（床位数）が5万8,449人、入居者総数が4万3,940人で、充足率（収容率）は75.2％となっている。⁽⁷⁾

何故、老人福利機構で定員割れが起こるのか。その理由として、台湾の老人福利機構への入所は、「老人福利法」の規定を根拠に、直轄市、県（市）の主管機関が、法定の扶養義務者が無いこと、また生命・身体に危険があり、経済的に困窮していることを条件に、保護・救済の観点から対象の範囲を厳しく制限・限定していることが挙げられる。

つまり、今日の台湾では、「施設入所を選択する高齢者においても、民間の高齢者向け高級マンションに入所する者と、救済型施設への入所を余儀なくされる者とに二極化している⁽⁸⁾」一方で、この両者の狭間にあって、公的及び民間セクターの政策対応の隙間におかれた中間層が放置されてしまっている。この中間層をどうするか。これが台湾の高齢者政策の今日的重要課題の一つである。

2　「シルバー・マーケット」発展の背景

近年の「老人住宅」の新傾向として、高齢者向けマンション市場が急速に立ち上がりつつある（資料5-1参照）。在宅介護サービスや介護施設が、公的機関、財団法人（非営利団体）や小規模事業者による運営であったのに対して、この市場には大手企業グループが参入している。⁽⁹⁾では何故、今日の台湾において、大企業グループが経営する「シルバー・マーケット」が発展するのか。その背景について述べる（図表5-2参照）。

資料5-1　台湾の高齢者向けマンションのエントランス

（1）統制経済体制からの解放

1980年代後半からの民主化による公営企業（国営事業）の民営化（経済自由化政策）に伴って，政府の老人施政計画においても，民間資本の参入と主導性が強まった。

民主化以前，台湾では公営の事業体が金融，エネルギー，鉄鋼・機械，電信・電力・鉄道などの基幹産業を独占してきた。その多くが「退輔会」による事業経営であった。

しかし，1980年代に入り，公営企業（国営事業）の行き詰まり（経営非効率の問題）が深刻化し，また，同時期，中国大陸が経済体制の改革・対外開放政策（改革開放路線）へと方向転換したことによって，台湾の国際的孤立と乗り遅れが顕著になった。こうした現状を回避すべく，当時最大の民間企業集団であった台湾プラスチック（台塑企業：Formosa Plastics Corp）の王永慶（1917-2008年）——「長庚養生文化村」の創立者——が，経済の改革と革新を主張し，経済の自由化が大きな政策課題となっていく。

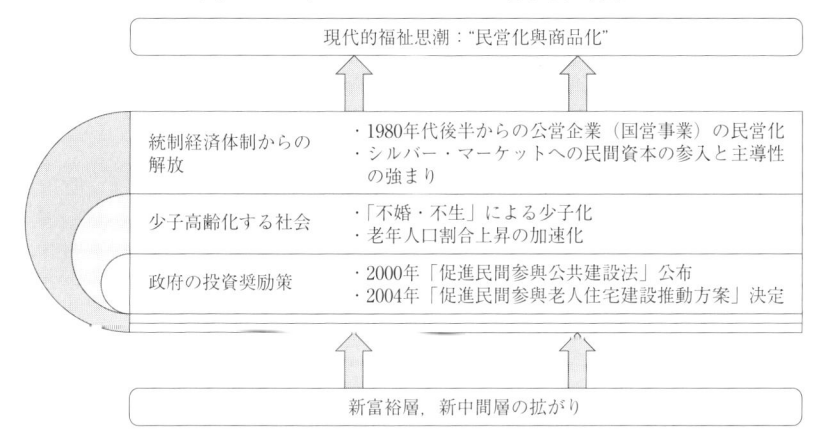

第5章 「シルバー・マーケット」推奨政策とシニア・タウンの拡大

図表5-2 「シルバー・マーケット」発展の背景

		現代的福祉思潮:"民営化與商品化"
	統制経済体制からの解放	・1980年代後半からの公営企業（国営事業）の民営化 ・シルバー・マーケットへの民間資本の参入と主導性の強まり
	少子高齢化する社会	・「不婚・不生」による少子化 ・老年人口割合上昇の加速化
	政府の投資奨励策	・2000年「促進民間参與公共建設法」公布 ・2004年「促進民間参與老人住宅建設推動方案」決定
		新富裕層，新中間層の拡がり

（2）少子高齢化する社会

　台湾の高齢化の特徴は，65歳以上の老年人口に占める80歳以上高齢者の割合が上昇しており（2010年時点で24.4％，2060年には44.0％と予測される），今後も人口老化のスピードが加速化する可能性が高いことである[12]。

　衛生福利部『老人状況調査報告』（2013年）によれば，65歳以上高齢者の世帯状況は，2007年と2013年を比較すると，三世帯同居が37.9％から37.5％へ，二世帯同居が29.8％から25.8％へ，夫婦のみが18.8％から20.6％へ，一人暮らしが9.2％から11.1％へ，高齢者施設が2.8％から3.4％へ変化している[13]。65歳以上高齢者の理想的な暮らしは，子・孫と同居が65.7％で最も多く，夫婦二人暮らしが16.0％，一人暮らしが9.2％と続く。安養機構（養護老人ホーム）への入所は願うが14.0％であるのに対して，長期照顧機構（特別養護老人ホーム）あるいは護理之家（ナーシングホーム）については入所を願うが43.1％と高くなる。この傾向は高学歴層ほど著しく，大卒以上は62.8％であった[14]。今後は核家族・小家族化の進行や平均寿命の伸び（1951年は女性が57.3歳，男性が53.1歳，2013年は女性が83.3歳，男性が76.3歳[15]）とも相まって，速いテンポで一人暮らしや夫婦のみ世帯，あるいは施設暮らしの高齢者の割合が増加するものと予想されている[16]。

(3) 政府の投資奨励策

　少子高齢社会の到来に対応すべく，政府は，2000年促進民間参與公共建設法を制定した。そして，2004年には促進民間参與老人住宅建設推動方案を開始させ，民間資本の「老人住宅」への投資策を奨励・推進した[17]。

　促進民間参與公共建設法では，民間活力の活用による社会経済発展の加速化を目的に，行政院公共工程委員会を主管機関として，交通，環境，水道，衛生，文教，エネルギー，体育，公園緑地，商工業，都市開発，農業，観光など13項目にわたる公共建設への民間参加の推進が規定された。その項目の一つに「社会及労工福利設施」がある。そして，行政院が策定した促進民間参與老人住宅建設推動方案によってより高いレベルでの老人住宅の施設と設備の標準化を図りつつ，その上で政府は，民間が自己資金を老人住宅や老人安養機構の建設に投資することを奨励し，各種の租税減免や低利貸し付け，優遇措置（経費補助）などを行った[18]。また，2007年の行政院裁定「整体住宅政策実施方案」では，「結合政府與民間資源」「健全住宅市場」を謳っている[19]。

　1990年代後半以降，政府の老人施政計画の民営化に対する見解は大きく変わった。民間セクターの範疇は非営利団体（公設民営，事業委託）を中軸とするこれまでの枠組みを越え，企業を含んで幅を広げつつある[20]。台湾では，飛躍的な経済成長や中国大陸との交易で富を得た新富裕層や新中間層が拡がりをみせている。人々の所得水準が上昇するに伴い，政府は個人主義，自己責任・自己負担原則の方向へと，老人施政計画の舵を大きく切ろうとしている（「現代的福利思潮」としての「民営化與商品化」）。また，福祉（ケア）の商品化の進展は，ケアを求めた国際移動が生成し，海外高齢者・要介護者の台湾移住へと展開する[21]。

　国の推奨政策としての「促進民間参與」を受け，各種大企業集団も進出し，1990年の奇岩居（太平洋建設）を皮切りに，潤福生活新象，潤福大台北華城館（包括潤泰），泰和園（北海福座），西湖渡暇村聖恩養生会館（国宝人寿），悠蘭山荘（奇美），水蓮山荘（和信）など，業界は製造，金融・保険，建設・不動産，総合と多岐にわたる。また，それぞれの顧客ターゲットと事業スキームは，中間層の開拓から富裕層（元国営企業幹部・官僚・高級将校など）への特化まで，多

様化している。そしてこれら一連の動向の中で，2004年，台湾の最大企業グループ「台塑（台湾プラスチック）集団」は，台北市近郊に「長庚養生文化村」の経営を開始した。

3　老人社区「長庚養生文化村」の概要

「長庚養生文化村」（Chang Gung Retirement Residence and Elderly Care in Taiwan）は，台北市から約25 km 南の桃園市亀山区にあり，34 ha（東京ドーム7.3個分の大きさ）の広大な敷地に6,000人（4,000戸）規模を構想する健康型「老人社区」である。

ゾーニング（zoning）を採用し，敷地を①居住区，②医療区（診療所，護理之家〔ナーシングホーム〕）を中心に，③商店区（コンビニ，ブックストア，理美容室，銀行など），④飲食区（セントラルダイニング，カフェテリア，中華・西欧レストラン，パーティ会場など），⑤健康増進区（体育館，ゴルフコース，テニスコート，園芸，プール，遊歩道など），⑥文化区（銀髪学園，国際会議ホール，図書館，地域活動センターなど），⑦信仰区（仏教，道教，キリスト教，回教など各種の礼拝堂），⑧招待区（家族，友人などの来訪者のための宿泊施設），そして⑨行政区（事務管理棟，郵便局など）に機能的に区画している。また，同所は，2009年発刊の行政院内政部『中華民国98年　内政概要』において，台湾を代表するバリアフリー施設（「建築物無障害環境工作」）として写真が掲載されている（資料5-2参照）[22]。

養生とはhealth，文化とはcultureを意味するように，開発・促進的なアクティビティ・サービスが，運動（太極拳，元極舞，テニス，水泳，卓球など），娯楽（カラオケ，映画鑑賞，観劇，麻雀，囲碁，ビリヤードなど），文芸（語学〔日文・英文〕，書道，絵画，音楽・戯曲，押し花，陶芸など），民族（春節元宵，端午中秋，中元重陽など節慶活動）と多様に提供されている。街中の公園では，早朝からジョギング，太極拳，囲碁に打ち込むグループで賑わい，コミュニティには勢いが感じられる。

「外界保持開放的往来関係」（地域開放）を標榜し，敷地は近隣住民の散策コ

資料5-2　長庚養生文化村の居室前廊下

ースとして自由に往来でき，地域の子どもたちへの里親プログラムを実施するなど，開放的な雰囲気が漂っている。また，無料シャトルバスが台北都心，桃園駅，長庚紀念医院（記念病院）へ定時定線で頻繁に運行するため，人的往来は活発で，地域の大学と生涯教育講座で連携し，国際会議ホールでの学術団体によるシンポジウムの開催など，知的交流の場として社会的にも貢献している。

2010年9月現在，運営されているのは，A～D棟のA棟（706室）のみで，約400人の高齢者が居住している。入居者の男女比は4対6，年齢は56歳から95歳まで，平均は79歳である。

専任スタッフは，医師，護理師・護士（看護師），護工（ケアワーカー），心理師（心理士），栄養師（栄養士），物理治療師（理学・作業療法士），客服専員，社会工作師から構成され，総数40名が交代制で勤務している。5名の護理師・護士は「台塑集団」と同系列の私立長庚護理専科学校（1987年創設）の卒業生であり，また客服専員も同系列の長庚大学管理学院医務健康照護管理学系[23]（ヘルスケア・マネジメント学部）の卒業生で，ケースマネジメント（サービス調整）の専門職として，苦情処理，危機管理，人権擁護を含め，複雑で大規模な保健・医療サービス供給システム全体を効率的に管理・運営している。「老人社区」は老人福利系の施設と違い社会工作人員は必置制ではないが，4名の専職社工師（専任の政府認定ソーシャルワーカー）が配置され，家族支援を中心に活動している。そして，約100名の登録ボランティアが定期的に交代で活動している。

その基本的特徴（顧客ターゲット・事業スキーム）は，中間層を対象に，①コスト効率性の追求と，②保健・医療との連続性（健常高齢者対応と医療・福祉対応のバランス）の重視である。以下，箇条書きに要約する。

第 5 章 「シルバー・マーケット」推奨政策とシニア・タウンの拡大

① コスト効率性の追求
・高額な終身利用権方式ではなく,初期費用負担を抑えた低額な賃貸方式及び短期入所方式の採用。
・高額なフルパッケージ商品ではなく,サービスを絞った低価格商品を販売(必須の基礎サービスとオプションサービスの組み合わせ)。[24]
・個人負担を標準化する相互扶助システムの導入(健常時から会費を積み立てることで,高齢化に伴い変化するさまざまなヘルスケアサービスを低負担で享受できるシステム)。
・東南アジアからの介護労働者(外籍護工)の積極採用。

② 保健・医療との連続性の重視
・同一企業集団,長庚紀念医院[25]との連携(緊急医療:24時間監視センターの設置及び「護理之家」[26]の併設)。
・継続(連続)的ケアを目的に,インディペンデントリビング(自立生活住宅),独立では生活できなくなったときに入居するアシスティッドリビングや,本格的な医療介護が必要になった際に入居するナーシングホームなど,様々なレベルのケアを提供するコミュニティ。
・長庚紀念医院との活発な人事交流とケース記録の共有管理(たとえば,同院リハビリテーション科のスタッフが,養生文化村の客服専員を兼務するなど)。

入居料(2014年時点)は,1カ月の管理費が,46 m^2 で,一人当たり1万8,000元(7万200円),二人当たり2万3,000元(8万9,700円),73 m^2 で,一人当たり2万6,000元(10万1,400円),二人当たり3万1,000元(12万900円)。食費は1カ月一人当たり4,000元(1万5,600円),水道・光熱費は実費。この他に,入住保証金(1年分の管理費)が必要だが,退所時に全額を無利子で返還される。一人で46 m^2(14坪)の居室で暮らした場合,1カ月2万2,000元(8万5,800円)プラス水道・光熱費は実費となるが,ちなみに,台湾の2013年の平均可処分所得(一人当たり)は29万3,523元(114万5,000円)で,1カ月に換算すると,2万

4,460元(9万5,400円)となり,一人で文化村を利用した場合の金額と近くなる。これを同年の一人当たり可処分所得階層区分でみると,5階層区分の第3階層(1カ月8万1,000円),第4階層(1カ月10万5,000円)に該当する。[27]

4 「長庚養生文化村」の現状・課題

　2002年に台湾で不動産開発の対中(大陸)投資が正式に解禁されて以来,不動産業者の大陸進出が活発になっている。一方,台湾本土においても,2006年に中国大陸からの観光ツアー解禁の動きを受けて以降,大陸の人々の往来が,2006年の9万9,000人から2013年の226万3,000人へ,また居留許可(6カ月以上の滞在)についても,1998年の1,809件から,2013年の21万6,334件へと大幅に増大している。[28]「長庚養生文化村」においても,今後は「チャイナマネー」による市場活性化への期待感が高まっている。また,日本の団塊世代も顧客ターゲットの一つであり,外僑永久居留証(パーマネントビザ)[29]や退職者居留証(リタイアメントビザ)の発効促進など,政府の政策的な支援の下で利用者の一層の拡大を図っている。老親の呼び寄せや帯同移住を含め,退職後,駐在員として台湾に居住する子どもと近居・同居するため,長期滞在する日本人高齢者もいて,潜在的需要はあると思われる。[30]

　しかし,現状として,「老人社区」の多くが,定員充足率の確保をめぐって困難な状況に置かれている。内政部営建署によると,2004年「促進民間参與老人住宅建設推動方案」を決定してからの5年間(2008年現在)で,16県(市)政府への申請は27件(内訳:9件申請人撤回,9件県〔市〕政府不受理,1件県〔市〕政府と民間機構協議終止,8件計1,612戸受理)で成案率は29.6%と低い。また,「長庚養生文化村」の充足率は27.9%と極めて低い水準に停滞している。[31]

　2010年9月,筆者が「長庚養生文化村」で実施した調査において,社工組長(主任ソーシャルワーカー)は「現在の入居者総数は約400人」と答えている。同様の算定方法に従えば,充足率は56.7%に上昇するが,大幅な定員割れが続いている,という感は否めない。「台塑集団」は既に嘉義県(台湾中南部の阿里山

西麓）に1万2,000戸（2万人）規模の巨大ビレッジ（長庚新港養生文化村〔265ha〕）を構想したが，着工は当初の予定よりも大幅に遅れ，2015年現在においても目処は立っていない。

こうした状況のもと，政府は，2007年，「老人福利法」を改正し，直轄市，県（市）が推進に努める「老人安居之住宅」（高齢者にふさわしい住宅）は「小規模」「融入社区」（地域社会生活への統合化：コミュニティ・インテグレーション），「多機能性」を原則とする方向を決定した（同法第33条）。そして，同年改正された「老人福利法施行細則」第8条において，「老人住宅原則」の詳細が次のように規定された。

① 小 規 模：200戸以下の老人住宅。
② 融入社区：老人住宅を基礎的な公共施設及び生活機能，交通手段，文化，教育，医療，アミューズメント，余暇など，可近性と利便性を既に備えた一般社区（コミュニティ）の中に設置。
③ 多機能性：高齢者のニーズの変化に応じて，広範囲のサポートサービスを適宜提供。

「老人福利法」第33条には，「他の住宅関連法令規定も本原則に従う」と規定されていることから，「老人社区」の「大型化住宅方式開発」は当然見直しを迫られる。また，2007年，内政部が公表した「促進民間参與老人住宅建設推動方案評価報告」において，次のような点をふまえ再検討を求めている。

「民間業者による『大型化住宅方式開発』の採用が老人住宅の『偏遠化』を招来した。郊外の土地を開発して新しい建物を建て，長年住みついた地域を離れ，高齢者単身あるいは配偶者と二人の生活は，世界的趨勢に反している」。

この方針は継承され，行政院「整体住宅政策実施法案　民国101年至民国104

年」(2011年) において，地域を基盤に世代が融合する三世代同居のあり方や一般住宅と老人住宅を機能的に点在させるあり方などが謳われ，それを推進するために必要な方策が具体的に提言されている[33]。また，2012年行政院策定の「社会福利政策綱領」においても，住宅対策・地域開発をめぐって，民間活力の導入と併せ，住民参加，地域組織の活性化，既存の地域資源の最大活用，持続可能な地域づくりなどの基本方針が示された[34]。

このように政府は「大型化住宅方式開発」を軌道修正していくことを求めているが，民間資源の活用 (民営化) を今後も奨励・推進していくことには変わりはない。

5　「老人社区」発展の可能性

各種企業集団が経営する「老人社区」のすべてが定員割れかといえば，決してそうではない。たとえば，筆者が実地踏査を続けている「老人社区」の一つである「潤福生活新象」(新北市淡水区) は，定員を充足し，多くの入所希望者が待機している。

1996年に創設された同施設は，大企業グループ「包括潤泰」が経営する300戸規模の健康型「老人社区」である。そこは20階から成る高層住宅で，99 m^2 (30坪) の各居室及び共有空間が開放的で (資料5-3参照)，また，淡水区は自然や文化的景観に優れ，台北都心へは MRT (地下鉄・地上線) で直結する有利な地理的条件を備えている。こうした交通の利便性に加え，私立淡江大学に隣接し，若者や地域住民と日常的交流を深めるための共有空間 (コモンスペース) は一見の価値がある[35]。

筆者は，台湾の「老人社区」で調査するとき，施設内のあちこちで入居者が訪ねてきた家族と楽しく談笑する光景に驚かされ，彼らと家族との強い絆を実感する。台湾の人々は，何故家族への想いが強いのか。それは，以下に述べる台湾の特殊な家族 (社会) 状況から招来してくる。そしてこの特殊な家族 (社会) 状況が，「老人社区」への需要を今後増大させるものと推測する (図表5-

3参照)。

資料5-3　潤福生活新象の共有空間

(1) 老親扶養に対する家族責務

　前述のように，台湾の老人福利機構（福祉系施設）は，「老人福利法」第30条の規定（「法定の扶養義務者は老人扶養の責を負う」）を受け，保護・救済の観点から対象の範囲を独居老人・貧困・低所得者対策に厳しく制限（限定）している（社会福利の特殊化）。そして，これに起因して，多くの老人福利機構で定員割れの状態が続いている。このため，政府は，その改善策として，自費安養などの対象を緩和し低額な料金による自己負担型の老人福利機構の受け入れ枠の拡大を図っているが，この施政計画は保護・救済の域を越えるものでは決してない。中間層の人々を吸収する有力な社会資源とはなり得ていないのが現状である。また，高齢者福祉施設総数の約8割を占める「私立小型機構」（公的補助を受けない入居者数30人未満の民間介護施設）[36]は，托老（老人養護所）という台湾特有の介護文化と歴史的繋がりを持つ施設であり，これまで設備・サービスの質が低いことを問われてきたことから，職員研修，第三者評価，罰則などの規定を構築しないまま安易に「小規模」「融入社区」「在地（現地）老化」の看板を掲げることは，高齢者福祉にとって逆にマイナス要因となる可能性が高い。[37]

　今日では，高齢者が独立自由型（個人独立自主之居住方式）のライフスタイルを選択する割合は確実に高まっている。その背景は，①所得の増加・経済能力の上昇，②少子化，③住居費の高騰・居住空間の狭小化，④文化的価値の変容，⑤福祉サービスの拡大などである。2008年，政府は今日的最大の福利課題といわれていた「国民年金法」[38]を施行した。それは，既存の年金保険，すなわち一部特権階級の優遇政策としての軍人保険，労工保険，公教人員保険に加入できなかったすべての人々を対象に，老齢年金，障害年金，遺族年金を給付する制

図表5-3　台湾の特殊な家族（社会）状況

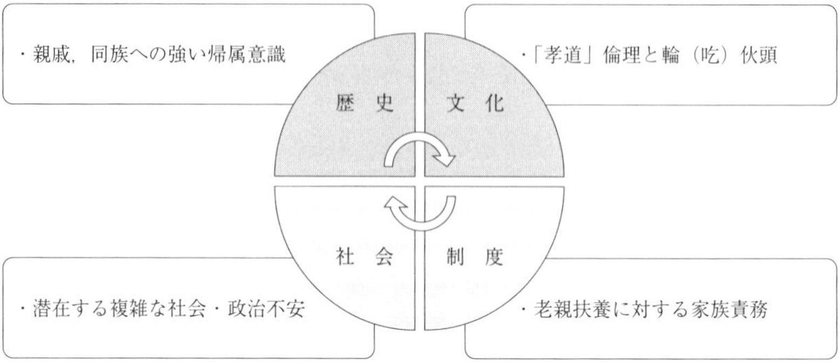

- 親戚，同族への強い帰属意識
- 「孝道」倫理と輪（吃）伙頭
- 潜在する複雑な社会・政治不安
- 老親扶養に対する家族責務

歴史　文化
社会　制度

度である。高齢者の主な収入源について，2000年と2013年を比べると（『老人状況調査報告』），家族（子どもから）が47.1％から43.9％へ，稼働所得が13.7％から8.0％へと減少し，貯蓄・利息が9.3％から16.8％へ，退職金などが15.4％から19.6％へ，公的年金・恩給が12.3％から36.2％へと増えている。大卒以上の高学歴層に限っていえば，2013年で，退職金などが最も高く59.4％，貯蓄・利息が30.1％，家族（子どもから）が11.2％と続く。1995年の全民健康保険法の施行と併せた国民皆保険・皆年金制度に基づく社会福利の普遍化策によって，一般的中間層の経済的な「老人社区」利用可能性は確実に高まっている。

　内湖，淡水，汐止，三芝の老人社区で入居者を対象に実施した調査（有効回答総数176）によれば（複数回答），入居者の86.3％が大学卒業以上，政府機関公務員が30.4％，そして外省人が70.6％であった。社工組長（主任ソーシャルワーカー）の言によれば，「長庚養生文化村」においても，軍人，公営事業の幹部，公務員，教師が入居者総数の8割近くを占めているが，ここ数年，相対的な比率は減少傾向にある。

（2）潜在する複雑な社会・政治不安

　台湾は，中国大陸との関係，特に「一つの中国」と「一辺一国」をめぐって，複雑な社会・政治的な対立や不安を強くうっ積させている。ところがその一方で経済的には，中国が最大の貿易相手となっていて巨大化する中国経済への接

近を強めている。

　2008年，総統選挙で民主進歩党の候補に勝利した国民党の馬英九が，直行便の就航や中国人観光客の拡大など対中積極開放を軸にした経済発展政策を前面に掲げ就任した。そして，2010年には経済協力枠組み協定に調印したことによって，大陸との間で一段の経済緊密化に踏み出した。これによって台湾企業の大陸投資熱は高まり，その結果，大陸への移住に伴う家族の空洞化現象のもと，同居が困難な高齢者が急増している。「長庚養生文化村」の入居案内には，次の一文が掲載されている。

　　　現在入居している多くの利用者は，我が家を処分して外国で暮らす家族（子ども）のもとへと移住したが，しかし全く馴染めず，戻ってきて，その後，養生村での生活を選択するに至っている（「搬入養老住宅的原因：子女長年在国外，子女出国，房屋売了，不習慣国外的生活返台後，選択至養老村」）。

　ここから，家族の弱体化と家族責任を強調する営利有償型福祉の拡大とはパラレルな関係にあることは間違いない。

（3）強い帰属意識と固有の生活文化

　台湾の人々は歴史的にみて，親戚や同族の結束力が強いといえる。その分，人々はそこを離れると帰属感情が希薄で，排他的となって異質なものへの親和的貢献や関心のすそ野が拡がらないという点は否めない。それがさらに，親戚や同族への帰属感情を高めていく。

　筆者の調査では，「長庚養生文化村」は本省人（戦前から台湾に住んでいる漢人）が，「潤福生活新象」は外省人（1949年に中華人民共和国が成立する前後に大陸から移住した漢人）が入居者の多くを占める。ことの是非はさておき，現状として，多くの高齢者と家族は，その人の民族性や宗教性，歴史観や風習など個別の独特な属性に配慮したきめ細かな対応を求めている。こうしたニーズに応えることができるのは，自己責任・自己負担原則に基づいた営利有償型の高齢者

居住施設「老人社区」だけである。

　前述のように，台湾の家族には，倫理的に保守的養老観念が強く，漢人の儒教道徳である「孝道」の考え方が根強く残っている。そして，多くの家庭が「孝道」順守のため，「輪流奉養父母」（輪：順番に，流：移動する），「子女分攤経費的方式」（攤：分担する，割り当てる）を採用している。それは「輪(吃)伙頭」とも呼ばれ，代わる代わる（輪），集団の長老（頭）と，一緒に食べること（伙），という意味であり，兄弟姉妹で老親の財産と扶養を等しく分けあうこと（財産相続の均等分配・老親扶養の兄弟姉妹均分）を指す言葉である。その根底には，「家戸群家族」（それぞれに核家族を形成する兄弟姉妹が父母の扶養を共同責任で分担する家族），「聯邦家庭」（聯邦＝連邦：複数の家庭が結合し，全体を包括する一つの家庭として形成されたもの）という家族観がある。

　内政部『老人状況調査報告　民国98年』において，次のことが指摘された。子どもがいる高齢者全体で，子どもが5人以上いる割合が27.0％（2005年の前回調査では36.3％）であったが，80歳以上が48.7％，75から79歳が30.4％，70から74歳が22.8％，そして65から69歳が12.7％と，年齢が下がるにつれ子どもの数が減少していく。今後は，家庭での老親扶養負担が加速度的に増大していく。また老親が住居を移動（遷居）する問題も指摘されている。こうした状況のもとで，子どもが螺旋を辿る（順番にやってくる）ことで高齢者が「遷居」を必要としない「老人社区」のあり方を，定時巡回の老親扶養の文化（精神）を受け継いだ「輪(吃)伙頭」の現代的スタイル（「儒教文化の社会化」）として理解できるので，その需要は今後も増大していくことが予測される。

おわりに

　前述のように，「長庚養生文化村」では，「本省人」を中心に中間層以上の入居者が多くを占める。とりわけ「本省人」には，民間伝承的な「輪(吃)伙頭」の観念が強く存続し，すべての兄弟姉妹による入居コストの均等割り当ての事例も散見され，入居を継続するうえで家族全体への関係調整が欠かせない。

また、戦後に大陸から移動した「外省人」が多くを占める「潤福生活新象」では、2008年の民主進歩党から国民党への政権交代に伴い、直行便の就航など大陸との関係改善によって、入居者の間で一時帰省願望が高まっている。

台湾の人々の北米での永住志向(大陸に吸収された際の備えとして)は相変わらず高く、実際、北米で永住権を取得して暮らしている子弟も多く、彼らとの関係調整の支援も今後の「老人社区」の重要な役割の一つである。

また、大陸・東南アジア出身の配偶者との世代間ギャップの問題も家族との同居を難しくさせている。高学歴やキャリア重視から、出産を敬遠する台湾女性が増える一方、台湾男性の外国籍の人々との結婚が増えていて、出生率の向上を「海外からの花嫁」に期待する感は否めない[46]。

こうした台湾の特殊な家族状況のもとで、「老人社区」への役割期待は確実に高まっている。「老人社区」発展の鍵は、入居者と家族を繋ぐ支援の精緻化にかかっている。「長庚養生文化村」において、制度的に配置基準が無規定であるにもかかわらず、4名の専職(専任)社工師を採用しているが、それは、家族支援の重要性を認識していることの証左である。社会工作師の家族支援については、機会をあらため報告したい。

付　記

　本章は、2004年、現地踏査の過程で内政部(現・衛生福利部)彰化老人養護中心主任(施設長)林文雄(当時)及び行政院新聞局資訊小組専任郲杏華(当時)の両氏から、同年より台塑集団がシニア・タウンの営業を開始する旨の情報提供を受け始まった。また、本章の研究を実施するに当たり、長庚養生文化村の専任社会工作師・葉嘉嶽、居住者代表・呂彭秀敏の両氏に多くの助言や情報をいただいた。そのことを記して謝辞にかえたい。

注
(1) 国土交通省住宅局住宅総合整備課「高齢者居住施策の現状と最新動向」『月刊福祉』92巻3号、2009年、17頁。
(2) 海道清信『コンパクトシティ――持続可能な社会の都市像を求めて』学芸出版社、2008年、20-23頁。

第Ⅱ部　制度編

(3) 内政部統計処「我国老人長期照顧及安養機構概況　民国101年底（2012年末）」『内政統計通報』102年第11週，内政部統計処，2013年，1-6頁。入居者数50人以上200人以下と規定される財団法人格を有する私立機構は10.5％（110ヵ所）であった。
(4) 内政部営建署「整体住宅政策及住宅法草案介紹——高齢化社会與老人住宅之開発実現」『社区発展季刊』内政部社会司，121期，2008年，11-12頁。内政部営建署「台湾銀髪住宅相関法規簡介」2005年。
(5) 内政部社会司「96年全国老人住宅及老人福利機構供需資訊統計表」2007年（http://sowf.moi.gov.tw/04/07/07.htm，アクセス日：2008年7月3日）。
(6) 内政部統計処『内政統計年報　民国97年』内政部，2009年，252-253頁。
(7) 衛生福利部社会及家庭署「全国老人福利機構資源分布表」（http://www.sfaa.gov.tw/SFAA/Pages/Detail.aspx?nodeid=366，アクセス日：2014年4月21日）。
(8) 城本るみ「台湾における高齢者福祉政策と施設介護」『人文社会論叢　社会科学篇』弘前大学，2010年，27頁。
(9) 「台湾のシルバー産業」『中華民国台湾投資通信』116号，2005年，3-4頁。
(10) 北波道子「台湾における公営事業民営化と行政院国軍退除役官兵輔導委員会」『関西大学　経済論集』57巻3号，関西大学経済学会，2007年，21-42頁。
(11) 佐藤幸人編『台湾の企業と産業』アジア経済研究所，2008年，171-172頁。台湾プラスチック：「台湾民営企業之龍頭」「台湾経営之神」との異名を持つ王永慶が1954年に創業。2006年総裁職に王文淵が就任。台湾の大企業上位10傑に数えられる（エヌ・エヌ・エー編著『図解　中国・台湾・香港の主要企業と業界地図』日刊工業新聞社，2006年，213頁）。
(12) 行政院経済建設委員会人力規画処『2010年至2060年台湾人口推計』行政院経済建設委員会，2010年，2-3頁。
(13) 衛生福利部『老人状況調査報告　民国102年』衛生福利部，2014年，3頁。
(14) 同前書，5-8頁。
(15) 行政院主計総処『統計年鑑　民国102年』行政院主計総処，2014年，18頁。
(16) 台湾の一人暮らし高齢者（約4万9,000人）の男女比は2013年が5対5であり，2000年には6対4と男性が多かった。これは，1949年内戦で大陸から逃れてきた中華民国国民政府軍の退役軍人が多数含まれることによる（2013年には総数の7.6％）。しかし，2000年と比べ3分の1に減少し，逆に一般高齢者の増大が著しい（2000年度比1.25倍）。中低収入老人は3割減少している（衛生福利部統計処「独居老人人数及服務概況」〔http://www.mohw.gov.tw/cht/DOS/Statistic.aspx?f_list_no=312，アクセス日：2014年4月21日〕）。
(17) 内政部営建署「整体住宅政策及住宅法草案介紹——高齢化社会與老人住宅之開発実現」前掲論文。

⒅　主な租税優遇として，事業所得最長5年免納，事業所所得税額減免，設備・技術・研究開発費，不動産・地価税減免などがある。
⒆　内政部営建署「整体住宅政策実施方案」2007年。
⒇　荘秀美「台湾における高齢者福祉の民営化の実態と課題——企業の参入をめぐって」『海外社会保障研究』157号，国立社会保障・人口問題研究所，2006年，87頁。荘秀美「台湾における高齢者介護サービス供給の民間参入に関する課題分析」『東アジア研究』6号，山口大学，2008年，105頁。
(21)　小野真由美「日本人高齢者のケアを求めた国際移動——マレーシアにおける国際退職移住とメディカルツーリズムの動向から」『アジア太平洋研究』18号，早稲田大学アジア太平洋研究センター，2012年，265頁。
(22)　内政部『内政概要　民国98年』内政部，2009年，106頁。
(23)　1897年創設。医学院，工学院，管理学院，大学院（博士，修士）を含め学生総数は約7,000人。
(24)　主なオプションサービスとして，在宅服務（調理・掃除などの生活援助型のホームヘルプサービス），居家護理（在宅看護サービス），日間照護（デイケアサービス）などがある。
(25)　1976年創設。基隆，台北，林口，桃園，嘉義，高雄に設置。内科，外科その他複数の診療科目及び細菌，病理の検査施設を持つ6,800床及び一日の外来入院患者数2万7,000人規模の台湾最大級の総合病院。
(26)　長庚桃園分院附設の347床からなるナーシングホーム。1カ月入居料：多床室（3人）4万3,000元（16万8,000円），（8人）3万3,000元（12万9,000円），保証金2カ月分（出院時全額返還）。
(27)　行政院統計総処『統計年鑑　民国102年』前掲書，167頁。
(28)　内政部入出国及移民署『移民行政白皮書』内政部入出国及移民署，2009年，12頁。及び内政部移民署「開放大陸地区人民来台観光統計表」「大陸地区来台人数統計表」（http://www.immigration.gov.tw/lp.asp?ctNode=29699，アクセス日：2014年3月5日）。
(29)　5年以上続けて居留証を取得し，かつ毎年183日以上台湾に滞在している外国籍の者に対して発行される。
(30)　長庚養生文化村は日本人高齢者の実数及び滞在期間について明らかにしていない。
(31)　内政部営建署「整体住宅政策及住宅法草案介紹——高齢化社会與老人住宅之開発実現」前掲論文。
(32)　行政院内政部「促進民間参與老人住宅建設推動方案評価報告」2007年。
(33)　行政院『整体住宅政策実施法案　民国101年至民国104年』2011年，131-132頁。
(34)　行政院「中華民国建国一百年社会福利政策綱領　邁向公平，包容與正義的新社

第Ⅱ部　制度編

会」（修正決定）行政院，2012年1月9日．

(35) 入居契約金（30坪）：1,000万元/3,900万円　利用料（2人）管理費5万6,700元＋食費1万8,900元×2人＋水道光熱費7,000元＝1カ月10万1,500元（39万5,800円）。同集団が経営する「潤福大台北華城」（新北市新店区　台北都心へ30分のMRTで直結）もまた定員を充足している。

(36) 2012年末，施設総数1,045カ所，うち長期照顧機構（養護型）が947カ所，養護型の89.8％（850カ所）を私立小型機構が占める（内政部統計処「101年底我国老人長期照顧及安養機構概況」前掲資料，3頁）。

(37) 曽妙慧・呂慧芬「由社会福利政策綱領談日本社区整合性照護体系」『社区発展季刊』141期，衛生福利部社会及家庭署，2013年，460頁。

(38) 王靖・郭文亮「高齢社会対居住環境與住宅産業之影響」『台湾経済金融月刊』44巻11期，台湾中央銀行経済研究室，2008年，74-85頁。

(39) 内政部『台湾地区老人状況調査摘要分析　民国89年』内政部，2000年，8頁。衛生福利部，前掲書，26頁。

(40) 陳淑嬌「銀髪族的理想帰宿　以大台北地区高齢族理想住宅研究為例」『台湾経済研究月刊』29巻12期，台湾中央銀行経済研究室，2006年，113-114頁。

(41) 許敏桃「台湾老人家庭照顧研究之評析──護理人類学的観点」『国家科学委員会研究彙刊　人文及社会科学』11巻2期，2001年，168頁。

(42) 謝繼昌「仰之村的家庭組織」『中央研究院民族学研究所専刊』乙種12号，1984年，37-40頁。謝繼昌「輪伙頭制度初探」『中央研究院民族学研究所集刊』59期，1985年，91-110頁。

(43) 莊英章「台湾農村家族対現代化的適応」『中央研究院民族学研究所集刊』34期，1972年，88頁。

(44) 内政部『老人状況調査報告　民国98年』内政部，2010年，33-34頁。

(45) 「吃伙頭」「輪伙頭」（meal rotation）的「代間関係」（世代関係）の問題とは，居住が定まらない，自己の生活が維持できない，自己価値が保てない，他者の考えで（他導的に）住居を変える（遷居する）ことの無力感，などが指摘されている（李薇「失智老人社会心理適応的護理人類学研究」慈済大学人類学研究所修士論文，2007年，125-126頁（慈済大学博碩論文系統〔http://www.handle.ncl.edu.tw/11296/nditd/25167522249108764023，アクセス日：2013年11月10日〕）。

(46) 世界経済情報サービス編『ARCレポート2007　台湾』世界経済情報サービス，2007年，139頁。

第6章　新移民女性とDV問題

はじめに

　グローバルの時代になった今，国を越えた次元で人々の交流が活発になっている。アジアの中で，経済発展の度合いや社会保障の面において，第一グループに位置づけされる日本，韓国，台湾では(1)，近年共通して外国人配偶者や労働者をめぐる移民問題がクローズアップされている。

　日本の外国人配偶者をめぐっては，2012年，夫妻の一方が外国人の婚姻件数は全体の3.5%であった。そのうち妻が外国人の婚姻件数は72.7%で，約9割をアジア出身女性が占め(2)，すでに国際結婚の典型が日本人女性と欧米人男性の結婚から日本人男性とアジア人女性への結婚へ転移している(3)。

　台湾では，婚姻件数に占める「外籍配偶・大陸配偶」（元国籍が東南アジア及び中国の配偶者，以下，外国・大陸出身配偶者）の割合が2割と高く，国内における社会福祉の国際的な問題として，東南アジアや中国からの移民女性への対応が重要課題となっている。新移民とは，「広義に，東南アジア系労働者と中国，東南アジア系外国籍配偶者を指し，狭義では中国，東南アジア系の女性配偶者と国際結婚で誕生した次世代の子女を指して用いられている(4)」。こうした外国・大陸出身配偶者が台湾男性と家族を形成する過程で抱える問題は，①生活不適応，不利な婚姻関係，②住民交流や地域支援網からの疎外，③家庭内暴力（家庭内での虐待），④子どもの教育，⑤就労困難・失業・不安定就労などに分類される(5)。本章では，新移民を狭義に埋解して，家庭内暴力の問題を中心に，第1に，外国・大陸出身女性の動向とDV（ドメスティック・バイオレンス）被害の特徴，第2に，DV被害女性救援の法体系と実施体制を公私役割分担の観点

から概観し，第3に，台湾「女性福利」の先駆的役割を担う民間団体，「財団法人励馨社会福利事業基金会」での現地踏査に基づいて，新移民DV被害女性へのソーシャルワーク実践（支援システム）の実態把握と分析を試みる。そして，最終的には，それを日本における社会福祉の国際的な問題への対応を考える上での改革・提言へと繋げたい。

1 外国・大陸出身配偶者の動向とDV被害の特徴

（1）外国・大陸出身配偶者の動向

　台湾において東南アジア出身女性を配偶者として迎え入れる契機は，1949年に蔣介石国民党軍とともに台湾にわたった大陸出身の退役兵士（「栄民」と呼ばれる）の「嫁探し」であった。それは1970年代末から1980年初期に始まり，台湾女性を配偶者とすることが困難な一部の退役兵士が，仲介業者を通し，インドネシア，フィリピン，タイなど東南アジアの女性を配偶者として迎え入れた。[6]

　そして1980年代に入り，中国において改革開放政策（国内体制の改革と対外開放政策）による市場経済への移行が本格始動し，また一方の台湾において1949年から38年間も続いた戒厳令が解除されたことによって，東南アジアとの労働者の流入を伴う交易・人的交流及び大陸への親族訪問や経済投資が一気に加速していく。こうした状況の下，国際的な経済格差の拡大とも相まって，東南アジアや大陸出身の女性と結婚する台湾人男性が次第に増えた。[7]

　戒厳令が解除された1987年から2013年までの26年間で，台湾人と結婚した外国・大陸出身配偶者の総数は48万6,703人で，女性が92.7％を占める。外国・大陸出身配偶者の内訳は，前者が32.4％，後者が67.6％となっていて，外国出身配偶者の上位4国は，ベトナムが外国出身配偶者総数の56.5％，インドネシアが17.7％，タイが5.3％，フィリピンが4.9％であった。そして，外国出身配偶者の67.5％が帰化（国籍取得）を，大陸出身配偶者の34.4％が「定居証」（台湾地区定住及び戸籍の設定）を取得している。[8] 外国・大陸出身配偶者の子女（「新移民子女」）及び外国や大陸から呼び寄せられた家族や親族の数を含めると，さ

らにその数は増大していく。2014年現在,小中学校に就学する新移民子女の総数は21万4,000人となっていて,その内訳はベトナムが8万5,207人（40.3％）,中国大陸が7万9,793人（37.7％）,インドネシアが2万4,090人（11.4％）,カンボジアが5,071人（2.4％）,フィリピンが4,829人（2.3％）で,小中学校児童・生徒総数（205.59万人）の10.3％を占めている。(9)

外国・大陸出身配偶者の居住地域は,総数の約6割が新北市,台北市,台中市,台南市,高雄市などの大都市を中心に,その分布は南投県,屏東県,台東県などの中南部,澎湖県などの離れ島等,農漁村地帯や産業基盤が弱い地方を含め全土にわたる。(10)尹靖水らが,台北市,高雄市,新北市,桃園県など都市部及びその周辺で外国・大陸出身配偶者と暮らす台湾人男性186人を対象に実施した調査によれば,最終学歴が中学校卒業以下（57.6％）と低く,また,都市部居住者では下層労働者が多い。(11)このため,配偶者を迎える台湾人男性は,生計を維持するために必要な収入が少ないので,結婚後も親元に留まる傾向がみられ,その結果,三世代・拡大家族の形態をとることが多い。(12)

葉粛科は,外国・大陸出身配偶者が台湾へと移住する背景について,経済的グローバリゼーション（経済の自由化,対外開放政策）,台湾女性の「不婚・不生」現象,文化的多元化（伝統的な思想拘束からの解放）の3側面から指摘する。(13)しかし,外国・大陸出身配偶者の婚姻件数に占める比率は,2003年の31.9％を最高に以降下降し,2013年には8.4％へと減少した（図表6-1参照）。これらの減少の理由として,蔓延する偽装結婚や人身売買の取り締まりを目的に,政府が2003年,「大陸配偶入境面談制度」及び「外籍配偶境外訪談制度」の導入により入国審査を強化したことが挙げられる。政府は「保障合法,杜絶非法」（合法は守り,非法は途絶させる）の方針を徹底するため,2007年,主管機関を内政部警政署から内政部入出国及移民署（2014年,移民署に名称変更）へと拡充した。また同年,「入出国及移民法」（1999年）を改正し,「停留」「居留」「永久居留」「定居」の申請のたびに,入出国及移民署による査察人の派遣と面談,住居の登記及び生活状況の定期調査の実施を法定化した(14)（第65条）。

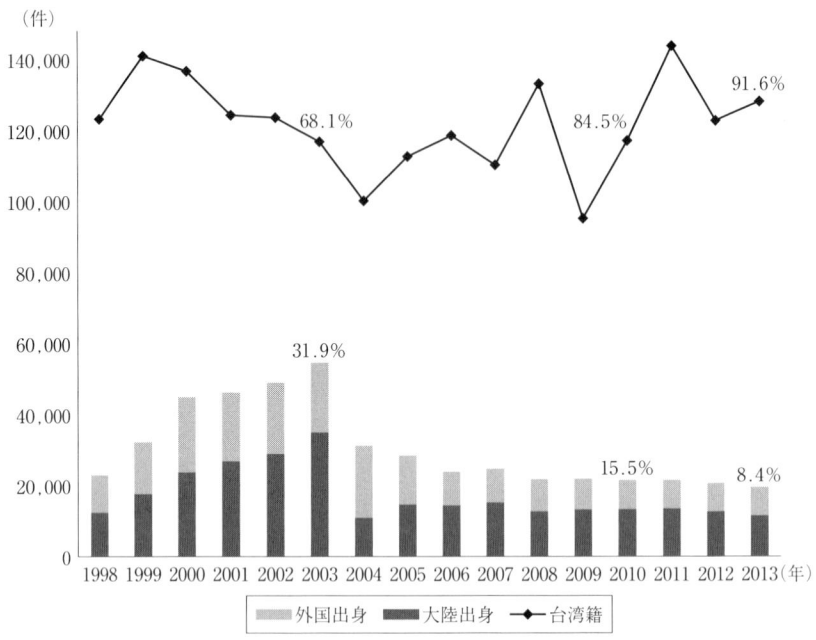

図表6-1　婚姻件数・構成割合年次推移（1998-2013年）

出所：内政部戸政司「結婚人数按雙方原属国籍分」（http://www.ris.gov.tw/zh_TW/346, アクセス日：2014年8月16日）。

（2）DV 被害の特徴

　配偶者，児童，高齢者などに対する家庭暴力の問題は，儒教的伝統を重視する台湾で長く覆い隠された深刻な家族問題の一つであった。近年，女性の社会進出やジェンダー意識の拡大によって，家庭内暴力の問題が顕在化した。制度的には，1996年の「民法」（1929年）改正による「平均分配」（財産分離）の制度化（第1030の1条）が，離婚しても女性を財産的な不利な扱いから解放した。また，2002年の男女の職業差別を禁止する「性別工作平等法」（男女共同参画社会基本法）が女性に経済的自立の機会をもたらした。しかし，「三従，四徳」（男尊女卑を遵守し女性の忍従を主張する），「不孝有三，無後為大」（不孝に3つあり，跡継ぎが無いのが最も不幸という考え方）などの根強く残る儒教的伝統思想の影響は，そうたやすく払拭されるものではない。[15]

2013年，児童虐待，老人虐待及び「婚姻，離婚，同居関係暴力」などの家庭内暴力事件として通報があったのは13万829件で，そのうち「婚姻，離婚，同居関係暴力」は6万916件で全体の46.6％を占め，2005年の4万659件と比べると1.3倍に増加している。なお，2008年から2013年までの6年間の「婚姻，離婚，同居関係暴力」被害者総数29万6,013人のうち，外国籍が1万8,729人，大陸籍が1万6,230人で，合わせて全体の11.8％であった。

邱汝娜らは，配偶者間暴力の発生頻度を政府統計に基づいて算定し，台湾籍0.5％，外国籍0.6％，大陸籍0.4％と差異がないことを明らかにする一方で，外国・大陸出身配偶者をめぐる家庭内暴力については，その問題が深く潜在することに留意すべきことを指摘している。また，王永慈は，これらの虐待を隠蔽させる要因として，外国・大陸出身配偶者に対する社会的排除，すなわち，労働市場からの排除，集団と決定への参加と影響からの排除，人間関係からの排除，空間的排除，文化的排除，制度的排除などの重層的排除を挙げ，それが同時に虐待を発生させる要因ともなっていると，虐待の二重拘束性を特徴として指摘する。以下，被害者が虐待関係に留まって逃げない理由（配偶者と決別することの難しさ）について述べる。

１）対等でない配偶関係

送り出す側の家族にとって，より富裕な国の男性に娘を嫁がせることは，地域で貧困から脱出するための，あるいは社会的移動を達成するための限られた選択肢の一つである。また，外国・大陸出身配偶者の夫（台湾人男性）の多くは，伝統文化的な慣習を色濃く残す農漁村地帯や産業基盤の弱い地方で暮らし，社会階層的には底辺層におかれ経済的に困窮している。しかも，一部の台湾人男性の中には，経済的優位を持って，女性を「傳宗接代的工具及廉価労力」（家の系譜を守る道具，安価な労働力）と見る者もいて，最初から不平等で不安定な婚姻関係が存在している。これに関し，韓嘉玲は，大陸出身配偶者を「老夫少妻」（老人男性と年の若い妻）型，「生児育女」（子を産み育てる妻）型，「留守」（大陸で生活する際の妻）型，「假結婚真打工」（出稼ぎ）型に分類し，大陸で離婚し貧救状態にある女性が現実生活の重圧から逃避することを目的に不利な条件

で結婚する実態を問題提起している(22)。これらの対等でない婚姻関係は，互いに相手に対して否定的な感情を持ちやすく，夫婦の間に葛藤と暴力を誘発し合う。

  2）「国民身分証」に関する問題

　台湾では，「戸籍法」（第57条）に基づいて，14歳以上の台湾籍（戸籍）がある者に「国民身分証」（national identification card）を発給し，そして「姓名条例施行細則」（第2条）において，戸籍記載の本名は「国民身分証」をもって証明される，と規定する。このため，制度的には外国・大陸出身配偶者は就労許可を申請せずに直ちに就労できるが(23)，本人証明や管理手続きの必要から「国民身分証」の提示を義務づける企業が多く，実態として台湾籍を未取得の場合，就労機会や条件が大幅に制限される(24)。

　この「国民身分証」を取得するには，外国出身配偶者の場合，帰化許可申請に合格して戸籍登記を行うことが必要とされるが，そのために，毎年183日以上の合法的居留を3年以上継続することが義務づけられている（「国籍法」第4条）。一方の大陸出身配偶者の場合，「定居」（台湾地区定住及び戸籍の設定）許可申請を行うために，毎年183日以上の合法的居留を6年以上継続することが義務づけられている（「台湾地区與大陸地区人民関係条例」第17条）(25)。したがって，「国民身分証」を取得するには，配偶者であることを続けなければならない。

（3）外国・大陸出身配偶者をめぐる新たな問題

　こうした状況の下，外国・大陸出身配偶者が「国民身分証」を取得後の夫婦葛藤の顕在化が社会問題となっている。行政院大陸委員会（台湾海峡の両岸の往来など，中国大陸に関する業務全般を担当する行政機関）は，大陸出身配偶者の多くが国民身分証を取得してすぐに離婚するため，一人親家族の問題が激増していることを指摘した(26)。2013年の離婚者数5万3,599人のうち，夫婦の一方が外国・大陸出身配偶者の離婚者数が1万2,117人で，全体の22.6％を占めた。また，2004年と比べ，夫婦共台湾籍の離婚者数が19.1％減少したのに対し，外国・大陸出身配偶者は6.7％の増加がみられ，特に外国出身配偶者が42.1％と

第 6 章　新移民女性と DV 問題

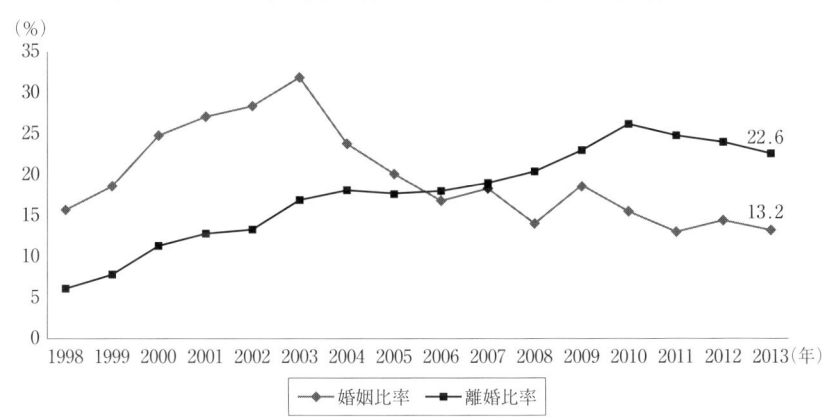

図表 6-2　婚姻・離婚件数に占める外国・大陸出身者の比率（年次推移）

出所：内政部戸政司「我国人與外籍人士結婚統計」「我国人與外籍人士離婚統計」（http://www.ris.gov.tw/zh_TW/346, アクセス日：2014年9月2日）。

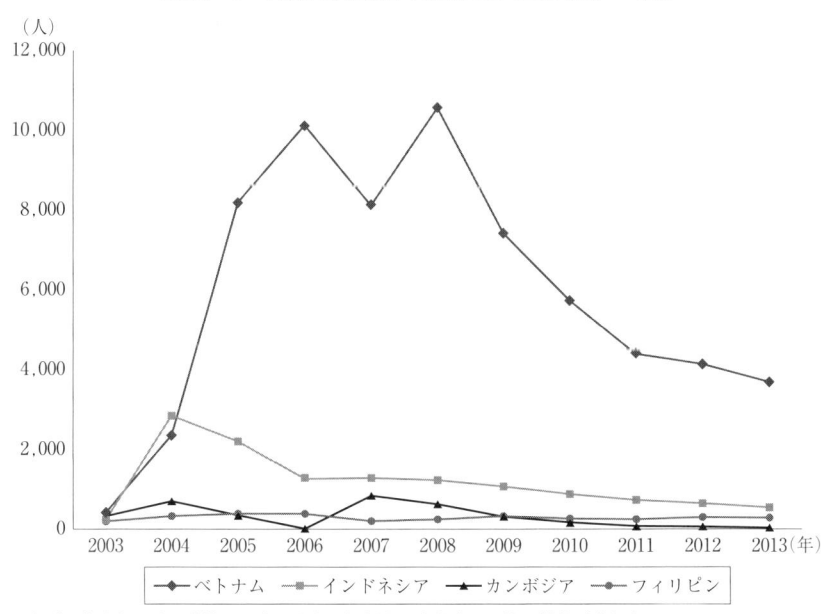

図表 6-3　外国出身配偶者の帰化人数（上位 4 国）の推移

出所：内政部戸政司「外国人為国人之配偶帰化, 取得我国国籍人数統計表」（http://www.ris.gov.tw/zh_TW/346, アクセス日：2014年9月2日）。

139

高率で上昇している。また，2013年の婚姻・離婚件数に占める外国・大陸出身配偶者の比率をみても，婚姻比率が全体の13.2％であるのに対し，離婚比率が全体の22.6％となっている（図表6-2参照）。2006年を境に離婚比率が逆転し，外国・大陸出身配偶者が急激に上昇していく。離婚達成の手段として裁判所に保護命令を申し立てるケースが増加するなど，これらの背景について主管機関である内政部も分析していて，新移民に対する施策のあり方を検討している。

　2003年から2013年の11年間で台湾籍を取得した外国出身配偶者は8万7,167人（女子が98.5％を占める）であった。ベトナム出身者が総数の74.8％を占め，インドネシア14.8％，カンボジア3.9％，フィリピン3.6％と続く。しかし，外国出身配偶者の台湾籍取得者がここ数年減少している（図表6-3参照）。2008年と比べ2013年は1万2,983人から4,719人と6割方減少した。これは，裁判所が離婚を認め，台湾に戸籍を設ける未成年の実子がいる場合に，婚姻関係消滅後の台湾籍未取得の外国出身配偶者の居留の継続と就労を許可する制度改正や，東南アジア圏の経済成長が影響している。「国民身分証」の取得，すなわち台湾籍への帰化は，申請の前に元国籍の政府に，元国籍喪失を申請する必要があるが，その取得者の減少は，ダブルスタンダードで出身国と台湾との二国間を往来し，どちらか生活安定度のより高い方へ，いつでも逃げ出そうとする外国・大陸出身配偶者の増加を物語る。当然台湾アイデンティティの希薄化は，台湾人男性との婚姻関係を不安定なものにしてしまう。

2　DV被害女性救援の法体系と実施体制

　外国・大陸出身の有配偶女性が被る様々な不利益に対し，包括的に支援することを目的に，2003年「外籍與大陸配偶照顧輔導措施」（外国・大陸出身配偶者に対する援護と指導に係る対策）が策定され，①生活支援，②母子保健，③就労権保障，④エスニシティの普及啓発，⑤子どもへの教育支援，⑥人身安全保護，⑦法条令の改正，⑧政策理念の広報活動を8大重点施策として地域福祉計画を定め実施している。配偶者間暴力への法的対応については，台湾籍を含むすべ

第6章　新移民女性とDV問題

図表6-4　「家庭暴力防治（防止）法」（1998年）の仕組み

「家庭暴力」とは，家族成員間の身体，精神に不法な侵害を与える行為（「身体或精神上不法侵害之行為」）をいう（第2条）。
・家庭暴力の防止と被害者の権益保護を目的に制定
・家族成員に四親等以内の傍系血族・姻族を含め広く規定
・家庭暴力罪（「刑事訴訟法」）の適用
・主管機関は中央が衛生福利部，地方が直轄市，県（市）政府
・家庭暴力防治中心（防止センター），防治委員会設置の義務づけ
・被害者保護計画の策定と実施
・民事保護令（保護命令）の制度化（申し立て，審理及び執行）
・加害者処遇計画（「治療命令」）の執行
・違反者への懲役，禁固，罰金

ての有配偶女性共通の枠組みの中で行われる。ここでは，三次的支援，すなわち危機的状況への問題解決的な個別介入プログラムを中心に述べる。

(1)「家庭暴力防治法」の仕組み

　問題発生後の個別介入プログラムの実施に係る中心立法は，「家庭暴力防治法」（家庭内暴力防止法）である（図表6-4参照）。台湾で「家庭暴力」（家庭内暴力）の防止の制度化を推進したのは女性団体を中心とした民間団体であった。1997年，性犯罪の防止，訴追などの刑事手続きの整備，被害者の保護などを目的に「性侵害犯罪防治法」（性的侵害犯罪防止法）を成立させ，そして，その過程で家庭内暴力は女性に対する性的侵害の一つであるという認識に基づいて，翌年の1998年，「家庭暴力防治法」を成立させたことから，両者は密接な関連を有している[29]。

　本法は，家庭内暴力の防止と被害者の権益保護を目的に制定された（第1条）[30]。本法において，家庭内暴力とは，家族成員間の身体，精神に不法な侵害を与える行為（「身体或精神上不法侵害之行為」）であり，その行為には，妨害，警告，侮辱，誹謗などの嫌がらせ，監視，待ち伏せ，尾行などのつきまとい，手紙・メール・電話などによる執拗な連絡など，家族成員に恐怖や脅威を与える行為の一切が含まれる。また，家庭内暴力は，刑罰法規（「刑事訴訟法」）により有罪とされる（罪を犯す）行為（「家庭暴力罪」）であること，加害者には，心理教

育的コンサルテーション,精神療法,アルコール・薬物依存への嗜癖リハビリテーションなどの加害者処遇計画(加害者更生プログラム)を強制して行うことが明記されている(第2条)。

また,本法では,家族成員とは,①配偶者(離婚など婚姻関係が解消された者,婚姻の届出をしていないが事実上の婚姻関係にある者,及び事実上離婚した者を含む),②直系血族(自己の祖父母,父母,子,孫),直系姻族(自己の配偶者の直系血族及び自己の直系血族の配偶者),③四親等以内の傍系血族,傍系姻族(現在及び過去)をいい,家庭内暴力の被害者として,兄弟姉妹,おじ,おば,甥姪などの親戚を含め,被害者と加害者の関係の範囲を条文で広く定めている(第3条)。したがって,ここでいう家庭内暴力とは,配偶者虐待,児童虐待,高齢者虐待のすべてを指す[31]。

歴史的に,言語や文化に違いを持つ族群(エスニシティ)がせめぎ合う台湾では,これまで親戚や同族による相互扶助が世代を超え継承されてきた。しかし,親戚や同族の自助意識や結束力が強いほど,ひとたび関係が拗れると紛争が連鎖的に拡大していく。したがって,台湾の家族支援では,夫婦や子どもに限定することなく,彼らを取り巻く多くの関係者を含めた家族単位での福祉的介入が総合的に展開されることが強く望まれている[32]。

本法を所管する機関は,中央が衛生福利部(2013年7月,行政院に衛生福利部を創設し,内政部を改組して社会司の業務を保護服務司へ移管),地方が直轄市政府,県(市)政府である。直轄市,県(市)主管機関は,「家庭暴力防治中心」(家庭内暴力防止センター)の設置及び「被害人保護計画」(家庭内暴力被害者保護計画)の策定と実施が義務づけられ(第8条),後述の加害者に対する「治療命令」を執行する(第21条)。また,中央政府(衛生福利部保護服務司)及び地方政府に,関係官庁,有識者,民間団体代表から成る「家庭暴力暨(及)性侵害防治委員会」(「性侵害犯罪防治法」の規定を併せ持つ委員会)をそれぞれ設け,総合的な協議機関として,実態把握,基本方針の決定,施策の進捗管理,評価と監督,検証,提言などを行う。なお,医療,看護,福祉,保育,心理,教育などの専門職及び警察官,移民業務に携わる職員は,職務上において家庭内暴力を

疑われる情報を入手したとき，被害者の意思にかかわりなく，24時間以内に管轄の主管機関に通報することが義務づけられている（第5条）。主管機関への通報は被害者本人だけではなく，法律上通報義務を有する警察や医療機関などからの通報が多いことが台湾の特徴である。2013年は，警察が通報件数総数の38.4％，医療機関が26.3％を占めていた。

　本法の柱として定められたのは，被害者の安全確保のための「通常保護令」「暫時保護令」「緊急保護令」から成る「民事保護令」（保護命令）制度（申し立て，審理及び執行）である。「民事保護令」は，被害者，あるいは警察機関，検察官，直轄市・県（市）主管機関によって「法院」（裁判所）に申し立てることができる。被害者が未成年者や心身に障害があるなどで申し立てが困難な場合は，三親等以内の親族，法廷代理人に委任することができる（第10条）。

　裁判所は，審理終結前に，直轄市，県（市）主管機関あるいは社会福祉機関の意見を聴くことができ（第13条），家庭内暴力であると認定した場合は，保護命令を発令し，①被害者及び特定の家族成員に対する家庭内暴力の禁止，②直接，間接の嫌がらせ，つきまとい，接触，会話や通信など不要な連絡行為の禁止，③被害者の住居からの退去，④被害者及び特定の家族成員の住居，学校，職場などへの接近禁止，⑤加害者処遇計画の遂行・実施などを被告に命令する（第14条）。以上の各事項及び「治療命令」の執行に反した者に対し3年以下の懲役・禁錮，10万元以下の罰金が科される（第61条）。

　裁判所は，「緊急保護令」については受理してから4時間以内に，「通常保護令」「暫時保護令」については24時間以内に，加害者，被害者，警察，自治体などに対し文書で発令する。地方政府は，その前に，被害者保護のため必要に応じ被害者の住居に警察官を派遣して，①安全の確保，②緊急避難施設への移送，③緊急救援などにあたることとなっている（「行政機関執行保護令及家庭暴力案件辦法」第9条）。

　また，家庭内暴力の加害者とその未成年子女との間の面接許可については，裁判所の関与のもとに，以下の一つ以上を条件に決定される。①安全な対面場所の確保と面会時間の厳守，②第三者機関・組織による面会の監督，③加害者

処遇計画，診察（鑑定）・治療の完了，④宿泊を伴う面会の禁止，⑤保証金の納付（第45条）。2013年に発令された保護令は，通常保護令が1万4,820件，暫時保護令が7,611件，緊急保護令が208件の計2万2,639件であった。2012年現在，18歳以上，65歳未満の家庭内暴力，性的侵害の被害者及びその満18歳未満の子女を対象に「庇護中心」（緊急避難施設）が，そして生活危機の単親家族（離婚，配偶者の死亡，失踪，未婚の妊婦）及びその未成年の子女を対象に「婦女中途之家」（中間施設）が，台湾全土に40カ所設置されている（公立5，公設民営17，私立18，入居者定員449人）。

（２）「家庭暴力防治中心」による支援

直轄市，県（市）主管機関は，「家庭暴力防治法」の規定に基づき「家庭暴力防治中心」を設置して，警察，教育，保健，福祉，住宅，戸政（戸籍関係の行政事務），司法，労働などの各部局と連携しながら，以下の運営に当たらなければならない（第8条）。

① 24時間の直通電話対応（ホットライン）。
② 24時間の緊急救援・保護，救急診療・処置，必要な診断証明の確保，証拠の保存。
③ 被害者とその家族に対する避難・保護施設（短期・中期・長期シェルター）への送致。
④ 被害者とその家族に対する生活支援（心理的支援・経済的扶助・法的支援），就学支援及び自立支援（住宅の供給・仲介，職業訓練と就労支援）。
⑤ 被害者とその家族に対する医療及び心理療法・カウンセリング。
⑥ 保護令の申し立て。
⑦ 裁判所が決定した加害者処遇計画の執行。
⑧ 外部機関への送致ケースのフォローアップとケースマネジメントの実施。
⑨ 学校や市民（社会）に対する予防教育，意識啓発プログラムの実施。

⑩　家庭内暴力の予防に関するその他の事項。

図表6-5　「台北市家庭暴力暨（及）性侵害防治中心」組織図

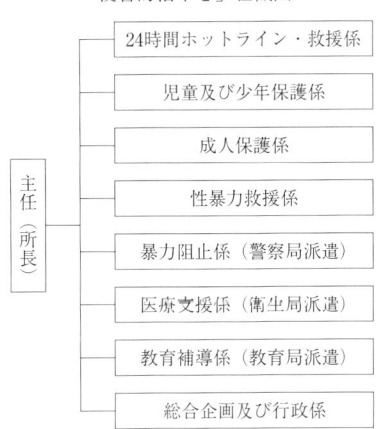

主任（所長）	24時間ホットライン・救援係
	児童及び少年保護係
	成人保護係
	性暴力救援係
	暴力阻止係（警察局派遣）
	医療支援係（衛生局派遣）
	教育補導係（教育局派遣）
	総合企画及び行政係

注：家庭暴力防治中心は「性侵害防治中心」（「性侵害犯罪防治法」）と合併設立することができ，ソーシャルワーカー，警察，保健及びその他関連する職員を配置しなければならない。

家庭内暴力防治中心は「性侵害防治中心」（「性侵害犯罪防治法」第6条）と合併設立することができ，ソーシャルワーカー，警察，保健及びその他関連する職員を置かなければならない。「家庭暴力暨（及）性侵害防治中心」は，全国に22カ所設置されている。また，各直轄市，県（市）内政部警政署（警察署）には「社区（地域）家庭暴力防治官」が配置され，緊急対応にあたることとなっている。2012年に防治中心で情報提供，相談・指導，カウンセリング，緊急保護，法律・経済援助などで対応した被害者の延べ人数は71万353人で，そのうち外国・大陸籍の比率は9.0％であった。[40]

ここで，「台北市家庭暴力暨性侵害防治中心」について概説する。組織は，図表6-5のように構成され，その全体を主任（所長），副主任，秘書が統括している。緊急保護を目的とした24時間対応の全国統一ホットライン「113」で通報され，また，外国出身女性のためのホットライン「0800-088-885回線」が引かれ，東南アジア各国の言語に対応する通訳がいる。

政府認定ソーシャルワーカーである5名の「社会工作師」が専任として常勤し，直接目視，虐待認定，家族状況・パーソナリティのアセスメント，それに基づく「被害人保護計画」の策定，実施過程のモニタリングなどを行う。一人ひとりの個別の状況に応じた制度横断的な対応を効果的かつ円滑に行うため，ソーシャルワーカーは，幅広い分野の機関から派遣された異職種間の架け橋として活動していた。心理師（臨床心理士）や律師（弁護士）については嘱託及び

外部委託となっている。また、児童虐待と高齢者虐待のケースについては、それぞれの担当部局（台北市政府社会局・児童及少年福利科、老人福利科など）と連携して対応している。裁判所は加害者への「治療命令」を発布する前に、その要否や程度の判断に対して専門的な裏づけを行うため、防治中心の医師、心理師、社会工作師を指名し鑑定業務への派遣を要請する。そして、「治療命令」が発布された場合、防治中心は、司法機関の関与を根拠に、「加害人処遇計画」に基づき、受託機関・施設、日程、プログラムなど処遇内容を具体的に定め段階的に進行管理していく。受託機関・施設として、中央主管機関（衛生福利部医事司）が指定する公私の医療・保健機関が中心だが、カウンセリングについては一部民間の心理・福祉機関に事業委託される。もし加害者が処遇計画の実施を拒否しプログラムの規定時間を満たさなかった場合、処遇計画を実施する機関・施設は、直轄市、県（市）政府にその旨を通知する。そして必要な場合、機関・施設は政府に対し支援を求めることができる。

　新移民女性の「権益促進」（人権擁護）に取り組んできた国立曁南国際大学の許雅恵はその著の中で次のように述べる。

> 「家庭内暴力防止に係る法律をアジアの中で最初に制定したのは台湾であり、『家庭暴力防治法』施行後15年を超えた現在、警察、福祉、教育、司法、保健医療など各種の隣接専門分野が協働の取り組みを一層進めていることを確認できる。しかし、その多くは台湾人女性を対象としたものであって、新移民女性に対する虐待問題への対処法や支援プログラムの理論的・経験的蓄積は十分とは言い難い。夫に虐待を受ける女性の多くは、問題を慢性化した状態で放置したり、問題解決をあきらめ途中で支援からリタイアしがちであり、ましてや社会関係ネットワークが欠乏し言語の問題を抱えた新移民女性に対しては、なおさら攻勢的なソーシャルワーク支援が必要だといえる。これまで、各種専門職種の訓練・研修において、とりわけ系統的な多文化教育が不足していた。ソーシャルワーカーは、人身安全保護、子どもの保護、国籍の申請、戸籍の移動、文化衝突等の問題解決

に向かって移民，警察，戸政，司法などの単位と連携協働を深めるために，他系統の職種に対して啓蒙活動や代弁（弁護）的役割を通し，新移民女性への偏見・誤解を除去・緩和しなければならない」[41]。

3 「励馨社会福利事業基金会」の概要

（1）「家庭暴力防治法」と励馨

　台湾のDV被害者支援で特徴的なことは，積極的な民間団体への事業委託である[42]。家庭暴力防治中心は，通告から緊急救援・緊急保護に至る早期発見（危機介入）のプロセスに司法機関の関与を根拠にして介入し，そして「被害人保護計画」策定以降の早期対応（治療・処遇）のプロセスは外部機関に委託することによって，両者は相互補完的に機能している。

　事業委託先の主要な民間団体（財団法人）として，婦女救援社会福利事業基金会（1987年設立），現代婦女基金会（1987年設立），励馨社会福利事業基金会（1988年設立），天主教善牧社会福利基金会（1994年設立）などがある。これらの団体は，1980年代後半からの児童買春の禁止と児童保護の運動を主導した女性団体であり，「女性の商品化」反対の大規模なデモ活動，キャンペーンなどを通し，「性侵害犯罪防治法」「家庭暴力防治法」「児童及少年性交易防制条例」などの立法化を実現した。本章では「財団法人励馨社会福利事業基金会」（The Garden of Hope Foundation，以下，励馨）を取り上げる。その理由は，励馨が各女性団体と連携して結成した「台湾終止童妓協会」（現・「台湾展翅協会」1991年設立）の活動に中心的な役割を担ったからである。同協会は，児童買春問題を，女性問題や先住民族問題及び外国・大陸出身女性の労働・配偶者問題など国内外を含む広範な社会問題として認識した[43]。この観点（運動理念）は今日でも励馨の具体的実践に直接反映されている。励馨は，1988年に，米国の宣教師，アンジー・ゴルモン（Angie Golmon：高愛琪）女史による非行少女の「中途之家」（ハーフウェイハウス）の創設から始まった。その後，反児童買春運動・女性保護団体として性侵害犯罪防治法の立法化を含め，活動範囲を拡大し

図表6-6　励馨社会福利基金会のサービス体系

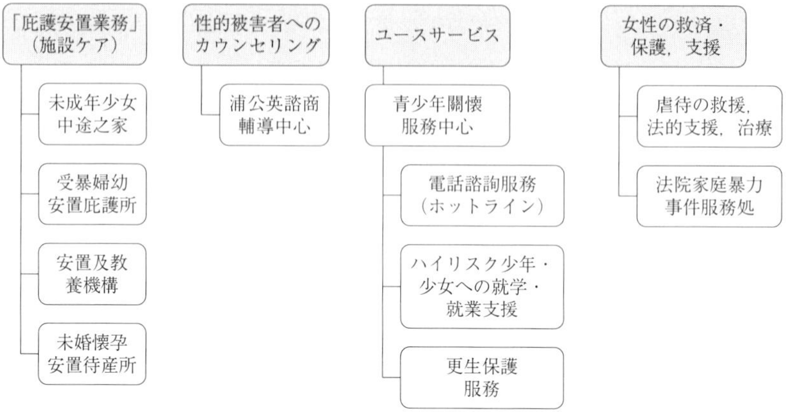

```
「庇護安置業務」        性的被害者への       ユースサービス        女性の救済・
 （施設ケア）          カウンセリング                          保護，支援
      │                    │                    │                    │
 未成年少女            浦公英諮商            青少年關懷            虐待の救援，
 中途之家              輔導中心              服務中心              法的支援，治療
      │                                          │                    │
 受暴婦幼                                    電話諮詢服務          法院家庭暴力
 安置庇護所                                  （ホットライン）      事件服務處
      │                                          │
 安置及教                                    ハイリスク少年・
 養機構                                      少女への就学・
      │                                      就業支援
 未婚懷孕                                        │
 安置待産所                                  更生保護
                                              服務
```

ながら，現在，性的搾取や人身売買等の被害者，危機状態の子どもと家族，未婚の妊婦・母，外国・大陸出身配偶者を含む DV 被害女性のエンパワメント（対抗力の強化）を目指す民間団体として，台湾の東南中北の4区域に辦事処（事業所），11県（市）に13の服務中心（支援センター）を活動拠点に，台湾女性福利の牽引者として先駆的役割を担っている。

（2）励馨の被害者支援プログラム

励馨が担う役割・機能は，制度・政策から実践・援助まで，政策提言・社会計画から各種療法や，心理的サポートからソーシャルアクションなど多様に展開される（図表6-6参照）。この多様性の特徴を活かすため，励馨では支援コーディネーター（ケースマネジャー）のシステムを活用し，ソーシャルワーカーが，利用（入居）者の生活状況やニーズに応じて，以下の各種サービスを組織横断的に調整・誘導・開拓しながら，導入から終結に至るまで継続的に一貫して寄り添い，マンツーマンで支援する。

1）「庇護安置業務」（施設ケア）

全国19カ所で未成年女子，若年女性の課題に特化して対応するため，以下の生活施設を運営している。

① 未成年少女中途之家（ハーフウェイハウス）

虐待を受けた，あるいは更生保護中の少女の社会復帰のための短期及び中長期の地域型小規模施設（全国に6カ所）。

② 受暴婦幼安置庇護所（母子生活支援施設）

配偶者虐待や性的侵害の被害女性とその子どものためのシェルター（全国に7カ所）。

③ 安置及教養機構（児童養護施設）

遺棄や虐待などの被害に遭った子どもに社会的養護を行う施設（全国に4カ所）。

④ 未婚懐孕安置待産所（助産施設）

未婚で妊婦した未成年少女，若年女性のために出産支援を行う施設（全国に2カ所）。

2）性的虐待や性的搾取の被害者へのカウンセリング

「浦公英諮商輔導中心」（タンポポ・カウンセリングセンター）を全国5カ所（台北・台中・台南・高雄・台東）に設置し，児童への性的侵害防止活動及び被害者への個別処遇とフォローアップ（予後観察）を実施している。同センターは，1994年に台湾で初めて性的虐待や性的搾取の被害者に心理治療的な介入を行う機関として誕生した。

3）ユースサービス

全国5カ所の「青少年關懷服務中心」（ユース・アウトリーチ・サービスセンター）で困難を抱えた少年・少女を対象に個別的，集団的な方法を用いて以下のサービスを実施している。

① 思春期妊娠（妊娠に悩む少年，少女）のためのホットライン（電話諮詢服務）の設置，情報提供，リファー（他の機関の紹介），フォローアップ，緊急保護，里親・養子縁組などの実施。
② 不純異性交遊やドロップアウトなどリスクが高い少年，少女への就学，就業，生活改善などの支援。

③ 地方裁判所の下で，保護観察中の少年を対象に犯罪の常習性を取り除くためのカウンセリングやグループワークなどの更生保護サービスを提供。

4）女性の救済・保護，支援

東南中北各区辦事処が管轄する各服務中心（支援センター）で利用者の秘密遵守や匿名性，安全管理に留意しながら以下のサービスを実施している。

① 虐待の救援，法的支援，治療，予防，及び生徒，教師，市民，専門職をターゲットにした教育と訓練（性的暴力・セクシャルハラスメント，DV，10代の妊娠などに係る家庭教育プログラム，アドボカシー，ファシリテーション，反売春法の成立や反性的搾取のためのキャンペーン，ガールズ・パワー・キャンプの実施）。また，子ども虐待のリスク要因を軽減・除去するための出産準備の支援，産褥期母子の心身状況の把握，養育環境の整備など未婚女性の妊娠・出産期に特化させた介入・支援。
② 地方裁判所から委託を受け，全国8カ所の「法院家庭暴力事件服務処」（地方裁判所家庭暴力被害者支援センター）で，家庭内暴力に遭遇した人々への相談，付き添い，生活救助，法律相談，カウンセリング，グループワークなどを提供。

4　DV被害女性へのソーシャルワーク1──急性期・回復期

前述のように，励馨では，台湾全土にわたって広域的に展開される各種業務に密接な統一と関連を持たせるため，地域を東南中北の4ブロックに区画して4カ所の事業所と13カ所の「分事務所」（各区・支所）を設置し，その全体を「総会」（執行長室，研究開発部，資源部，企画部から成る事業本部）が統括している。台湾北部をめぐっては，北区辦事処及びその傘下に入る台北市，新北市，桃園県の3カ所の分事務所にそれぞれ設置された各服務中心（支援センター）を活

第6章　新移民女性とDV問題

動拠点としている。このうち，台北市分事務所については，台北市服務中心の「社会工作師」が，個別ケースを通じて，支援対象者の有する課題の分析と共有，課題に対する支援策の検討及び役割分担の決定などを行うことにより，センター機能として切れ目のない有効な被害者支援の強化を図る。具体的には，台北市分事務所傘下の浦公英諮商輔導中心，少年服務中心，婦女服務中心，蘭心家園（母子生活支援施設），向晴家園（児童養護施設）などの各機関・施設（ブランチ）の保健・医療，福祉，心理分野の専門スタッフと組織的にケース記録を共有管理しながら，導入から終結に至るまで，アセスメント，支援計画，支援経過，事後評価から成る個別支援過程の全体を継続してモニター（追跡・監視）していく。ここでは，①導入と緊急対応，②施設保護と生活再建，③家族・親子関係の再構成，④就業準備と自立の促進を柱とする個別支援プログラムを中心に，ソーシャルワーカーが被害者とその家族の問題解決に向かって援助的に介入していく一連の行動，及び急性期から回復期，生活期へと至るソーシャルワーク実践のプロセス全般に関わる基本的な枠組みについて以下に述べる。

（1）問題の発見と導入・初期（緊急）対応

　北区辦事処に併設された台北市分事務所の中核を担う台北市服務中心を訪ねた筆者に対し，国際事務専員（international affairs specialist）のソーシャルワーカーは，次のように述べた。

　　「励馨では，1998年の家庭暴力防治法が制定された年に，台北市政府の委託を受け，『台北市龍山婦女服務中心』（女性サービスセンター）において，家庭暴力事例に対するソーシャルワーク実践を開始した。ここ台北市服務中心で対応する家庭内暴力事例の多くは，台北市家庭暴力防治中心，台北市政府社会局など外部の公的機関から委託により送致されたケースである。しかし，励馨では，発見，導入（初回面接）の段階から，傘下の施設・機関（ブランチ）が家庭暴力防治中心と連携しながら被害者・家族と直接的

にかかわるように努めている。早期発見（緊急救援・緊急保護）の体制が制度的にシステム化されるほど，現場にセクショナリズム（縄張主義）が強まり，本当に支援が必要な人をかえって入り込めなくしてしまう。複雑な問題を多く抱え，危機状態にある家族を早期に発見して迅速に対処するため，励馨では，防治中心からの送致ケースを待つだけの姿勢ではなく，民間の特性を活かす形で，当事者にとって，利用（アクセス）しやすく，近づきやすい（接近可能性の度合いを高める），という受け入れ側の条件整備に努めている」。

　外国・大陸出身配偶者をめぐる家庭内暴力事例は，おおよそ全体の1割程度と少ないが，顕在化するのは全体のごく一部にしかすぎず，多くは家庭のうちに潜んでいる。文化的な違いから，被害者自身がそれを暴力と認知できなかったり，問題解決をすでに放棄していたりするなど，支援への動機づけや思考・感情の言語化が乏しいケースが多く，また，ストレートな現れ方をしないところが特徴的である。励馨では，2009年，行政院労工委員会の委託を受け「1955外籍労工24小時諮詢保護専線」（外国人出稼ぎ労働者の24時間ホットライン）をスタートさせた。外国・大陸出身配偶者から就労機会の提供に関する相談を受け，そこから配偶者虐待あるいは雇用者による性的侵害の実態がわかってくる。早期発見（情報収集）のあらゆるチャンネルを開くために，アンテナの裾野を広げておくことが大切であり，マニュアルにとらわれない柔軟な対応や地域に密着した施設開放など，いくつもの相談ルートやあらゆる生活問題に対応するサービスの拡充に努めている。

　また，国を越え（国と国との境界線上で）連携活動を必要とするケースもある。難民申請者や国外への強制退去を命ぜられた女性，実親が行方不明の子ども，実親からの養育が受けられない子ども，無国籍・未就籍の子どもに対する帰郷希望，家族再会援助，国籍取得や就籍援助などが含まれる。このため，励馨では，虐待や性的搾取に反対する国際NGOネットワーク，女性と法，労働，開発に関する情報・知識ネットワーク，アジア・太平洋地域の女性のためのアド

第6章 新移民女性とDV問題

ボカシーネットワークに組織的に参画し[44]、女性の権利擁護に関わる活動家、研究者、専門家たちのグローバルなフォーラムにスタッフを積極的に送り交流を図っている。

「新移民子女」の問題をめぐって、保護令が発令されているケースや、台湾籍の未成年の実子に重大な不利益を引き起こすケースについては、主管機関（内政部移民署）の延期許可を申請できるが（「入出国及移民法」第31条外僑居留証の延期）、律師（弁護士）などの協力により、居（停）留延滞などにより退去・追放処分を避けるための対応を取っている。国際事務専任のソーシャルワーカーは筆者に対して次のことを強調した。

　「我々は職業柄『新移民子女』の問題点ばかりに目が行くが、彼（彼女）らは台湾に多くの活力と多元文化をもたらす新しい重要なエスニックグループのメンバーであり、バイリンガル（あるいはトライリンガル）の能力の優位性から世界のリンクに向かっていく若い力であることを認識し、『新移民子女』のハンディキャップを補えるよう支援することが大切だ」。

（2）施設保護と生活再建への支援

励馨傘下の「受暴婦幼安置庇護所」（母子生活支援施設）は台湾全域をカバーする形で設置され（東区1、南区1、中区1、北区4）、蘭心家園（台北市）、寧馨家園、外籍労工庇護中心（新北市）、育馨園（桃園市）、蘭恩家園（苗栗県）、温馨家園（南投県）、馨天地（台東県）の7施設がある（2011年の利用者数は女性481人、児童302人）。筆者は、「庇護安置業務」（施設ケア）を実地踏査するため、台北市政府社会局の委託を受けて運営する台北市蘭心家園（公設民営型）を訪ねた。そこは100坪の敷地に民家風の建物を並べ中で繋がる構造となっている。ラウンジ、ダイニング、図書室、遊戯室、PC室などのコモンスペースを挟む形で、保護直後の女性と子どもの居室（3室）及び一定期間経過した女性と子どもの居室（7室）を区分することによって生活空間を工夫している。そこで提供されるサービスは、①緊急避難シェルターとしての安全管理、②栄養摂取と基本

153

的生活習慣の確立（衣食住の基本的生活の確保），③受容的雰囲気に基づいた相互信頼の居場所づくり，④レクリエーション活動，子どもの補習復学授業，保育，⑤病院，警察，裁判所への付き添い，などである。併せて，台北市家庭暴力防治中心，台北市政府社会局，警察，医療機関及び北区辦事処などと連携しながら，相談・指導，経済的支援（緊急生活補助，訴訟補助など），カウンセリング，心理治療，医療ケア，就業相談，法律相談（離婚，親権，返済など）を実施している。

また，本人の感情や行動が不安定なケースや本人のニーズと支援者が課題と捉えている点が異なるケースについては，台北市服務中心のソーシャルワーカーが支援コーディネーターとして，本人のニーズに沿った支援を基本としながら，課題に関する認識を各専門職種と共有できるよう活動している。

精神的障害のあるケースや退院ケースなどは，不安感情の軽減や症状の安定化を図ることが社会的自立に向けたスムーズな支援に繋がることから，医療・保健機関との連携が不可欠である。

経済的支援については，「特殊境遇家庭扶助条例」（2000年）に基づいて緊急生活扶助，子女教育補助，子女生活手当，傷病医療補助，児童托育（保育）手当，法律訴訟補助が給付され，低所得世帯補助を受給できない中低所得で困難な状況を抱えた女性及びその子どもに対して補助を行う。外国籍女性を含めてDVや性暴力の被害者もその対象になっている（未婚で妊娠した女性や10代の女性も対象に含まれる）。

また，支援コーディネーターによる面談及び施設スタッフの支援だけでは，本人の心情の把握に至らないケースもあり，効果的で円滑な支援を取り入れていく必要から，より当事者に身近な存在の人々（同じような立場の人，DV被害の経験者など）が関わり，本人の思いや課題などを引き出すピアサポーター派遣事業を実施している。

(3) 家族・親子関係への治療的介入

台湾においても，配偶者間の暴力により子どもに心理的外傷を与えることは児童虐待と規定される。その対処については，「家庭暴力防治法」に「児童及

少年福利與権益保障法」(2011年，児童及少年福利法を改正）を加え[45]，相補的に機能強化を図っている。児童及少年福利與権益保障法第54条では，医療，福祉，教育，保育，警察，司法など児童及び少年の福祉に直接かかわる人々は，児童及び少年が適切な家庭環境の下に置かれていない恐れがある場合は，これを直轄市，県（市）の主管機関に通報しなければならない，と定めている。そして，通報を受けた主管機関は，警察，教育，戸政，衛生，金融管理，労政その他生活，医療，就学，保育など関連する機関と連携しながら，直接目視とアセスメント及び必要に応じて支援を行わなければならないこととなっている[46]。

　また，同法第56条において，直轄市，県（市）の主管機関は，①不適切な養育，②医療ネグレクト，③遺棄，心身虐待，売買，担保（抵当），及び不正行為の脅迫，誘惑など，生命，身体，安全に危険の恐れがある児童・少年の緊急保護を必要とする場合は，安置（施設ケア），その他必要な処置を講じなければならない，と規定されている。これを受け，直轄市，県（市）の主管機関は，虐待を被る，あるいは家庭における配偶者などに対する暴力を目撃した児童・少年（「目睹家庭暴力之児童及少年」）について，それらを「緊急安置」（一時保護）し，「児童及少年家庭処遇計画」を最長3カ月を期限として作成しなければならない[47]。この業務は必要に応じて，児童及少年福利機構（児童福祉施設），団体に委託でき，励馨においても本業務を受託している。「児童及少年家庭処遇計画」は，家族機能評価，児童及び少年の安全，安置（保護）評価，親職教育，心理カウンセリング，精神治療，嗜癖治療，その他の家庭機能障害を回復させるためのあらゆる福祉プログラムから成っていて，児童及び少年本人，父母，子の監護者を対象に実施される（第64条）。その措置の一つに，「親職教育」（ペアレント・トレーニング）があり，主管機関は加害者である父母，監護人に対して8時間以上50時間以下の強制的親職教育補導を受けることを命じることができる（第101条）。

　児童虐待に対処する児童福祉施設・機関の一つに，「心理輔導或家庭諮詢機構」（児童家庭支援センター）がある（「児童及少年福利機構設置標準」第2条）[48]。同機構は，児童及び少年とその家族に心理学的診断と短期・集中治療を実施する

機関である。台北市服務中心はその機能を併せ持ち,前述の「児童及少年家庭処遇計画」はここで実施される。

　筆者は台北市服務中心で実施される「目睹暴力児童服務」(配偶者間暴力を目撃した子ども,心身に虐待を被った子どもへの心理治療プログラム)を視察する機会を持った。このプログラムは社会工作師と「臨床心理師」(政府認定臨床心理士)との連携により実施される親子関係の再構築(母子のありように変化)を促す治療的,教育的な支援であり,養育スキルの習得や子どもへの認知の修正を通した母の対抗力(エンパワメント)の向上,子どもの心的外傷後ストレス障害(PTSD)症状としての外的世界への反応性の減退に伴う意欲喪失,孤立,疎外感情などの治癒,父母間の異文化衝突の把握と子どものアイデンティティ及び社会的役割の確立から成っている。子どもが自身のうちにある心の傷を安心して自由にいえるよう(感情の吐露),スタッフは徹底して寄り添う場面作りを工夫して展開していた。

5　DV被害女性へのソーシャルワーク2——生活期

(1) 家族再統合への支援

　励馨では,家族,親子関係の再構築に向かって多面的な支援が展開されるが,「目睹暴力児童服務」と並んで「収出養」(養子縁組)は支援の重要な柱である。2011年,「未婚懐孕安置待産所」(助産施設)春菊家園(桃園市),春菊馨家園(台中市)の入居者数は38人で,そのうち未成年女子が12人,成年女性が26人であった。地域(在宅)処遇を含め対処した人数は234人で,彼女らが選んだ支援で最も多いのは「自行扶養」(自分で育てる)35.7％,続いて共同扶養(祖父母の支援など)25.2％,「出養」(養親による扶養)17.8％であった。実親の自己決定の原則に基づいて「出養」を強制しないことはいうまでもないが,台湾では,家族再統合への支援において,「繋ぎの支援」と併せて「巣立ちの支援」(家族分離型の支援)を重視するところが特徴であり,子どもがもし家族と暮らせない場合には,里親や養親による永続性の保障が最も望ましい包括的な解決

策とされている。策定されたプランは裁判所によって決定される。里親や養子縁組の重視は，米国のリーブホーム（leave home）の考え方やパーマネンシー・プランニング（permanency planning）の施策の影響を受けている。[51]

　2011年の児童及少年福利與権益保障法改正により，安置及教養機構における「収出養媒合服務者」（養子縁組の媒介活動を行う者）としての役割が重視されるようになった。養子縁組の仲介・あっせん事業は，主管機関から認可を受けた財団法人，公私立の安置及教養機構に限られる（第15条）。「収出養媒合服務者」は，主管機関から業務の委託を受けた後，まず実親を訪問調査し，必要性が認められる場合は適切な養親を探し，「収出養評価報告」を作成する（第16条）。裁判所は，養子縁組の申請を受けた場合，収出養評価報告を精査しその要否を決定するが，認可の場合は，縁組の前に以下の命令を発令しなければならない。

① 直轄市，県（市）主管機関，児童福祉施設，その他の団体あるいは専任職員に対する訪問調査の進行管理及び訪問調査報告書の提出。
② 収養人（養親）と児童及び少年の一定期間内における先行共同生活（試験的な養育期間）。
③ 収養人に対する親職準備教育課程，精神鑑定，薬物・アルコール依存検査その他児童・少年の最善の利益を守るための必要事項の受諾など（17条）。

　台湾では，子どもの人権擁護の観点から養子縁組の条件を，①裁判所が離婚を判決し，②被害者側の親が台湾籍を有する未成年の実子の監護権（親権）をもち，かつ同意する時，③あるいは実子に重大な不利益を引き起こす危険性がある場合など，厳しく制限され，また縁組は国内優先の原則に立ち行われる。[52]

（2）就業準備と自立支援

　内政部統計処が実施した「婦女生活状況調査報告　民国100年」（2011年）によれば，DV対応支援として女性が政府に望むこと（複数回答）で最も多かっ

たのが,「保護・救済」(35.8％) よりも「職業訓練・就業」(44.2％) であった。[53]
2007年,家庭暴力防治法が一部改正され,家庭暴力防治中心の業務に,被害者へのカウンセリング,経済的支援,法律相談,就学相談,住宅支援と併せて,「階段性就業服務」(段階的・支持的・多元的な就業訓練と雇用サービスの提供) が導入された (第8条)。励馨では,本業務の委託を受け,2008年に「経済的自立支援プログラム」を開始した。それは,「準備性就業服務」と「支持性就業服務」の2段階から構成される。[54]

「準備性就業服務」は,傷つき体験の渦中にある危機・混乱期の入居者を対象に,外部と遮断された安全な工作環境の中で,仲間意識を高めながら,自己決定や感情表現 (言語化) を図ることから,作業療法的な要素をもっている。[55]具体的には,励馨附設の馨工房・愛馨工房 (坊) が台北市,高雄市,花蓮市,桃園市,台東県に点在して設置され,そこで製作する「甜心巧克力」(ハニー・チョコレート) はボランティア・ショップやコンビニなどでも市販され,商標として使われるロゴタイプが入居者の自己肯定感や達成感を高めていく。チョコレート製作体験では,活動の成果が実感しやすく,参加者の自信に繋がることや,働くことのイメージの獲得などにより,就職に繋がりやすい。

他方の「支持性就業服務」は,回復期・再建期の入居者を対象にした総合的な就業支援策であり,面接練習,就労を意識した課題克服のためのソーシャルスキル・トレーニングなど,ロールプレーによる社会的適応能力 (就業意欲・職業適性・職業技能) の開発と,母子の生活状況やニーズを踏まえた求人開拓 (地域の雇用情勢の把握,登録支援企業・団体の確保など),一般企業での職場体験 (週3-4日,1カ月程度の継続した就労体験),登録サポーター制度団体サポーターとの連携事業,就職面接の同席などから構成される。[56]2011年,同プログラムでは298人の女性を支援し (外国・大陸出身配偶者は8％),そのうち「準備性就業服務」段階が24.5％,「支持性就業服務」段階が75.5％で,全体の29.5％が就労に至ったが,課題として,職業的自立に向けた公的就労支援機関との連携促進及び企業との協力プロジェクトの立ち上げなど就労支援の充実があげられる。なお,励馨では,「婦女及少女独立住宅」を台湾全域5カ所に設置し (定

員93人）就業の一層の推進を目指している。

おわりに

　新移民 DV 被害女性へのソーシャルワークという特化されたサービスを多面的に，しかもワンストップで記録を共有管理しながら展開する民間団体は日本では未開である。

　励馨では，広域・大規模組織としての特性を活かすべく，外部機関（組織）に繋げた形の連携と併せて，一つの機関（組織）内の各セクションの相補性や互酬性を最大活用することによって，子ども虐待と DV 問題の「狭間」への適切な支援，各種施策・プログラムの円滑な移行など，切れ目のない相談や支援に取り組むことが可能となる。

　とりわけ，多問題を抱えた外国・大陸出身女性の DV 問題は，専門職業的な境界を越えたところで発生する（あるいは制度上の隙間において出現する）。ソーシャルワーカーは，司法・法律，保健・医療，心理・教育，労働など，多くの隣接の専門分野が互いに重なるところで活動するので，こうした状況下ではケース記録の共有管理に基づいたワンストップ型の総合支援が有効である。また，この方法は，ソーシャルワークの視点が漠然とした家族問題の全体よりも配偶者からの暴力という特定の問題に向けられるとき（選択的介入，焦点づけの機能），支援は最も効果的に行われる（家族に連鎖的変化を引き起こす），という考え方に拠っている。以上を含め，励馨のソーシャルワーク支援システムは，日本において具体的にどう支援するか，という点で多くの示唆を与えてくれる。

　最後に，公私連携をめぐって，課題を提起しておきたい。確かに，緊急救援・保護してからの早期対応の多くは民間団体によって提供されており，民間団体を中心として早期対応の機能は定着しているものと考えられる。しかし，こうした家庭内暴力への対応をめぐる課題の多くは，民間のみの対応では難しい，各種の支援施策との連続線上において，公的機関と協力しながら総合的に取り組むべき課題である。支援の適切な水準が担保されるよう，公・民全体で

支援の実施体制を検討していく必要があり，行政による指導・監督・助言を行うための必要なノウハウ・専門性の蓄積が図れる仕組みなど，行政であることの利点を最大限に活かした実施体制を再構築していく必要がある。たとえば，公的機関の特徴的な役割として，各区・支所と連携した一体的な支援の推進やアウトリーチ型の家庭訪問や地域への出張など，民間に比べ多面的な支援が展開できる。また，新たな財政面の支援なしには民間機関での実施が困難と判断される取り組みなど，民間において現状の体制では実践が困難であると思われる新たな福祉課題に対するモデル実施や，関係する行政機関などと連携を密にした取り組みなどが求められる。以上，「公・民の今後の役割」や「公がその役割を担うために必要な機能」について検証を行い，「今後の役割・機能及び実現へのプロセス」を明らかにすることを今後の課題としてあげ，本章をまとめたい。

付　記

　本章の調査を実施するに当たり，財団法人台北基督教女青年会（YWCA）副総幹事の聶浮屏，主任幹事の陳梅容，及び財団法人励馨社会福利事業基金会副執行長の蘇希三，心理諮商部督導の鄧暁平，国際事務専員の趙佳音の各氏に多くの助言や情報をいただいた。そのことを記して謝辞にかえたい。

注

(1)　広井良典・駒村康平編『アジアの社会保障』東京大学出版会，2003年，11頁。
(2)　厚生労働省大臣官房統計情報部編『平成26年　我が国の人口動態　平成24年までの動向』厚生労働統計協会，2014年，32頁。
(3)　曲暁艶「国際結婚に関する研究動向と展望」『東京大学大学院教育学研究科紀要』49巻，2009年，266頁。たとえば，日本は，フィリピンにとって世界第2位の国際結婚相手国である。1989年から2013年までの24年間で，1位の米国の19.4万人に次いで，日本は2位の11.7万人，3位はオーストラリアで3.6万人であった（Commission on Filipinos Overseas. "Number of Filipino Spouses and Other Partners of Foreign Nationals by Major Country: 1989-2013," http://www.cfo.gov.ph/images/stories/pdf/majorcountry8913a.pdf，アクセス日：2014年9月15日）。
(4)　横田祥子「台湾における多文化主義の変容――婚姻移民の増加と変容する『血』

のメタファー」吉原和男編『現代における人の国際移動——アジアの中の日本』慶應義塾大学出版会，2013年，326頁．
(5) 邱汝娜・林維言「邁向多元與包容的社會——談現階段外籍與大陸配偶的照顧輔導措施」『社区発展季刊』105期，内政部社会司，2004年，10-11頁．
(6) 夏曉鵑「女性身体的貿易——台湾／印尼新娘貿易的階級與族群関係分析」『東南亜区域研究通訊』2期，中央研究院，1997年，72-83頁．
(7) 1990年代以降は，ベトナムが経済開放政策によって台湾との交易を拡大し，ベトナム人配偶者がさらに増大していく．
(8) 内政部戸政司「各県市外籍配偶人数與大陸（含港澳）配偶人数按証件分　1987年1月至2013年12月底」（http://www.ris.gov.tw/zh_TW/346，アクセス日：2014年4月21日）．
(9) 教育部統計処「新移民子女就読国中小学生人数統計」（http://www.edu.tw/pages/detail.aspx?Node=407，アクセス日：2015年3月3日）．
(10) 内政部戸政司，前掲資料．
(11) 尹靖水・百瀬英樹ほか「台湾多文化家族の夫の日常生活に関連したストレス問題」『評論・社会科学』97号，同志社大学社会学会，2011年，42-44頁．
(12) Yang, Wen-Shan and Marioes Schoonheim. "Minority Group Status and Fertility: The Case of 'Foreign Brides' in Taiwan," Wen-Shan Yang and Melody Chia-Wen Lu (eds.), *Asian Cross-border Marriage Migration: Demographic Patterns and Social Issues*, Amsterdam University Press, 2010, p. 111.
(13) 葉肅科「外籍配偶家庭——社會資本與社會凝聚力初探」『社区発展季刊』105期，内政部社会司，2004年，133-149頁．
(14) 内政部入出国及移民署『移民行政白皮書』2009年，20-23頁．大陸出身配偶者の場合，入境面談（入国審査）は，2007年から2008年の2年間で，計6万9,391件実施されたが，その構成は，通過許可4万7,834（68.9％），通過不許可9,036（13.0％），再度面談1万2,521（18.0％）であった．
(15) 花澤聖子「台湾の近代化と家族に関する研究動向と今後の研究課題」『東アジアの近代化と社会変動プロジェクト——ベトナム・台湾・中国・韓国・日本における家族と近代化に関する基礎研究』神田外語大学異文化コミュニケーション研究所，2005年，14頁．孟子のいう「不孝有三，無後為大」とは，祖先崇拝（親族の再生行事）を根本とする儒教に由来する考え方であり，親族がこの世に再び帰ってくるためには（永遠の生），魂ふり（招魂）を行う子孫が存在しなければならない，とする．
(16) 衛生福利部統計処「家庭暴力事件通報案件統計」（http://www.mohw.gov.tw/cht/DOS/Display.StaticFile.aspx?d=31892&s=1，アクセス日：2015年3月3日）．
(17) 衛生福利部保護服務司「家庭暴力事件通報被害人籍別及案件類型統計　民国97年

至103年」（http://www.mohw.gov.tw/cht/DOS/DM1_P.aspx?f_list_no=806，アクセス日：2015年3月3日）。
⑱　邱・林，前掲論文，10-11頁。
⑲　王永慈「社會排除——貧窮概念的再詮釈」『社区発展季刊』95期，内政部社会司，2001年，72-74頁。
⑳　Lu, M. Chia-Wen and Wen-Shan Yang. "Introduction," Wen-Shan Yang and Melody Chia-Wen Lu（eds.）, *op. cit.*, p. 24.
㉑　邱・林，前掲論文，6頁。
㉒　韓嘉玲「傭人抑或太太？婦女労働力的跨境遷移——大陸新娘在台湾案例研究」『社区発展季刊』101期，内政部社会司，2003年，163-164頁。
㉓　「就業服務法」（1992年）に基づき，台湾籍がある者の配偶者で台湾に居留すれば，すくに就労できる（第48条）。就労権の保障を，5カ国語対応の人権擁護宣言冊子「大陸及外籍配偶人身安全宣導手冊」を発行して広報している。
㉔　個々の住民を認識するためのIDとして重要な役割を果たす。身分証明の方法として，銀行口座の開設やクレジットカードの発行，ローンの組み立てなどの場で，金融機関によって「国民身分証」の提示を求められることが多い。
㉕　1年に183日以上の居留を4年続けて「長期居留」を申請し，1年183日以上の「長期居留」を2年続けて「定居」が得られる。また，婚姻関係が偽装と認定された場合，申請は無効となり大陸へ送還される。なお，現在，最短4年で「定居」許可申請ができるよう条例の改正が検討されている。
㉖　行政院大陸委員会「陸委会就報載『陸配有人拿到身分証就離婚，造成単親問題激増』之説明」新聞稿編号第28号，2010年4月12日（http://www.mac.gov.tw/ct.asp?xItem=78247&ct，アクセス日：2013年2月11日）。
㉗　内政部統計処「我国離婚件数変動状況分析」内政統計通報，103年第29週，2014年，13頁。有配偶離婚率（有配偶人口千対〔‰〕）は，夫婦共に台湾籍が8.44件に対し，外国・大陸出身配偶者は25.2件（大陸22.4，外籍30.4）と3.0倍であった（4頁）。
㉘　内政部戸政司「近10年外国人為国人之配偶帰化，取得我国国籍人数統計表　94年至103年」（http://www.ris.gov.tw/zh_tw/346，アクセス日：2014年9月2日）。
㉙　町野朔「台湾家庭暴力防治法と加害者更生プログラム」『配偶者からの暴力の加害者更生に関する研究』内閣府男女共同参画局，2003年，149頁。
㉚　本法は，総則，民事保護令，父母子女，予防及び処遇，罰則，附則の7章66条から成っている。
㉛　日本では，暴力や虐待の被害者の範囲を次のように定めている。「配偶者からの暴力の防止及び被害者の保護等に関する法律」（2001年）：「被害者」とは，「配偶者（事実上の婚姻関係にある者及び事実上離婚した者を含む）からの身体に対する暴

第 6 章　新移民女性と DV 問題

　　　力（生命又は身体に危害を及ぼすもの）を受けたものをいう」（第 1 条）。「児童虐
　　　待の防止等に関する法律」（2000年）：「児童虐待」とは，「保護者（親権を行う者，
　　　未成年後見人その他の者で，児童を現に監護するものをいう）がその監護する児童
　　　について行う行為をいう」（第 2 条）。
(32)　尹・百瀬ほか，前掲論文，54頁。
(33)　台湾では，「家庭暴力防治法」及び「性侵害犯罪防治法」に「性騒擾防治法」
　　　（2005年）を加え，「防暴三法」と呼んでいる。
(34)　お茶の水女子大学21世紀 COE プログラム「台湾におけるドメスティック・バイ
　　　オレンス政策調査研究」報告書，2006年，15頁。
(35)　衛生福利部保護服務司「家庭暴力事件通報単位次数分析」（http://www.mohw.
　　　gov.tw/cht/DOPS/DisplayStatisticFile.aspxd=31892&s=1，アクセス日：2014年
　　　3 月31日）。
(36)　保護令は，裁判所の審理に基づいて発令する「通常保護令」（有効期間は 1 年で
　　　2 年まで延長可能），審理の終結前に発令する「暫時（一時）保護令」，及び被害者
　　　が危険な状態にある場合に裁判所の審理を待たずに発令する「緊急保護令」がある
　　　（家庭暴力防止治施行細則第 4 条）。
(37)　2013年の終結件数 2 万2,639件のうち，申立人の割合は，被害者87.9％，警察機
　　　関8.8％，直轄市・県（市）主管機関1.1％となっている（司法院統計処「地方院民
　　　事保護令聲請事件終結情形」『司法統計年報　民国102年』2014年，司法院統計処，
　　　9 -78頁）。
(38)　同前。
(39)　内政部統計処「婦女福利服務統計　民国101年」内政統計通報，102年第19週，
　　　2013年（http://www.sowf.moi.gov.tw/stat/week10219.doc，アクセス日：2013年
　　　6 月 8 日）。
(40)　内政部統計処「推展家庭暴力防治業務」『内政統計年報』（http://www.sowf.
　　　moi.gov.tw/stat/year/list.htm，アクセス日：2013年 7 月17日）。
(41)　許雅恵「新移民女性遭遇性別暴力之様態與風険──文献分析」『社区発展季刊』
　　　143期，内政部社会司，2013年，292-293頁。
(42)　お茶の水女子大学21世紀 COE プログラム，前掲報告書，16頁。
(43)　黄齡萱「台湾女性運動の軌跡──売春児童保護運動から『妓権』労働運動へ」
　　　『技術マネジメント研究』6 号，横浜国立大学技術マネジメント研究学会，2007年，
　　　11頁。
(44)　以下の各団体がある。Association for Women's Rights in Development (AWID),
　　　Child Rights Information Network (CRIN), Coalition Against Trafficking in
　　　Women-Asia Pacific (CATW-AP), International Society for Prevention of

第Ⅱ部　制度編

　　Child Abuse and Neglect（ISPCAN），Working Group on Girls（WGO）．
(45)　同法では，児童とは12歳未満の者，少年とは12歳以上18歳未満の者をいう。
(46)　ハイリスク家族の児童と少年を通報し支援するための規則「児童及少年高風険家庭通報及協助辦法」（2012年）第4条では，直轄市，県・市の主管機関は通報を受けてから10日以内に直接目視を，1カ月以内にアセスメント報告書を提出しなければならない，と定めている。
(47)　緊急安置（一時保護）を行う際は，地方法院（地方裁判所）及び警察機関にこれを通報しなければならない。一時保護は72時間以内とし，それを超える場合は3カ月を限度として（3カ月ごとに更新可能）地方裁判所の承認を得なければならない（第57条）。
(48)　児童虐待に対処する児童福祉施設・機関には，安置及教養機構（児童養護施設）と心理輔導或家庭諮詢機構の二つがあり，安置及教養機構は，失踪，家出，浮浪，遺棄，虐待，未婚の未成年妊婦などを対象に施設ケアと教育サービスを提供する。
(49)　同センターでは，加害者処遇計画の実施機関としての委託を主管機関から受けていない。加害者である父親を家族処遇計画に参画させること（加害者処遇を同一施設で行うこと）に対して（とりわけ被害者の警戒心，恐怖心に）慎重であらねばならない，との考え方からである。したがって，ここでいう家族機能の回復とは，被害者双方の母子関係の再構築を中心に想定している。
(50)　「自行扶養」を選択した場合は，ペアレント・トレーニング，住宅・就業支援，托嬰中心（乳児保育所），社区保母系統（家庭的保育）などの資源仲介を通し，親子関係強化の支援が展開される。
(51)　それは，「保護が必要な子どもに対して，永続的で不変的なケアを提供するための制度的な試み」である。プランの方針は，子どもが一時的，暫定的に家庭の外で生活する期間を可能な限り短くすること，そのために，家庭の復元を強力に支援するか，それが不可能な場合には恒久的なケアができる新しい家庭環境を提供すること，である。
(52)　「出養」は「国内収養人優先収養」の原則に従う（第16条）。
(53)　内政部統計処「婦女生活状況調査報告　民国100年」内政部統計処，2011年，127頁。
(54)　林桂碧・杜瑛秋「家暴受害婦女就業需求與就業服務成效分析──以励馨基金会婦保社工員與就業社工員協力合作為例」『社区発展季刊』130期，内政部社会司，2010年，134-135頁。
(55)　簡単な就労体験を通じ，その仕事に将来就くのではなく，作業を楽しみながら働くことに慣れる，を目的とした自立支援。
(56)　杜瑛秋「受暴婦女就業意願與就業服務需求研究」『台湾労工』隻月刊10期，行政院労工委員会，2007年，53-61頁。

第Ⅲ部　実践編
――変貌する家族と地域への支援――

第7章　「幼児教育及照顧法」の制定と「幼托整合」実践の推進

はじめに

　筆者は，台湾の中西部，彰化県の商業都市，彰化市にある学童保育所併設の私立幼児園を訪ねた。そこは2012年の幼保一元の制度化以前まで「托児所」（保育所）として運営されたところである。幼児園の「教保」（教育・保育）活動課程の実施時間は，制度的に，午前8時から午後4時まで，学期が8月30日から1月20日まで（第1学期），2月11日から6月30日まで（第2学期）とされているが，近隣の各幼児園と同様に，日時の規定枠を超えて「延長教保服務」（延長教育・保育サービス）を実施している。この園では，幼児教育と初等教育の連続性・継続性の推進をキャッチワードに，地域の「補習班」（学習塾）から教師を招き，さまざまな学習プログラムを展開している。その一つが英語学習であり，子どもたちの学習場面での真剣さには圧倒される思いであった。同園のある教保服務員は，これは保育所時代には見られなかった光景であり，少子化時代を生き残るための園の必死の延命策であるという。

　台湾では，1990年代以降，「晩婚・不婚，晩育・不育」の高まりとも相まって，合計特殊出生率の低減が加速し，2003年には，1.24と1.30以下の「超低出生率」に陥った。こうした状況下，2006年，行政院（日本の内閣に相当）経済永続発展会議は，緊急課題として，子どもと家族に質の高い教育と保育環境を保障するため，児童育成に対する公的な責任の明記と総合的な子育て支援策の着実な実施を提言した。これを受け，2008年，行政院は「人口政策白皮書（白書）」を閣議決定し，「少子女化」（少子化），「高齢化」，「移民」の三つを人口政策に係る最重要課題と位置づけた。少子化対策をめぐっては，7項目の基本方

第7章 「幼児教育及照顧法」の制定と「幼托整合」実践の推進

針とそれを先導する40の施策・事業（リーディング・プログラム）が示された。その第1の基本方針は，「次世代を育むすべての子育て家庭を支援する」であり，リーディング・プログラムとして，「幼児教育及照顧法」（幼児教育・保育法）の制定，「居家式托育服務」（家庭的保育サービス），「保母托育費用補助」（保育費用補助），「5歳幼児免学費教育計画」（5歳幼児学費無償教育計画）の実施，及び「児童課後照顧服務」（放課後児童健全育成事業）の拡充が掲げられた。[2]そして，これらのプログラムの目標（乳幼児期からの子どもの発達保障）は，「幼托整合（幼保一元化）政策」を実施することによって達成されるとした（第4章参照）。

台湾では，その後も出生率が低下し，2010年には0.895と1.00を切る状況に突入した。こうした少子化傾向が加速化する中の2012年，「幼児教育及照顧法」が施行され，「幼托整合政策」が本格的に始動した。日本では，2012（平成24）年，認定こども園法が改正され，学校教育と保育を一体的に提供する幼保連携型認定こども園が2015（平成27）年の子ども・子育て支援法の施行に併せスタートした。[3]それは，単一の「学校及び児童福祉施設」として法的位置づけを持たせ，「幼稚園教諭免許」と「保育士資格」を有する「保育教諭」を配置するとともに，単一の施設として認可・指導監督等を一本化するものである。しかし，既存の幼稚園や保育所から幼保連携型認定こども園への認可の申請を義務づけられることはなく，また，従来の幼稚園型，保育所型，地方裁量型認定こども園についても現行通りとなっている。したがって，それはいずれも二元制度を前提とした幼稚園と保育所の共用化や並列的運営であり，就学前の教育・保育を一体として捉え一貫して提供する新たな枠組みとは必ずしも言い難い。[4]こうした中で，台湾の子育て支援施策の最新動向をテーマに考察することは意義がある。本章では，「幼児教育及照顧法」を中心に「幼托整合政策」の概要，経緯，現状，評価，課題について述べ，社会福祉の視点から台湾の子育て支援施策のあり方を検証する。なお，内容の正確性を期すため，本分野で特に使われる語句については原語を併記する。

図表7-1 旧制度（幼保二元体制）の概要

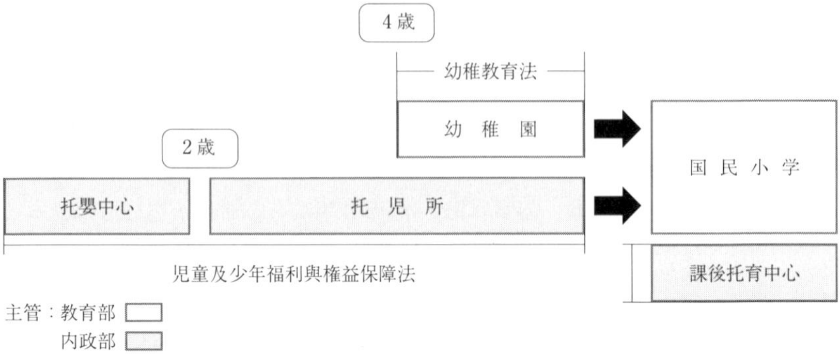

```
                          4歳
                      ┌─幼稚教育法─┐
                      │   幼 稚 園   │ ➡  ┌─────────┐
            2歳                              │          │
┌─────┐┌──────────────┐    │ 国 民 小 学 │
│ 托嬰中心 ││    托 児 所      │ ➡ │          │
└─────┘└──────────────┘    └─────────┘
       児童及少年福利與権益保障法        ┌─────┐
                                              │課後托育中心│
                                              └─────┘
主管：教育部 □
      内政部 □
```

1　「幼托整合政策」導入の経緯

　2012年，就学前の教育・保育を一体として捉え，一貫して提供する新たな枠組み，「幼托整合（幼保一元化）政策」が開始された。それは，「幼児教育及照顧法」に基づく「幼児園」の創設を柱として展開されるが，この新制度の枠組みを理解するため，まず旧制度，すなわち「幼稚園」と「托児所」（保育所）の幼保二元体制下の状況について課題を含め概観する。

（1）旧制度下における幼保二元体制の概要

　「日本の植民地統治を受けた台湾の教育制度の基本設計は日本と同じで，就学前段階に関しても日本と同様の幼保二元制や幼保両業界の対立が残存してきた」。図表7-1に見るように，幼稚園と托児所はそれぞれ別の制度体系で運営され，所管する中央機関も教育部（日本の文部科学省に相当），内政部（日本の旧厚生省に相当）と縦割りで管理・運営も複雑であった。

1）幼 稚 園

　台湾では，幼稚園は1897年日本統治下の時代においてはじめて創設された[6]。しかし，実際に普及するのは，1980年代の高度成長期を経て人々の生活が豊か

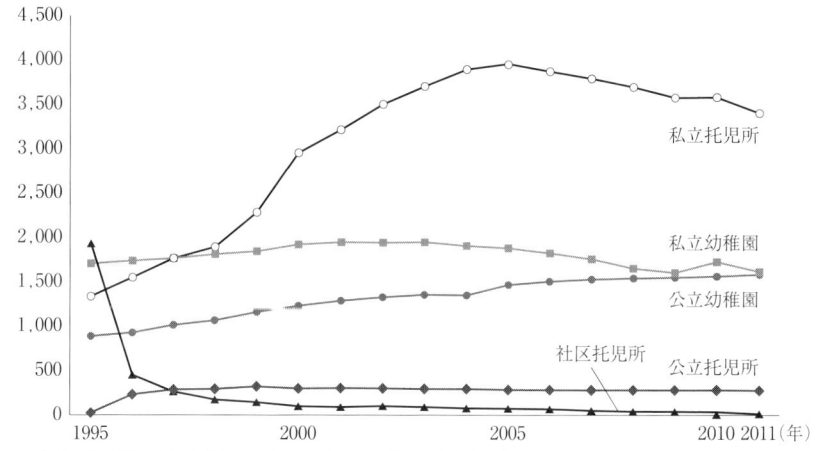

第7章 「幼児教育及照顧法」の制定と「幼托整合」実践の推進

図表7-2 幼稚園、托児所の設置状況

出所：教育部統計処「幼稚園概況——設立別」『主要統計表』(http://www.edu.tw/statistics/，アクセス日：2012年6月30日)，内政部「托育機構概況」『内政統計年報』(http://www.sowf.moi.gov.tw/stat/，アクセス日：2012年6月30日)をもとに筆者作成。

になった1990年代の時期である。[7]

　幼稚園は，「幼稚教育法」(1981年)に基づいて，4歳以上の小学校就学前の児童を対象に，健康，生活，倫理，家庭を柱とした「幼稚園課程標準」(カリキュラムガイドライン)に沿った教育を提供する学校であった。したがって，幼稚園で幼児教育を担う専門職種は教師であり，その要件は，「師資培育法」(教員養成法)(1979年)に基づき，教員養成大学・学部及び教員養成課程を設置する大学において幼児教育課程を修め幼稚園教員証書(免許)を取得した者となっていた。教育部統計処「幼稚園概況——設立別」によると(図表7-2参照)，2011年には3,195カ所に設置され，その比率は公立が全体の49.5％，私立が50.5％となっている。児童総数は18万9,792人で，公立が全体の37.6％，私立が62.4％の比率であった。図表7-2からもわかるように，幼稚園設置総数の比率が，1995年には，公立が全体の34.2％，私立が65.8％であったのが，2005年以降から公立の占める比率が次第に高まり，2011年にはほぼ拮抗する。また，私立は，設置数が公立の1.02倍に対し，児童数が1.66倍であることから，公立

第Ⅲ部　実践編

と比べ収容定員数の規模が大きい，といえる。

2）托児所

　近隣住民や地域の篤志家による個人的な託児（子守り）は，台湾の歴史的資料に散見される。しかし，保育に制度（公）が関与した歴史は浅い。公立托児所の起源は，農民たちが農繁期だけに行う「協助照顧」（共同子育て），すなわち「農忙托児所」（農繁期託児所）であった。それが1951年に時期を限らず常設される「農村托児所」へと発展し，1975年には地域の基本的な区分である「村・里」（県を市・郷・鎮に区分し，その下に村・里を置いている）を単位とした「社区（地域）托児所」として再編された。そしてそれが，1993年，「各県市立郷鎮市立托児所組織準則」を定めたことによって，鎮・郷のより広域な範囲を単位とする「公立托児所」として制度化された。[8]

　従来，托児所は，「児童及少年福利機構設置標準」（2004年）において，児童及少年福利機構（児童福祉施設）の中に位置づけられた「托育機構」（保育施設）として，①2歳未満児を対象とした「托嬰中心」（乳児保育所），②2歳以上の学齢前児童を対象とした「托児所」（幼児保育所），③小学生を対象とした「課後托育中心」（学童保育所）の三つに分類された。托嬰中心と托児所は相互に併設が，そして托児所は課後托育中心の併設ができ，その収托方式（保育方法）は，①6時間未満の「半日托育」，②6時間以上12時間未満の「日間（昼間）托育」，③12時間以上24時間未満の「全日托育」，④保護者が事故や病気などの場合に一時的に預かる「臨時托育」がある。なお，2012年の本法改正により，児童及少年福利機構として托育を行う機構（保育施設）は托嬰中心のみとなった。

　内政部児童局（2013年，衛生福利部社会及家庭署に改組）によると（図表7-2），托児所の設置総数は，1995年には3,288カ所で，公立が全体の0.6％，私立が40.6％，社区が58.7％であった。児童総数については，22万3,353人で，公立が全体の2.0％，私立が50.1％，社区が47.9％の比率であった。それが2011年には，設置総数が3,681カ所に増加し，公立が全体の7.4％，私立が92.4％，社区が0.2％，そして児童総数が24万5,486人で，公立が全体の22.7％，私立が

76.8%，社区が0.4％の比率となった。しかし，公立の設置総数が抑制され，私立も2005年をピークに漸減している。また，2011年現在，私立の設置数は公立の12.6倍に対し，児童数は3.4倍であることから，公立は私立と比べ収容定員数の規模が大きい，といえる。

児童福祉を担う職種は，「児童及少年福利機構専業人員資格及訓練辦法（規則）」（2004年）において，①児童に教育と保育を提供する「教保人員」「助理（補助）教保人員」，②2歳未満の児童に照顧（保育）を行う「保母人員」，③児童に生活全般の照顧を行う「保育人員」の三つがある。そのうち托児所で托育を担うのは教保人員と助理教保人員となっている。教保人員の要件は，専科（短期大学）以上の学校で幼児教育あるいは幼児保育の課程を修め卒業した者，保母人員の要件は，高級中学（高等学校）以上の学校（職業学校を含む）で幼児保育，家政，看護などの課程を修め卒業し「丙級保母人員技術士証」を取得した者，保育人員の要件は，専科以上の学校で幼児教育，幼児保育，家政，看護，青少年児童福利，社会工作（ソーシャルワーク），心理，カウンセリング，教育，犯罪予防，社会福利（社会福祉）などの課程を修め卒業した者となっている。日本では，保育所以外の児童福祉施設にも保育士が配置されるが，台湾では，教保人員，助理教保人員，保母人員，保育人員と資格要件及び配置が必要な施設が細分化されている。

なお，幼稚園，托児所の托育費用月平均額については，3歳未満が1万4,400元（約5万7,000円），3歳以上が7,700元（約3万円）となっている[9]。

（2）計画策定の過程

2012年，二元的制度の限界を克服する試み，すなわち，すべての子どもの発達保障を包括的に一体化して行うために，「幼児教育及照顧法」が施行された[10]。その契機は，1996年，行政院教育改革審議委員会が提出した「教育改革総諮議報告書」であった。そこでは，「推動（推進）教育改革八大重点優先項目（政策上の優先課題)」の一つに「普及幼児教育」が掲げられ，幼児教育がその後の公教育制度（小中学校教育）の基礎を培うために極めて重要な役割を担うことが

第Ⅲ部　実践編

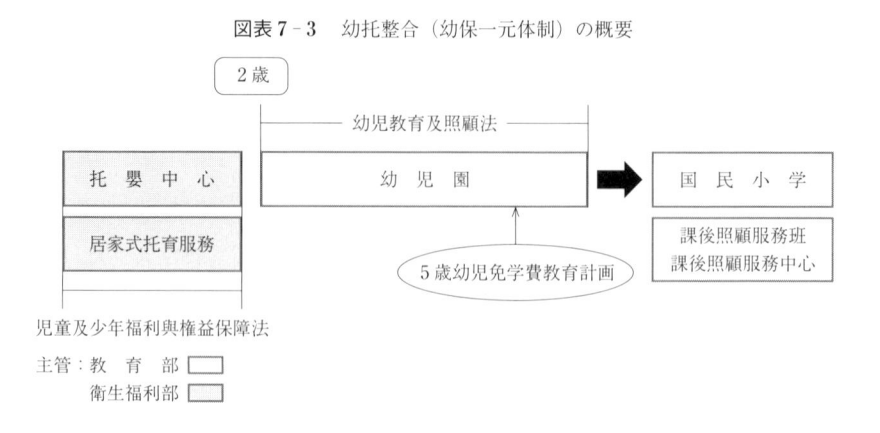

図表7-3　幼托整合（幼保一元体制）の概要

```
                         2歳
                    ┌─────幼児教育及照顧法─────┐
    ┌──────────┐   ┌─────────────────┐        ┌──────────┐
    │ 托 嬰 中 心 │   │                 │        │ 国 民 小 学 │
    └──────────┘   │    幼  児  園    │   ➡    ├──────────┤
    ┌──────────┐   │                 │        │ 課後照顧服務班 │
    │ 居家式托育服務 │   └─────────────────┘        │ 課後照顧服務中心│
    └──────────┘           ↑                  └──────────┘
                      ( 5歳幼児免学費教育計画 )
  児童及少年福利與権益保障法

  主管：教　育　部　□
        衛生福利部　□
```

　確認された。また，経済協力開発機構の調査報告（OECD, Starting Strong, 2001）が影響を及ぼした。すべての子どもに対する教育の公平性と高水準の質の保障が，社会経済全体の発展のために重要な意味を持ち，それへの着実な公的投資が極めて有効な政策手段である，との議論が高まった。そして，これらが「幼托整合政策」に関する本格的議論の場となった2005年の「研商教育部與（及び）内政部所擬（立案）幼托整合方案会議」の構想に重要な影響を与えることとなった。

　1987年の戒厳令の解除を契機に，台湾では，経済の自由化とグローバル化が推進され，経済力の格差拡大が進行していく。それに伴い，子どもの生まれ育った環境により，受けることのできる教育・保育に格差が広がり，幼児教育産業がそれを一層煽る状況が社会問題としてクローズアップされた。英語教育や才能開発教室など過度な早期教育に熱心な商業ベースの幼稚園がある一方で，木造アパートに併設され，活動空間が狭小で通風や採光，衛生条件が劣悪な私立の未認可託児施設が野放し状態で林立していた。私立の幼稚園の間でも，年間の授業料・雑費が9万-30万元と著しく開きがあり，富裕層の子どもは各種の教育サービスをふんだんに受けられるのに対し，教育条件が不利な子どもは厳しい状況におかれていた。こうしたエリート対貧困層・大衆などの階層間の教育・保育格差の問題に加え，都市対地方，離島・僻地などの地域間の教育・

保育格差の問題，そして教育・保育の場で困難に遭遇しやすい先住民族や新移民（大陸及び東南アジアからの移住者）などのエスニシティによる教育・保育格差の問題が，子どもの貧困と教育上の不利益への問題の取り組みを一層複雑にしていた。こうした不平等に対する社会的不満を取り除き，すべての子どもに人生初期からの発達を公平に保障するため，幼児教育，幼児保育の機会を均質化し，その質を確保する（水準を高める）ことが急務の課題となった(14)。このように，社会的，経済的，文化的状況の中で固有の課題を抱えつつ，その解決策として「幼托整合政策」が登場した（図表7-3参照）。

2　「幼児教育及照顧法」の施行

(1) 法の基本的構成と特徴

　2012年に施行された「幼児教育及照顧法」は，総則，幼児園設立及び教育・保育業務，幼児園組織と人員資格及び権益，幼児権益保障，保護者の権利及び義務，幼児園の管理及び指導・助言，罰則，附則の全8章，60条から成っている。この法律は，幼児教育と保育における方針の確立と体系の整備に関する措置を定め，幼児が適切な「教保」（幼児教育と保育）を受ける権利を保障することによって，幼児の心身の健全な成長と発達を促すことを目的とする（第1条）。台湾では，「教育及照顧」，すなわち，「教保」という新しい概念を表す言葉として"educare"という造語が当てられているように，この法律は幼保一元化を，学校と児童福祉施設の性質を持つ施設として「幼児園」を創設することによって目指す。

　第2条では，幼児を2歳以上小学校就学前の児童と規定し，幼児園を幼児に「教保」を提供する施設と定義づけ，そこで職務を担当する人（「教保服務人員」）を園長，教師，教保員及び助理教保員に分類している。園長の資格は，幼児園（本法施行前の幼稚園及び托児所を含む）担仕教師または教保員として5年以上勤務し，主管機関の委託により幼児教育・保育系の大学が実施する研修に合格した者（第19条）(15)，教師は前述の「師資培育法」に基づく幼児園教師資格の

173

規定を適用（第20条），教保員は短大以上学校の幼児教育，幼児保育関連の学科，課程を修め卒業した者（第21条），そして助理教保員は高級中学（高等学校）等で幼児保育関連の課程を修め卒業した者となっている（第22条）。なお，これらの教保服務人員の資格，権益及び管理については，3年以内に法律を定めることとなっている（第23条）。

　幼児園を主管する機関は，中央が教育部，地方が直轄市（中央政府が直轄する都市），県（市）政府であり（第3条），直轄市，県（市）政府の業務には，幼児園の設立，監督，指導及び評価，教保服務人員の監督，指導，管理及び訓練，「親職教育」（ペアレント・トレーニング）の企画と実施などある。なお，直轄市，県（市）政府は公益法人（財団法人あるいは公益社団法人）に非営利幼児園の運営を委託することができる（第9条）。いわゆる公設民営を含む官民協力方式による幼児園の運営である。教育部は，同法の規定に基づき非営利幼児園実施計画を定め，各地方自治体への働きかけを通しその拡大を図っている。

　幼児園の「教保」目標は，①心身の健康の保持，②良好な生活習慣の養成，③生活経験の拡充，④倫理観念の増進，⑤集団適応力の養成，⑥美的感覚の開発，⑦創意思惟の発展など7項目から成っている（第11条）。そして，この目標を達成するための「教保」課程（指導計画）が，身体的・社会心理的ニーズの充足，栄養・保健・衛生・安全の推進，成長・発達促進的な環境と学習活動の提供などから編成される（第12条）。クラス人数の上限及び職員の配置基準は，教保員が2歳児が1クラス16人以下で児童8人につき1人以上，3歳以上1クラス30人以下で児童15人につき1人以上となっている。また5歳以上については，クラスごとに教師1人以上の配置を義務づけている。助理教保員は，教保服務人員総数の3分の1以下でなければならず（第18条），これら職員の他，護理人員（看護師），学前特殊教育教師（特別支援学校教員），社会工作人員（ソーシャルワーカー），「厨工」（調理員）などが契約，兼任，専任などで配置される。

　なお，幼児園は，直轄市，県（市）主管機関による検査，指導，評価の順守を義務づけられる（第45条）。また，2012年，「幼児園評鑑辦法（規則）」が施行され，事業者が事業運営上の問題点を把握し，福祉サービスの質の向上に結び

付けることを目的に，定期的な第三者評価結果の公表及び利用者の適切なサービス選択に資するための情報開示の制度が導入された。

2012年に新制度が開始されたことにより，本法施行前の公私の幼稚園，托児所は，幼児園に変更するための申請を1年以内に行うこととした[18]。申請しない場合は，幼稚園，托児所の設立許可を廃止し許可証書を失効しなければならない。ただし，「児童及少年福利與権益保障法」に基づき「托嬰中心」（乳児保育所）を併設する私立托児所（「兼辦托嬰中心之私立托児所」）は本法施行の日より2年以内に申請し認可を完了しなければならない（第55条）。以下，本法律の特徴について要約する。

1）幼保一元体制の整備

従来，2歳以上就学前の児童を対象とした托児所を内政部が，4歳以上学齢前の児童を対象とした幼稚園を教育部がそれぞれ主管した二頭立ての制度を，新たに「幼児園」を制度化して一元的に受け入れ，それを教育部が主管する（担当部署：国民及学前教育署）。そして，親の就労状況などにかかわらず，すべての子どもに質の高い幼児教育・保育を総合的に提供する。なお，2歳未満の児童を対象とした托嬰中心については，従来通り「児童及少年福利與権益保障法」に基づいて内政部が主管する（2013年，衛生福利部に業務移管）。

2）公的責任・法的規制の強化

政府が，第1に，質の高い教保サービスを低価格で利用しやすく提供すること，第2に，経済，文化，心身，族群（民族），地域（離島・僻地）などにおいて不利な条件におかれた児童に対し，機会の提供を優先することを義務づけた。さらに，第3に，特に公立幼児園は不利な条件におかれた児童を優先して受け入れなければならないこと，政府はこれらの児童が就園を続けるため，実際に要する費用を補助すること（第7条），第4に，公立学校が設ける幼児園は学校附属としなければならないこと（第8条），などを明記した。また，第15条には，教保服務人員の資格が無い者は，幼児園の教保服務に従事してはならないとして，業務独占による無認可施設・無資格者の締め出し，及び教保服務人員に対する研修の義務づけ（毎年18時間以上）を定め規制の強化を図っている。そして，

それらを担保するものとして，2012年，本法第8条規定（基本施設・設備の標準）の具体的基準の詳細を定めた「幼児園及其分班基本設施設備標準」が施行され，建築基準，空間規則，基本施設・設備など最低基準が具体的に定められた。

3）親や家庭に対する支援の強化

本法第14条では，保護者や家族の子育て支援を目的に，幼児園が「社区教保資源中心」（地域子育て支援センター）として機能を発揮し，地域活動とペアレント・トレーニングの発展に寄与することが明記された。子育て相談や園庭開放などにより，幼児園に入所せず地域で生活している在宅の児童や保護者に対する支援の一翼を担うことが期待されるが，児童虐待の早期発見・早期対応，予防・再発防止の観点からの支援についても，「社区教保資源中心」としての取り組みの下で展開する可能性が開けてくる。

また，本法第5章（第34条～第40条）では，「家長之権利及義務」を掲げ，「家長会」（保護者会）の設置，主管機関への資料請求，幼児園への情報開示請求，不服申し立て，アセスメントへの参加，及び保護者の就園に係る契約事項の順守，ペアレント・トレーニングへの参加，幼児の心身健康状況の資料提出などを規定し，子育てへの保護者の主体的参加を求めている。

4）児童の権利保障

本法第4章（第29条～第33条）において，法律の施行にあたって常に尊重されねばならないものとして，「児童権益保障」（児童の権利保障）を掲げ，環境・食品衛生及び疾病予防，安全管理，危機対応，健康管理，保健施設の設置，救急・救命訓練，保険加入などが明記され，基準値の底上げと規制の強化を図っている。

本法の施行により，2011年には，全国の幼稚園数が3,195園，園児数18万9,792人，教師数1万4,918人，職員数4,538人であったのが，2012年には，幼児園数が6,611園，園児数45万9,653人，教師・教保員（等）数4万5,004人，職員数1万4,121人に増加している（園児数は2.4倍）[19]。2012年の幼児園の71.4%，園児の71.4%を私立が占めるが，これは幼児園に統合された当時の旧托児所

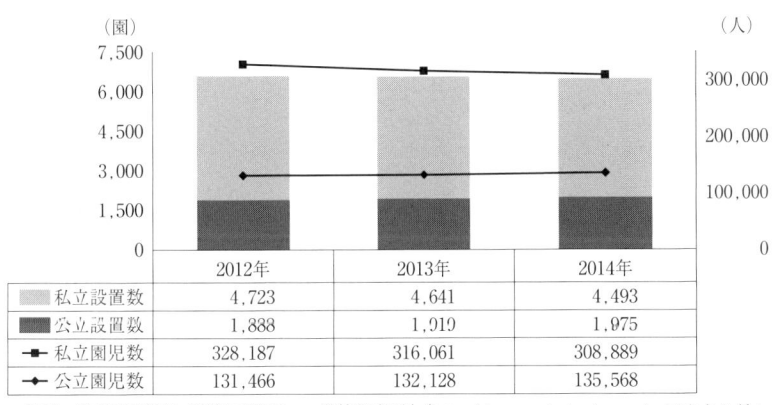

第 7 章 「幼児教育及照顧法」の制定と「幼托整合」実践の推進

図表 7 - 4 幼児園設置数と園児数——公私立別

	2012年	2013年	2014年
私立設置数	4,723	4,641	4,493
公立設置数	1,888	1,919	1,975
私立園児数	328,187	316,061	308,889
公立園児数	131,466	132,128	135,568

出所:教育部統計処「幼児園概況——学校設立別」(http://www.edu.tw/pages/,アクセス日:2015年1月15日)。

(2011年,3,673カ所)の92.6％が私立であったことによるものである。図表 7 - 4 に見るように,その後,公立園が漸増し,2014年には,私立は園の69.5％,園児の69.5％となっている(2012年比で公立園が87園の増,私立230園の減)。3歳未満児(2万9,358人)については,全体の89.6％を私立が受け入れ,園児数に占める比率は公立が2.3％,私立が8.5％であった。なお,幼児園の保育料平均額は,3歳未満で私立が1万4,071元(約5万6,000円),公立が8,802元(約3万5,000円),3歳以上で私立が8,930元(約3万5,600円),公立が4,817元(約1万9,200円)となっている(2013年現在)[20]。

(2) 今後の「教保」基本政策方針

1) 幼児教育の義務教育化

本章の第1節第1項で示したように,幼稚園設置総数の比率が,1995年には,公立が全体の34.2％,私立が65.8％であったのが,2005年以降から公立の占める比率が次第に高まり,2011年には国公立49.5％,私立50.5％とほぼ拮抗する(図表 7 - 2 参照)。筆者の現地踏査から指摘すれば,その傾向は少子化による廃校小学校・空き教室を利用する形での公立施設の拡大である[21]。小学校の生徒総

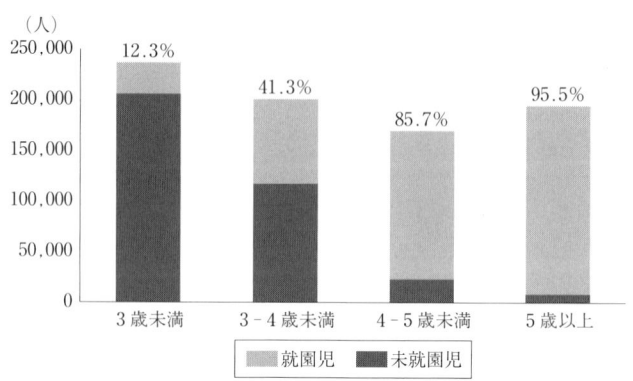

図表 7 - 5　幼児園の該当年齢人口に占める就園率（2014年）

出所：教育部統計処「幼児園概況——学校設立別」（http://www.edu.tw/pages/, アクセス日：2015年1月15日），内政部戸政司「各県市人口数按性別及五歳年齢組分」（http://www.ris.gov.tw/zh_TW/346, アクセス日：2015年1月15日）をもとに筆者作成。

数が，1991年の229.3万人から2011年の145.7万人へと20年間で約4割減少（－36.5%）するという状況下で，今回の幼保一元化の改革は，国民小学（公立小学校）併設型の公立（もしくは公設民営型）幼児園を増設し，5歳以上クラスに教師の配置を義務づけるなど，初等教育との一貫性（幼保小接続）を見据えた就学前児童（preschooler）に強いアクセントを置いた教育重視の改革であることを特徴とする，といえる。台北市の場合，2012年現在，351園の幼児園があり，その内訳は公立156園，私立195園となっている。そして，公立156園のうち，133園は国民小学附属の幼児園であり（公立園の85.3%），また，同市の国民小学は143校あることから，幼児園の設置率は93.0%となっている。

2007年から実施された低所得者層を対象とした保育料免除の経済補助を発展させる形で，2011年，5歳以上の就学前教育の拡大を目的に，所得制限を伴わない「5歳幼児免学費教育計画」が実施された。この補助計画は，公立私立の教育・保育施設に通園するすべての子どもの親への「免学費補助」と低所得など社会的不利な立場の一部の親への「経済弱勢（脆弱）加額（加算）補助」の2種類の補助から成っている。内政部「内政統計通報」によれば，2010年の托育機構（托児所，托嬰中心）及び幼稚園の該当年齢人口に占める就園率は全体と

して36.0％であるのに対し、教育部統計処の資料によれば、2014年では55.3％に上昇している。年齢別では、3歳未満が12.3％、3歳以上4歳未満が41.3％、4歳以上5歳未満が85.7％、5歳以上95.5％であった（図表7-5参照）。このことから、就学前教育は義務教育に制度的には含まれないが、5歳以上はすでに準義務教育的な段階に達している、といえる。

「幼保」と「小」の一貫を強める議論は義務教育を1年下に延長する議論と繋がりを持ってくる。台湾の公教育の現場でフィールドワークを続けてきた山田美香は次のように指摘する。中央政府（教育部）は、9年の義務教育では国際社会に立ち遅れてしまうことへの強烈な危機感から、10年一貫の義務教育の導入を検討している。また、筆者の政府関係者（行政院新聞局：政府広報、2012年、省の再編により廃止）へのヒアリングにおいても、「5歳幼児免学費教育計画」に基づく補助を4歳まで拡大することにより、幼児園クラスを段階的に義務教育化へと持っていき、それに続く初等教育との連続性・継続性を一層強化していく構想があることを確認している。

また、この10年一貫の義務教育システム導入の検討は、「十二年国民基本教育実施計画」と一体化させ実施する施策と繋がりを持ってくる。それは、「高級中等教育法」（2013年）に基づき、9年の義務教育と高等学校等の教育を入学試験制度の廃止と授業料の無償化によって12年の義務教育に統合（一本化）する施策であり（第2条）、公私立の高級中学（高等学校）及び5年制専科学校（高等専修学校）の3年目までの授業料の全面無償化が2014年から段階的に実施されている。現在、台湾は日本と同じ6-3-3-4制であり、「国民教育法」（1979年）において、6-15歳の9年間、国民小学（小学校）及び国民中学（中学校）を義務教育としているが、教育の発展と機会均等の保障を目的に免学費補助を強化しようとしている。

2 ）「教保」範囲の拡大

現在、台湾では、「双薪（共働き）家庭」の増加による「児童課後照顧服務」（放課後児童健全育成事業）への需要が高まっている。それは、国民小学段階の児童生徒を対象にした放課後プログラム（日本の学童保育、放課後児童クラブに相

当）であり，主に小学校あるいは幼児園などに附設されている。

　2012年，「幼児教育及照顧法」に関連して「幼児園兼辦（併設）国民小学児童課後照顧服務辦法（規則）」が同時に施行された。そこでは，「幼児教育及照顧法」第55条の「幼児園に空間的余裕がありかつ主要空間を幼児専用室と放課後児童専用室とに明確に区分できる場合，直轄市，県（市）の主管機関の審査を経て国民小学段階の児童の放課後保育を実施することができる」の規定を受けて，その基準の具体的詳細を定めている。筆者の現地踏査よれば，それは，幼児園の空き教室を利用した民間団体による放課後プログラムのイメージであり，美術・音楽・英語などの才能開発教室，スポーツクラブ，レクリエーション活動，グループワーク・トレーニングなど教育的要素の強いものである。

　2011年，「児童及少年福利與権益保障法」への名称変更に伴い，法律が大幅に改正され，「児童課後照顧服務」の申請，設立，管理，人員資格，施設・設備の改正や施策の検討は内政部児童局から教育部終身教育司（生涯学習部）が行うことになった（第76条）。

　多くの課題を山積させながらも，台湾の幼児教育と保育は，教保（"educare"）の範囲を就学児童まで拡大させることによって，そして同時に，居家式照顧服務（家庭的保育サービス）や托嬰服務（乳児保育）を含めた総合政策として「幼托整合政策」を展開しながら，0歳児から就学後の児童を連続的に見通した幼保一元体制の整備・拡充を目指している。

3　「幼托整合政策」の課題

　前述のように，日本の保育制度改革は，就学前の教育・保育を一体として捉え一貫して提供する新たな枠組みとは言い難い。この点，台湾の「幼托整合政策」は，2歳を境に托嬰中心，幼児園と一本化を図ろうとすることから，抜本的な制度改革の試みが窺える。ここでは新制度をめぐる課題について，日本への示唆を含め考察する。

第7章 「幼児教育及照顧法」の制定と「幼托整合」実践の推進

（1）教育と福祉の連携推進

　台湾の「幼托整合政策」は，就学前教育の標準化（「教保」と「小」の一貫性，すなわち「保幼小接続（連携）」の重視），とりわけ5歳児以上の準義務教育化を目指した年長児童に軸足を置いた施策である。これに対し，改正認定こども園法に基づき2015（平成27）年の子ども・子育て支援法の施行に併せ実施された日本の幼保連携型認定こども園は，保育所の受け入れ枠が不足する一方で幼稚園の定員に余裕があるため，現行の教育のみの受け入れ児童数から保育が必要な児童の定員への振り替えなどによって，幼稚園の施設を保育に使って待機児童を減らそうとするのが主な狙いの一つである。この待機児童の約8割は3歳未満児であることから，日本の幼児教育と保育を一体的に提供する構想は，乳児の受け入れ枠の拡大など0-2歳児の提供体制の確保を重視する施策と連動させたものであるといえる。2010（平成22）年，主に3歳未満の児童を保育者の居宅などで保育する家庭的保育事業（居宅その他の場所において，家庭的保育者による保育を行う事業）を児童福祉法上の事業として法律上位置づけた（第6条の3第9項）ことも，そのことを物語る。

　台湾の年長児中心の教育を重視した「幼托整合政策」は，2歳未満の低年齢児対策の制度的な切り離しの問題を引き起こす。托嬰中心（乳児保育所）は幼児園とは別の法体系で扱われ，幼児園が托嬰中心を附設した場合，一方が教育部国民及学前教育署（初等・幼児教育署）で他方が衛生福利部社会及家庭署と主管が別々に分かれてしまい，乳幼一体併設型のメリットを活かした運営が難しくなってくる。このため，主管を統一し，併設化（乳幼一体化）を今後の課題として検討していくという考え方もあってよい。

　また，新制度の下で福祉が後退することによって，「托嬰中心」「早期療育機構」（児童発達支援センター）「安置及教養機構」（児童養護施設）「心理輔導或家庭諮詢機構」（心理サービス・家族カウンセリング機関）など衛生福利部が主管する児童福祉関連施設・機関との連携が困難になることが予測される。さらに，緊急ケースなど年度途中の入所に係る一定数の入所枠の確保，障害のある子どもの入所，虐待を受けた子どもや配慮を要する子どもの入所，一時保育や延長・

夜間保育など保育ニーズの多様化への福祉的な対応をどうするかが問われてくる。今後は，幼児園において，その実践を検証し，教育と福祉の連携に反映させる体制を確立するなどの検討も必要である。

　新制度では，公立幼児園の①貧困世帯，②障害のある子どもの家族，③ハイリスク家族を「弱勢家庭」(特別な支援を必要とする家族)として捉え，これらの家族への支援をモデル的に先行実施することを謳っているが，入園の勧奨や緊急保護措置のシステムなどの細則についてはこれからである。しかし，「弱勢家庭」に対する公立幼児園中心の対応策の明示を逆からいえば，その対応については，私立幼児園は必要としない，といっているのも同然である。地域全体の「教保」の質の維持・向上は行政と民間とが共同して取り組むべきことであり，財政面の支援なしには私立幼児園での実施が困難な家族支援について，まずは公立幼児園においてモデル的に先行実施し，その実践を十分に検証したうえで，民間における取り組みへと反映させるシステムも必要とされる。

　また，新制度では，5歳以上はクラスごとに教師1人以上，4歳以下は教保員となっているが，境界線の根拠が曖昧で，教保サービスを提供する各種専門職にとって，実践における境界線上の違いを構成するものは何かを含め，境界の再定義づけは不可避である。いずれにしても，これまで以上に分野の違う専門職種の間でさらなる連携が求められる。こうした状況の下で，教保員は他系列の専門職との関連で，独自な専門職業的アイデンティティを確立する必要に迫られている。それを怠ったとき，他系列の隣接専門職種との関係は，対等な関係としてではなく，序列化され，ときには吸収されてしまうことも起こり得る。教保員は決して安泰ではない。

(2) 総合的な放課後児童対策の整備

　女性の社会進出が拡大していく中で，2000年代に入り，放課後に児童を集めて世話する民間(営利有償型)の「安親班」が台湾全土に急増した。経営主体が民間の托児所や幼稚園，英語教室，学習塾と多様であり，内容的にも統一性が無く，また費用負担が月4,000-6,000元と高いことや受験競争を煽ることか

ら，当時，社会的問題となっていた。このため，2003年，内政部児童局は「国民小学辦理児童課後照顧服務及人員資格標準」(2012年廃止)に基づき，公立小学校に学童保育所の設置を進める形で放課後児童対策に取り組んだ。

　2011年，幼保小接続(連携)における学童保育の役割を重視した政府は，中央主管機関を内政部から教育部終身教育司(生涯学習部)に移管し，法律上の根拠をより明確化させるため，2012年，「児童課後照顧服務班與中心設立及管理辦法」(放課後児童クラブ及びセンター設立管理規則)を施行した。同法では，児童課後照顧服務(放課後児童健全育成事業)を放課後の時間帯に小学生の遊びの場・自主的な学びの場を提供し，児童の健全育成と父母の就労支援を促進する事業であると規定している。また，同法では，①公立・私立小学校の放課後児童健全育成事業を児童課後照顧服務班(放課後児童クラブ)，郷(鎮・市・区)の公所(公民館)及び民間団体の児童健全育成事業を児童課後照顧服務中心(放課後児童センター)と呼ぶ，②公立小学校及び公民館は放課後児童対策の業務を民間の施設・団体に委託することができる，③1クラス児童15人(最大で25人)を原則とし，室内及び室外活動面積を児童1人につき1.5m²，2.0m²以上とする，④クラスごとに心身障害児2人の受け入れを原則とする，⑤公立の放課後児童クラブは，困窮家庭の児童，心身障害児，先住民族の児童を優先して無料もしくは減免で受け入れなければならない，ことなどを定めている。

　職員の配置及び資格については，課後照顧服務人員(放課後児童支援員)を児童25人ごとに1人以上として，①幼児園教保員，助理教保員，②国民中小学教学支援工作人員，③大専(短大)卒業以上，④高校卒業後，180時間以上の研修・訓練のうち一つを満たすことが条件となっている。国民中小学教学支援工作人員とは，英語及び第二外国語，先住民族及び客家，閩南の言語，芸術・人文，その他の特定領域に専門的な知見のある人のことで，多くの班やセンターで，地域にいる特技やキャリアを持つ大人たちを発掘し，子どもたちに伝えるプログラムを積極的に実施している。筆者は，これらの教学支援工作人員の活動を見て，学校という枠の中だけで教育を考えるのではなく，地域との関係で教育への取り組みを進めていく米国のアフタースクールの活動との近似性が高

いことを実感している。

　一方，日本では，2015（平成27）年からの子ども・子育て支援新制度の実施に当たって，①放課後児童クラブ事業の対象が小学校3年生までから6年生まで拡大する，②面積が児童1人につき1.65㎡以上，③支援の単位を構成する児童の数は40人，支援の単位ごとに2名以上の職員を配置する，④放課後児童支援員の要件を社会福祉士や保育士資格などを持ち，都道府県知事が行う研修を修了した人とする，などの基準（国基準に基づき各市町村が条例により定めた設備・運営の基準）が適用されることとなっている。

　また，次世代育成支援対策推進法に定める行動計画策定指針に基づき「放課後子ども総合プラン」（2015年）が策定され，2019年までの5年間で放課後児童クラブの利用者数を90万人から120万人に増やし，学校施設を徹底活用した一体型を中心とした放課後児童クラブ（厚生労働省所管）及び放課後子ども教室（文部科学省所管）の計画的な整備を進めることとなった。本プランは，全ての児童が一緒に学習や体験活動を行うことができる共通のプログラムを実施するなど同一の小学校内で二つの事業を実施し，また小学校外で実施する場合も二つの事業を連携させる計画である。

　日本と台湾を比べた場合，軸足の置き方が親の就労支援と幼保小接続の違いがあるが，法律に定める設備・運営の基準を満たした放課後児童対策が求められる点で共通の課題をもっている。量的な拡大に伴う必要な人員や実施場所の確保（最低限基準を満たした運営），児童の年齢に応じた支援が行えるような研修科目の体系化や職員の処遇改善，人材育成の手法など，多くの課題が山積している。

おわりに

　子どもの成長や発達は乳幼児期とそれ以降で連続しており，幼児園は乳幼児期，児童期全体を視野に入れた一元化施設である。[34]幼児教育・保育は，義務教育及びその後の教育の基礎を培うものであり，子どもたち一人ひとりの状況や

取り組みの成果を適切に小学校に引き継ぐことが，「育ち」の連続性の観点からも重要となる。少子化対策とは，政府・行政から見れば子どもの数を増やしていくことであるが，親から見れば一人の我が子を大切に育んでいくことを意味している。こうした一元化の流れの中で，教保員は親の側に立って，子どもの「育ち」の連続性を保障するという発想法がいよいよ求められる時代となった。

彰化市の財団法人格を持つ私立幼児園に長年勤務するベテランの教保員が筆者に語った次の言葉は印象的であった。「一口に家族支援といっても，幼稚園と保育所とでは異なり，それは教育的アプローチと福祉的アプローチの違いでもある。教育は親ができるようにと家庭教育プログラムなどを通して親の責任を強調するが，福祉は一緒にという姿勢が強く徹底して親に寄り添うところに違いがある」。この言葉は，教育的要素が強まる方向での幼保一元化の問題点，あるいは学童保育のアフタースクール化の問題点を鋭く指摘しているのかもしれない。

注
(1) ARC国別情勢研究会『ARCレポート2010/11 台湾』ARC国別情報研究会，2010年，106-107頁。
(2) 内政部「少子女化社会之対策」『人口政策白皮書——少子女化，高齢化及移民』内政部，2008年，57-75頁。
(3) 第3条第3項：「幼稚園及び保育所等のそれぞれの用に供される建物及びその附属設備が一体的に設置されている場合における当該幼稚園及び保育所等（以下「幼保連携施設」という。)」
(4) 仲村優一ほか監修『エンサイクロペディア 社会福祉学』中央法規出版，2007年，108頁。
(5) 一見真理子「ECECの一層の進展目指し努力——韓国，台湾の乳幼児期教育と保育の現況を見る」『内外教育』5981号，時事通信社，2010年，2頁。
(6) それ（台湾最初の幼稚園）は，台南で日本の制度に倣って開設された「台南共立幼稚園」である。そして1900年には，台北に日本人の子弟を対象に「台北幼稚園」が開設された。
(7) 泉千勢ほか編著『世界の幼児教育・保育改革と学力』明石書店，2008年，242頁。

⑻　陳娟娟「公立托児所的美麗與鋭変」『研習資訊』27巻4期，台北市立教育大学，2010年，3頁。
⑼　行政院主計処「婦女婚育與就業調査結果綜合分析　民国99年」2010年，6頁。
⑽　一見，前掲論文，2頁。
⑾　教育部国民教育司「教育部籲請各県市積極配合辦理幼托整合改整合改正前置作業」『即時新聞』2011年8月2日（http://www.edu.tw/news1/，アクセス日：2011年8月31日）。
⑿　泉千勢ほか編著，前掲書，242頁。
⒀　山田美香『公教育と子どもの生活をつなぐ香港・台湾の教育改革』風媒社，2012年，165頁。
⒁　一見，前掲論文，2‐4頁。
⒂　幼児園園長専業訓練辦法（2012年）において180時間以上の研修が義務づけられている。
⒃　「師資培育法」第3条：「『師資培育之大学』とは，教員養成大学・学部，教員養成課程を設置している大学を指す。」第8条：「教員養成の大学で学ぶ者の修業期間は4年を原則とする。」
⒄　2012年，本法第21条規定の基準を定めた「幼児教育幼児保育相關系所科與輔系及学位学程学分学程認定標準」が施行され，幼児園教保実習4単位を含む13教科32単位を最低基準と規定した。
⒅　第55条：「本法施行前，すでに『児童及少年福利與権益保障法』で許可を得て托児所を運営している者は，本法施行の日より2年以内に業務を停止しなければならない。」
⒆　行政院主計総処『統計年鑑　民国102年』行政院主計総処，2014年，59頁。
⒇　行政院主計総処『婦女婚育與就業調査報告　民国102年』行政院主計総処，2014年，20-21頁。
(21)　これを裏づける資料として，台湾の代表的な全国紙『聯合報』が行政院内政部次長・簡太郎の言として次のような記事を掲載している。
　　　「政府は公立幼児園の増設を政策方針としているが，主管機関である地方政府が廃校あるいは空き教室を利用して公立幼児園を設置するのはそれほど困難なことでない」（『聯合報』聯合報股份有限公司，2010年9月6日）。
(22)　教育部統計処「国民小学概況」『主要統計表』（http://www.edu.tw/statistics/，アクセス日：2012年7月3日）。
(23)　台北市政府教育局による資料提供に依拠している。筆者の政府関係者へのヒアリングによれば，国民小学附設幼児園は米国のプレスクールを雛形として構想されているという。それは，5歳児を対象に公教育に組み込まれ小学校の一部として敷地

内で運営される１年間の幼児教育クラスであり，ほとんどの地域の小学校に併設されている。

⑷　内政部統計処「托育機構概況　民国99年底」『内政統計通報』26週，2011年（http://sowf.moi.gov.tw/stat.week/，アクセス日：2011年８月31日）。

⑸　日本では３‐５歳の該当年齢人口に占める就園率は2011年で幼稚園49.9％，保育所39.2％，計89.1％であった（文部科学省生涯学習政策局調査企画課『教育指標の国際比較』2013年，１頁）。

⑹　山田，前掲書，100頁。

⑺　就学前教育は義務教育には含まれないが，総統の馬英九は，2011年元旦，「中華民国100周年祝辞」において，学費無償化を段階的に４歳から３歳へと拡大すると述べた（「馬英九総統2011年元旦，中華民国100周年祝辞」『台湾ニュース』台北駐日経済文化代表処，2011年１月３日）。

⑻　教育部「十二年国民基本教育実施計画草案諮詢公聴会手冊」（教育部国民教育司による資料提供）。

⑼　学童と幼児の活動室を明確に区分し，混合クラスの編成は許可しない，学童の人数は幼児の人数の２分の１を超えない，１クラス30人以下，放課後児童専用の室内活動室があり，１クラスの面積は学童15人以下30㎡，16人以上60㎡以上，職員配置は学童20人につき１人以上など。

⑽　これは子どもの安全を守り生活を支援する「福祉」から，自己発見や社会性の発達など学びに力点を置く「教育」を重視することであり，これもまた米国のアフタースクールを雛形にしたものであるといえる。米国では，市民ボランティア（NPO）による放課後プログラムが小学校を中心に広く実践されている。

⑾　教育部国民教育司「幼托整合方案」『即時新聞』2009年２月10日（http://www.edu.tw/news1/，アクセス日：2011年８月31日）。

⑿　厚生労働省「保育所関連状況取りまとめ（平成26年４月１日）」2014年，４頁。同年の待機児童数は２万1,371人で，その内訳は０‐２歳が84.5％，３歳以上が15.5％であった。

⒀　「児童及少年福利機構設置標準」に規定された托育機構の収托方式は，2012年の法改正により，托嬰中心にのみ適用されることとなった。

⒁　小宮山潔子「日本の就学前教育・保育の状況と政策の方向──諸外国と比較しつつ日本の今後を考える」『海外社会保障情報』173号，国立社会保障・人口問題研究所，2010年，12頁。

第8章　高まる「社会工作師」の需要

はじめに

「社会工作師」という政府認定のソーシャルワーカー（licensed social worker，以下，社工師）の誕生は，台湾の戦後政治史と密接なかかわりをもっている[1]。台湾では，1987年に戒厳令が解除されて以降，民主化が急速に進展し，2000年からの民主進歩党・陳水扁政権のもとで，社会福祉サービスの多元的拡充策の基本方針として民営化（privatization）が示された。そして，この概念が，その後次第に，公的施策の民間委託やNPOの協力などの狭い範囲から，政府の市場刺激策による営利（有償）型の民間セクターの開拓へと拡大した[2]。当時，政府は，社会福祉サービスに対する市民のニーズが増大する状況下で，同時に財政的な抑制の必要に直面していた。そして，この困難を打開する戦略として社会福祉サービスの民営化は，最善の方策であると認識された[3]。この方針は2008年に総統選挙で勝利した国民党の馬英九政権にも継承され，2009年，施政方針「愛台12建設」（2009-2016年の7年間で政府が最優先で推進すべき12項目の重大政策）の中の一つとして「六大新興産業」を策定し，「医療照護（医療・介護）産業」育成の具体的指標が示された[4]。

こうした社会福祉サービスの自由経済市場への移行（marketization）は，新興勢力の参入と競争激化を促し，付加価値（機能・品質・ブランド力）の付与による「商品化」（commodification）をもたらした[5]。そして「商品化」に伴う差別化戦略の一翼として，「社会工作師」と呼ばれる政府認定ソーシャルワーカーの役割が重要視されるようになっている。

本章では，まず，社工師の成立とその後の発展を概観し，次に，社工師の需

要が高まる社会的背景について考察する。そして，これを踏まえ，社工師の今後の方向性に関し課題を含めいくつか予測を試みる。

1 ソーシャルワークの発展と「社会工作師」の誕生

莫藜藜はソーシャルワークの歴史的発展を次の4段階に区分する。

① 1949-1974年：萌芽的段階（米国のソーシャルワーク教育方式の移入）。
② 1975-1989年：基礎固めの段階（ソーシャルワーク制度化へ向けた取り組みの蓄積・強化）。
③ 1990-1999年：「黄金時代（黄金十年）」の段階（ソーシャルワーク専門職制度〔公的資格〕の導入と養成教育の発展）。
④ 2000年～現在：持続的発展の段階。[6]

（1）ソーシャルワークの歴史

1950年代から1960年代にかけ，米英などの連合国による寄付プログラムにより，台湾から多くの留学生（第1世代）が渡米した。台湾への福祉援助の必要性を感じた米国は，彼らのソーシャルワーク関連コースでの学習を強力に支援した。そして，米国流の対人援助の方法を会得した彼らは，この「進取の精神」を台湾へ移植した。[7] 同時期，台湾では，連合国の支援を得て，生活困窮者への救援物資の適正な分配を目的に「社会服務部」（社会事業部）が，1953年，台湾大学医学院付属病院（台北市）に，続いて，1956年，長老教会医院馬偕紀念医院（台北市）に，そして，1963年，長老教会医院彰化基督教医院（彰化市）に設立された。[8] こうした歴史的背景から，台湾では，「医療福利」（医療福祉）が台湾社会工作専業（専門職）制度の主要推手となった。[9] 1971年，米国の海外宣教団体から派遣されたアン・マガート（Ann McGirt，漢名：馬安伶）によって彰化基督教医院に「社会工作部」（ソーシャルワーク部）が設置された。これが台湾最初の正式な「医務社会工作」（医療ソーシャルワーク）の名称の使用であ

るといわれている(10)。それは，患者と家族の疾病と関わる社会，心理的な問題解決を支援するものであった。これを契機に，患者の生活全体への理解がより良い治療（医療）に繋がることが認識され，パラメディカル人材（医師以外の医療従事者）の専門性が問われ，専門職としての必要性が指摘された。1970年代には，公私立大学の付属病院を中心に「社会工作室」が順次設立され，そこで「社会工作人員」（ソーシャルワーカー，以下，社工人員）を採用した(11)。

　1970年代に入り，急激な工業化に伴う貧困・格差，不安定就業・失業などの生活問題が深刻化した。こうした状況の下，一部地域の民間団体により，「家庭救助工作」の一環として「社会工作」の方法が取り入れられた。1970年代初め，政府は「台湾省各省轄市設置社会工作員実験計画」を開始し，基隆市，台中市，台南市，高雄市の4市に10名の非常勤社工人員（1年契約）を採用し，地域改善と貧窮家庭の訪問指導を重点業務として実施した。その後，実験的設置の範囲と規模を拡大させ，「台湾省推行社会工作員制度計画」へと発展させるが，その中で，社工人員の役割が，①防治家庭問題，健全家庭功能（家族問題の予防・再発防止，家族機能の強化），②補導青少年，服務老人（青少年補導，高齢者サービス），③啓発社区意識，健全社区発展（地域の風土づくり），④その他福利服務（福祉サービス）の連携・協働，と規定された。これが公的な社工人員制度の始まりである(12)。

　また，1987年の戒厳令解除を契機に，民主化が急速に活発化した。同年，「医療機構設置標準」が施行され，総合病院，精神科病院，慢性期病院などにおける社工人員の必置と資格要件などが規定された。市民の権利意識が大きく向上し，生活に密着した問題に関心が注がれ，それが，住民運動の高まりと民間非営利組織の誕生を促した。1989年，「中華民国社会工作専業人員協会」（2000年「台湾社会工作専業人員協会」に改名）が設立された。1995年の台湾最初の皆保険制度・全民健康保険法の実施をはじめ，市民の社会的ニーズへの認識の高まりにあわせて，各種の社会保障・社会福祉関連法が制定された。台湾では，1990年代を「社会福利と社会工作発展の黄金時代」（the Golden Age）と呼んでいる(13)。

1990年代以降，政府は，福祉法令を順次施行し各種社会福祉サービスを多元的に拡充させるが，その実施に際して，主に公設民営や業務委託の方式を採用した。この方式が民間セクター（営利部門・非営利部門）の拡大を促し，併せて多くの社工人員が採用された(14)。こうした社会福祉サービス発展の過程が，ソーシャルワーカーへの需要をさらに増大させ，1997年，台湾最初の社会福祉職に関する政府認定の資格取得の制度である「社会工作師法」（Professional Social Worker Act）が成立する。そして，2000年代に入り，「児童及少年福利機構専業人員資格及訓練辦法」（2004年），「老人福利服務專業人員資格及訓練辦法」（2007年）など社工人員に係る資格法が順次施行され，資格要件の一つとして社工師が規定された。

（2）養成教育への米国の強い影響

台湾のソーシャルワーカー養成教育は，1955年，社会行政に係る人材の養成を目的に「省立法商学院社会学系社会工作教育科系」（現・国立台北大学社会科学院社会工作学系）を設立したことを始まりとする。その後，「社会工作」の役割・機能を十全に果たすために，大学で基礎的な能力の育成を体系的に図っていくことが必要であると認識され，このことがソーシャルワーク教育発展への道筋をつけることに繋がった。1963年，「中国文化学院社会工作学系」（現・私立中国文化大学社会科学院社会福利学系），続いて1973年「台湾大学社会科学院社会工作学系」，1974年「東海大学社会科学院社会工作学系」へと拡大し，1973年から1986年の10年間に，社会工作学系（組）が10大学に設立された(15)。これらの大学にソーシャルワークプログラムを設置するための推進者として役割を担ったのは，1970年代から1980年代にかけ米国で学んだ第2世代の留学生たちであった(16)。

台湾のソーシャルワークは，戦後，米国の影響を受け，医療ソーシャルワーク部門を中心に発展したことから，医療分野で働く人々が多く（図表8-1参照），そして，実践・方法において臨床的な要素が強い，といえる(17)。米国では，州公認の臨床ソーシャルワーカー（licensed clinical social worker）が治療的要素

図表 8-1　六大領域ソーシャルワーカー人数推計（2020年時点）

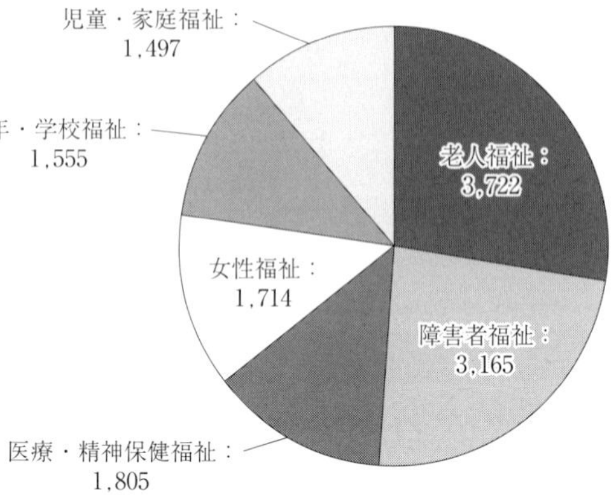

- 児童・家庭福祉：1,497
- 少年・学校福祉：1,555
- 女性福祉：1,714
- 医療・精神保健福祉：1,805
- 老人福祉：3,722
- 障害者福祉：3,165

出所：呂寶靜「眺望2020年台湾社会工作専業発展之趨勢」2009年年会『因應風険社会——社会工作的終身専業成長』検討会論文，台湾社会工作専業人員協会，2010年，11頁，及び衛生福利部統計処「社会福利工作人員数」「精神医療資源現況」「医療機構及其他医事機構概況」（http://www.mohw.gov.tw/cht/DOS/Staitistic.aspx ?f_list_no=312&fod_list_no=4185,5474,5538，アクセス日：2015年8月23日）をもとに筆者作成。

の強い臨床的な実践を個人・グループ開業で行うこと（private practice）が一般的である。臨床ソーシャルワーカーとは，修士以上のソーシャルワーカーを対象にした各州の最上位ランクのライセンスであり，多くは主に精神保健領域で実践している。台湾で最初に設立されたソーシャルワーカーの専門職業団体は，中華民国医務社会工作協会（1983年）であり，前述の台湾社会工作専業人員協会（1989年）よりも早い。また，教育部「大学校院学科標準分類」（文部科学省の「学科系統分類表」に相当）では，9領域のうち，社会工作を「医薬衛生及社福領域」に分類している。また，張瑜芳の次の指摘，すなわち，「1990年から2008年までの間，台湾のソーシャルワーク系大学で教育に携わるスタッフの51％が米国で学位を獲得し，台湾で刊行されているソーシャルワークや社会福祉の教科書に示された引用文献のうち，米国の刊行物からのものが54.6％，一方，中国語文献は40.0％に過ぎない（残りを英国と日本が分け合う形）」ということも，台湾のソーシャルワークが如何に米国の影響を受けたものであるかを

図表8-2 「社会工作師法」の概要

```
社会工作師法（1997年）の制定
  総則、資格取得、執業、社会工作師事務所（個人・グループ開業型）、公会
  （社工師公会全国連合会）、罰則など全51条

社工師の定義（同法第2条）
  「社会工作の専門的な知識と技術を用いて、社会的機能の回復、促進を目的に、
  個人、家族、集団、地域を援助する専門職業者をいう。」

社工師の業務（同法第12条）
```

1. ・行為、社会関係、婚姻、社会適応などの問題の社会・心理学的な評価と処置
2. ・社会福祉関連法に定める保護的業務
3. ・個人、家族、集団、地域への予防的、支持的サービスの実施
4. ・社会資源の発掘、調整、運用、分配
5. ・社会福祉計画の立案・管理、研究開発、スーパービジョン、教育訓練等の業務
6. ・社会福祉権利の擁護
7. ・その他、中央主管機関、事業主管機関が認定する業務

物語る。

(3)「社会工作師法」の成立

「社会工作師法」は、①ソーシャルワークの専門職業体系の確立、②ソーシャルワーカーの専門職業的地位の促進、③ソーシャルワーカーの権利と義務の明示、④利用者の権益保護を目的に制定され（第1条）、総則、資格取得、「執業」（業務）、「社会工作師事務所」（social worker office、以下、社工師事務所）、「公会」（協会）、罰則、附則の全文51条より成っている（図表8-2参照）。

同法では「社会工作師とは、ソーシャルワークの専門的な知識と技術を用いて、社会的機能の回復、促進を目的に、個人、家族、集団、地域を援助する専門職業者をいう」と定めている（第2条）。主管機関は、中央が衛生福利部（保健福祉省）、地方が直轄市、県（市）政府である。社工師としての活動は、「社会工作師考試」（examination of social worker）に合格し、「社会工作師証書」（certificate of social worker）を得ることによって認可される（第4条）。2013年

現在，社工師証書を所有する人数は，3,837人，うち男性521人（13.6%），女性3,316人（86.4%），であった。

社工師は，以下の7項目からなる業務を執り行う（第12条）。

① 人間行動，社会関係，婚姻（夫婦）関係をめぐる社会適応上の問題への社会・心理アセスメントと治療（処遇）。
② 社会福祉関連諸法に定める保護・救済に関する業務。
③ 個人，家庭，集団，地域への予防的，支持的サービスの実施。
④ 福祉資源の開発・促進，調整・仲介，運用，委託。
⑤ 保健，労働，教育，司法，国防等の分野を含む社会福祉計画の策定・管理，及び社会福祉に係る職員の教育訓練，個別支援などの業務。
⑥ 当事者の社会福祉権利の擁護。
⑦ その他，中央主管機関あるいは特定事業主管機関が認定（承認）する領域及び業務。

同法は，全文51条のうち，社工師事務所（第21条-第30条），公会（第31条-第36条），罰則（第37条-第47条）に関する規定が約半数を占める。このことから，同法は，個人・グループで独立して開業する社工師事務所の拡充，及び県（市）社工師公会（協会）・社工師公会全国聯合会による管理・運営（セルフコントロール）に力点を置いた制度であるといえる。そして，個人及び2人以上の社工師による社工師事務所の開業は，社工師として5年以上の実務を経験した者に対して許可される（第21条）。したがって，この制度は，米国の臨床ソーシャルワーカーの制度と極めて近似性が高い。しかし，現状として，社工師事務所は拡大せず，2014年現在，開業人数は13人，開業所数は12カ所であった。この状況をめぐって，「医師，律師（弁護士），会計師（公認会計士）と比較して，専門職としての水準が低劣であったにもかかわらず，同様の『専技人員開業的立法』を模倣したことによって，多くの社工師は，『相対的剥奪感』，『挫折感』に苦しめられている」という指摘がある。

2007年，台湾社会工作専業人員協会，中華民国社会工作師公会全国聯合会，中華民国医務社会工作協会，台湾心理衛生社会工作学会など4団体の働きかけで，専門的に分化（specialized）した「専科社会工作師」（vocational social work certification）と「専業継続教育」の法制化をねらいとする「社会工作師法」改正案が立法院（国会）を通過し，2009年「専科社会工作師分化甄審（審査）及接受継続教育辦法（規則）」が施行された。法最新改正の要点は，①専科社工師の規定の新設，②継続的な専門職業教育の法制化，③社工師事務所の管理強化である。この専科社工師は，①医務（医療），②心理衛生（精神保健），③児童，少年，女性及び家庭，④高齢者，⑤心身障礙の5科から構成され，社工師が専科社工師の訓練を経て，中央主管機関が実施する審査に合格することによって，「専科社会工作師証書」が獲得できる。なお，同法では，中央主管機関は，専科社工師の一次審査を全国的な社会工作専業（職能）団体に委託することができると定めている（第5条）。

2 「社会工作師」をめぐる動向

(1) 認定資格制度と受験資格要件

台湾では，憲法第86条の規定により，行政職及び専門・技術職に就く者は考試院（公務員の国家試験の実施及専門・技術職の免許・認定業務を所管する独立行政機関）が実施する試験を受け任用資格・免許を取得することが義務づけられる。このことは，社工師が専門・技術職として公的に承認されていることを意味している。

社会工作師試験は，毎年2回（1997-2011年は年1回であった）「専門職業及技術人員高等考試社会工作師考試規則」に基づき考試院考選部により実施される。受験資格は，①国内外の社会工作系大学（ソーシャルワーク学部・学科を設置する大学）を卒業した者，②国内外の大学で社会工作関連科目7教科20単位以上（含む社会工作実習・実地工作3単位以上）を履修して卒業した者，となっている（同規則第5条〔2016年までの経過措置〕）。2013年，志願者数は1万807人，考試院

第Ⅲ部　実践編

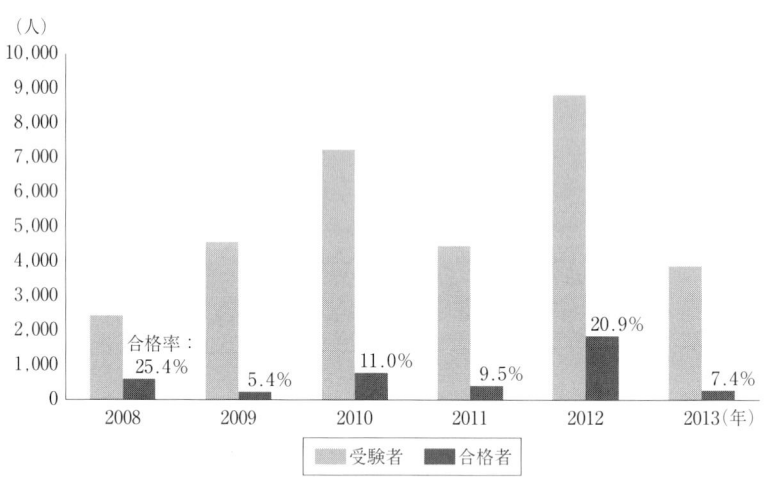

図表 8 - 3　社会工作師の試験結果（2008-2013年）

(人)
10,000
9,000
8,000
7,000
6,000
5,000
4,000
3,000
2,000　　　　　　　　　　　　　　　　　　　　　　　20.9%
　　合格率：
1,000　　25.4%　　　　5.4%　　　11.0%　　　9.5%　　　　　　　　7.4%
　0
　　　2008　　　2009　　　2010　　　2011　　　2012　　　2013(年)
　　　　　　　　　　□受験者　■合格者

注：6年間の平均合格率は13.4%（同年間の日本の社会福祉士の平均合格率は26.8%であった）。
出所：考試院考選部『考選統計　民国101年』考選部，2013年，344-345頁，考試院考選部「各種考試統計」（http://www.c.moex.gov.tw/main/ExamReport/，アクセス日：2014年8月25日）をもとに筆者作成。

　考選部の審査を経た受験者数は7,992人，合格者数610人（男性100人，女性510人）で，合格率は7.6%であった。1997年から2013年までの16年間の合格者総数は5,239人（そのうち男性662人〔12.6%〕，女性4,577人〔87.4%〕）。社工師の試験結果（2008-2013年）を図表8 - 3に示す。

　2009年，同規則が改正され，2013年より，教科の範囲，履修単位数や実習時間数の基準が底上げされた。本改正は，政府によるより高いレベルの教育評価（カリキュラムの標準化）と認証の普及促進策の一環であり，専門職養成課程を再編し優秀な教員を確保するための大学に対する圧力となっている，と高く評価されている。しかし，その一方で，社会工作学系大学が社工師考試の受験資格を大幅に制限することによって大学の特権と地位を保持，強化するための方策にしか過ぎない，との批判的意見もある。

（2）「社会工作人員」と「社会工作師」

　前述のように，2013年現在，社工師証書の所有者総数は，3,837人で，2003年の872人と比べ4.4倍に増えた。しかし，社工師資格は，業務独占ではなく名称独占であるため，彼ら以外にも「社会工作人員」（認定資格を持たないソーシャルワーカー）が多く活動している。2013年現在，「社会工作専職人員」（full-time social workers）の総数が１万301人（男性が1,758人，女性が8,543人）で，そのうち公的部門（public sector）が34.9％，私的部門（private sector）が65.1％の比率となっていて，2003年の2,713人と比べ3.8倍に増えた。2012年，行政院は「充実地方政府社工人力配置及進用計画」を策定し，2016年までに各県（市）社政単位（社会福祉局）の社工人員を1,462人増員することによって，公職社工人員（公務員ソーシャルワーカー）３分の２（3,052人），業務委託の社工人員３分の１（1,416人）の比率で合計4,468人の実施体制を整備していくこととなった。また，台湾社会工作専業人員協会が実施した社会福祉組織・団体の役割・機能に関する調査によれば，その上位６分野（複数回答）は，①地域サービス（47.4％），②相談援助（47.3％），③運営管理（46.3％），④保健（31.7％），⑤家族支援（30.0％），⑥精神保健（26.8％）であった。

　教育部（日本の文部科学省に相当）統計処によれば，2014年現在，老人福利與社会工作学系，社会政策與社会工作学系，社会福利学系，社会工作與児童少年福利学系，医学社会学與社会工作学系，健康照顧與社会工作学系，社会福利與社会工作学系などの社工師の受験資格を取得できる養成校（教育課程のある大学）は33校（国立11，私立22）で，そのうち修士課程設置が25校，博士課程設置が６校となっている。博士課程は台湾大学，政治大学，中正大学，陽明大学，曁南国際大学などの国立大学が占め，私立は東海大学の１校である。上記養成校の学士が１万610人，修士が1,145人，博士が101人（男性24.3％，女性75.7％）であるが，社会工作に従事する卒業生は各校20％に満たない状態が続いている。その理由として，2008年から2013年の社工師試験の平均合格率が13.4％と日本の社会福祉士（同年間の平均合格率は26.8％）と比較しても低く，このため学生たちの就業意欲と機会が低減，狭小化していることが考えられる。

（3）ソーシャルワーカーの階層的分化

　社工師の専門職業化及び専科（専門職業的分化）への志向の高まりが一方において社工人員の階層的分化（ヒエラルヒー）を促進させる。2004年，考試院は「公職社会工作師試験」の法定化を決定し，2006年から開始した。「公職社会工作師」は，「公務人員高等考試三級考試曁普通考試規則」（1997年）に基づいて，公務員上級職として位置づけられ，中央政府，各県（市）社政，労政等単位で勤務する。応募資格は，国内外の大学を卒業し社工師証書を保有するものと定められ，2013年，受験者数が932人，合格者数が141人（男24人，女117人，そのうち学士94人，修士47人），合格率は15.1％であった。

　公務員上級職試験（「高等考試」）で専門職種に基づくものは，公職獣医師，公職社工師，公職建築師の3職種で，他は民政，社会，労工，文化，教育，国際などの分野に基づくものとなっている。公務員上級職に社工師の職種が制度化される理由は，前述の台湾大学，政治大学，中正大学などのトップの国立大学に社会工作学系が設置されているからである。そして，社工師に公職社工師を上乗せするのは，戒厳令下の台湾で公営企業（国営事業）の人員や公務員がエリートとして支配した歴史も影響している。公務員試験は，高等考試のほかに，普通考試，初等考試，特種考試（移民行政，法務，税務などの職種別の類型）があるが，その中に，「公務人員特種考試社会福利工作人員考試規則」（2003年）に基づいた社会工作の職種（三等考試）がある。この試験は社工師証書の保有を条件としないところが特徴であり，応募資格は，国内外の社会工作科・系・組の卒業者で，社会工作関連教科を7教科20単位以上履修（内3単位の実習を含む）した者，特種考試児童保育・保育人員（四等考試）を合格して3年の者となっている。2011年の社工人員考試は，受験者5,329人，合格者92人で，合格率1.7％と難関である。

3　「社会工作師」が必要とされる背景

　2010年から2020年までの10年間の社工人員の伸び率を推計した呂寳靜は，①

老人福利領域，②身心障礙福利領域，③児童及び家庭福利領域，④婦女福利領域，⑤少年及び学校福利領域，⑥医務及び心理衛生福利領域（六大領域）全体の平均が1.2倍の伸びであるのに対して，①老人福利領域が2.0倍と最も高くなることを指摘し，民間を中心に急増すると予測している(40)。

（1）「長期照顧保険」制度構想・実施計画の推進

　台湾では，要介護高齢者が増大している。衛生署（2013年，衛生福利部に改組）が実施した「国民長期照顧需要調査初歩統計」によれば，2011年現在，65歳以上高齢者の約16％（約41万人）が要介護高齢者であるとされている(41)。

　内政部統計処「老人長期照顧，安養機構概況」によれば，2012年，長期照顧機構（日本の特別養護老人ホームに相当）と安養機構（日本の養護老人ホームに相当）を合わせ，767施設，4万2,773床と要介護高齢者総数の1割を満たす数値にしか過ぎないが，入居率は平均で74.8％となっている。その理由の一つに，台湾の人々の福祉施設への入居に対する拒否感情があげられる(42)。

　こうした状況の下，2012年，政府は「我国長期照顧十年計画——民国101至104年中程計画」を発表し，高齢者と家族を地域で支援するための諸資源を開発することを政策課題として，「長期照顧新型服務実施策略」（工程表）を策定し，2017年までに「長期照顧保険法」（日本の介護保険法に相当）を実施することを明らかにした。

　「長期照顧保険法」では，在宅高齢者だけでなく，施設入居者を含めて，「居家照顧服務」（ホームヘルプ・サービス），「日間照顧服務」（デイケア・サービス）及び「長照服務」（介護サービス）などの生活支援，救急サービス，入所前・退所後ケア，予防教育，家族支援等，生活全体の問題への対応と支援を構想している。そして，この「長照計画」（要介護認定及びケアプラン策定によるサービス利用）の中核を担うのが，「未来應加強長照社工人力」（介護分野のソーシャルワークの人材育成を推進すべし）という言葉に示されているように，社工師であるとされている(43)。また，同計画では，「長期照顧保険」導入後はサービスを民間に開放し（サービス事業者への業務委託などによる民間活力の活用），質を確保しなが

ら拡大を図っていくこととなっている。質の高いサービスを提供・維持，仲介・調整するためには，ある一定の資格の下に活動する社工師への需要が高まり，業務に「長期照顧保険」が適用されることで社工師事務所は一気に拡大することが予測される。

（2）複雑なエスニシティ問題への対処

　台湾は，憲法（2005年改正条文第10条）において多元文化の意義を積極的に認めているが，人々の間には同族意識によって結ばれた「我群感」（we-group），「族群中心主義」（ethnocentrism）が強く，血縁的共通性と居住地域の同一性を基礎とする共同体（親族ネットワーク）が社会的に根強く残存している。[44]その一方で，若年世代を中心に，「父母不同族群」や大陸・外国出身配偶者との「異族婚姻」など，民族や人種を超えた新しい家族の形が普遍化している。こうした状況の下で派生する世代間の葛藤（民族的アイデンティティ，自己認識の問題）や出自，歴史，宗教，言語，生活様式の違いによる文化摩擦の問題も老親扶養を深刻なものとさせている。

　張晉芬は，多文化社会における文化的適応力の構築におけるソーシャルワークの重要性を指摘して次のように述べる。

> 「ソーシャルワーク実践の知識の発展（開発）は，非西欧社会に西欧型ソーシャルワークを移入することを意味していた。ソーシャルワーク実践家や研究者にローカルコンテキストにフィットする土着の理論と方法（indigenizing social work practice）を開発することが求められる[45]」。

すなわち，民族特有の文化や歴史，民族固有のニーズに留意して価値を置く民族・人種にセンシティブな実践（ethnic-sensitive practice）の主張である。[46]

　社工師が対応する実践は，世代間の連鎖に着目しながら，長い年月を経て蓄積された時系列的な家族の行動スタイルや人生観，慣例・流儀・家族伝承など個人の生活史（生涯）を越えて長く連なる台湾家族のあり方を，今一度問い直

す実践として集約できる。

(3) 拡大する中間層への対処

　飛躍的な経済成長や中国大陸との交易で富を得た新富裕層や新中間層が拡がりをみせる台湾において，彼らの政治的発言権が増し，2008年，政府は，「強固な中間層の創出」を経済方針として提言した[47]。そして，所得の増加・経済能力の上昇によって，独立自由型の生活様式を選択する高齢者が増え，福祉サービス需要が拡大した[48]。今日の台湾では，「施設入所を選択する高齢者においても，民間の高齢者向け高級マンションに入所する者と，救済型施設への入所を余儀なくされる者とに二極化している」[49]。台湾の老人福利系の施設（長期照護，養護，失智照顧，安養）は，利用者を厳しく制限し，その一方で，富裕層は贅沢な有償型のサービスを潤沢に受けられる。2006年に4カ所の高級高齢者マンションで入居者を対象に実施された調査によれば，その多くが，高学歴者（86.3％），政府機関公務員（30.4％），外省人（70.6％）であることが判明した[50]。

　こうした中で，富裕層と貧困層の狭間におかれた中間層をどうするか。これが，台湾の社会福祉施策の今日的重要課題となっている。今日の台湾では，夫婦関係の危機や世代間の衝突への対応策（改善・緩和）として高齢者施設の活用がクローズアップされ，社工師によって既存の施設という枠を越えた家族の多様なニーズに対するモデル的な先行実施，有償型施設であることの利点を最大限に活用する実践の蓄積が試みられている。

　また，高齢者の収入源（経済的な生活状況）も，子どもの扶養（「子女奉養」）が減少し，稼働や投資・貯蓄，公的年金・手当へと移行する中で，高齢者の経済的地位，生活水準が高まっている。政府の奨励策の下で，中間層をターゲットにしたシニアハウスが順次建設され，それに伴い，ユーザーとしての中間層利用者に的確に対応するサービス供給のあり方が問われてくる。

　利用者による直接支払いもしくは第三者による償還に基づくサービス供給において，料金の合意など契約の観念が重視され，限られたコストの中で最大限のサービス効果をつくり出すことが基本的課題となってくる。とりわけ中間層

の利用者は経済的な負担を抑制するため，提供されるサービスの低コスト化を要求する。このため，営利組織は，低コスト化と高品質のサービス供給という相矛盾する二つの事柄を同時に追求する管理運営を強いられる。なぜなら，自由競争と市場原理主義のもとでは，低コスト化と劣悪なサービス供給が正比例していくその先には経営破綻が待っているからである。また，外部の認定組織や人権擁護団体，評価機関の介入や情報公開の制度によって，営利性の独走や突出が抑止される。サービス供給が自由化されるほど，自己責任型の営利組織として，経営を健全な方向に進めるために自主的に独自な福祉構想と運営方針を示さなければならない。こうした社会状況が，社工師の雇用や委託を増大させる要因になっている，と考えるのは間違ってはいない。

　もちろん，コスト削減策に含まれた問題を十分認識しなければならない。しかし同時に，中間層のユーザーは，問題解決のために時間を費やし福祉サービス活用のための諸経費を潤沢に使う状況にはない，という現実を認識しておくことも重要ではないか。この視点からも，社工師をめぐる情勢は多くの示唆を与えてくれる。

4　社会工作師がたどる今後の方向——いくつかの予測

(1) 専門性に対する規制の強化

　政府は，民営化推進などの規制緩和策の一方で，各種任用資格，研修・訓練に関する法令を施行してソーシャルワーカーに対する規制の強化を図っている。それは，営利性の独走や突出を抑止して高品質のサービス供給を維持するためのチェック・アンド・バランスの機能を制度として作動させることを目的としている。

　社会工作師試験受験資格は，「専門職業及技術人員高等考試社会工作師考試規則」が2009年に改正され，2013年より，従来の7教科20単位以上（含む実習3単位）を，国内外の社会工作系の大学で5領域（社会工作概論，社会工作直接服務方法，人類行為與〔と〕社会環境，社会政策立法與〔と〕行政管理，社会工作研究

法）から，領域ごとに3単位以上を条件に，15教科45単位以上を履修し，実習先2カ所で400時間以上の「社会工作実習・実地工作認定標準」に基づく社会工作実習あるいは実地工作を終え卒業した者，となった（第5条）。

また，研修・訓練については，2009年，「社会工作師接受継続教育及執業執照更新辦法（規則）」が施行され，社会工作師資格取得後，6年ごとに180時間以上の継続教育課程の履修を義務づけ，その審査認定は中央主管機関が委託する社会工作専業団体（大学，大学院，社会工作専業学会，公会，社会福利機構など）が実施することになった。さらに同年，「専科社会工作師分科審査及接受継続教育辦法（規則）」が施行され，①医務，②心理衛生，③児童，少年，女性及び家庭，④高齢者，⑤心身障害など，専門分科ごとの審査と継続教育の体制が制度化された。特に医療分野の採用条件が厳しく，専科社工師の有資格者でなければ採用は望めない。また，社工師の就業分野が変わるごとに，当該の資格を順次申請して取得する必要も一部の現場では生じている。

（2）個人・グループ開業の拡大

社会工作師事務所は，主に家族支援，家族・夫婦療法，療育指導などの「個案社会工作」（個別援助，ケースワーク），「親職教育」（ペアレント・トレーニング），集団心理劇などの「団体社会工作」（グループワーク），スーパービジョン，教育訓練，調査・効果測定などの「社会工作専業諮詢」（コンサルテーション）などの業務を個人・グループ開業で行う。その財源は，家庭内暴力事例の個別援助や職員の現認訓練など直轄市，県（市）の業務委託による場合と，利用者負担（有償）による場合とがある。利用者負担の場合，個別援助で1時間当たり1,200-2,000元（約4,700-7,800円）のコストがかかることから，対象は中間層以上であるといえる。

中華民国社会工作師公会全国聯合会によれば，2014年現在，その設置数は，野百合社工師事務所（台北市），禾善社工師事務所（桃園市），映晟社工師事務所（新北市），親愛社工師事務所（宜蘭県），侯元芳社工師事務所，美地社工師事務所（宜蘭市），韓青蓉社工師事務所（南投市），米勒社工師事務所，邱怡薇社工事

務所(台南市),顏桂英社工師事務所(苗栗県),慈心社工師事務所(嘉義市),昀矯社工師事務所(高雄市)の12カ所である。台北市をみても,618人の社工師が登録されているが,事業所開業は1人と極めて少ない。[51]

しかしながら,米国の州認定ソーシャルワーカーが業務に医療保険が適用されたことによって個人・グループ開業を拡大させていったように,社工師事務所もまた2017年に介護保険制度が導入されることによって,その数を一気に拡大させていくことが予測される。2007年の「老人福利法」改正で,直轄市,県(市)の主管機関が推進する「老人安居之住宅」(サービス付き高齢者向け住宅)は「小規模」,「融入社区」(コミュニティ・インテグレーション),「多機能性」を原則とする方向性が示された(同法第33条)。また,2008年に施行された「老人福利服務提供者資格要件及服務準則」において,「心理諮商服務」(カウンセリングサービス),「社区式日間照顧服務」(デイケアセンター・サービス),「家庭托顧服務」(在宅介護サービス),「資訊提供及輔介服務」(情報提供・資源仲介サービス)などの業務を社会福利機構,社会福利団体,護理機構,医療機構などと並んで社工師事務所も担うことができるとしたが,これは介護保険制度に社工師事務所の参画を想定した規定であることは間違いない(図表8-4参照)。

主として中間層以上の利用者に照準を合わせる社工師事務所が拡大すればするほど,ソーシャルワークの実践が公的もしくは非営利的な活動から営利ビジネスとしての活動へと,異なった性質のものになっていく。こうした営利ビジネスの拡大(privatization)は,社工師の個人(グループ)開業を一層拡大させ,実践を臨床的な要素が強い私的実践に変えていく。

政府は,社会福祉の民営化を今後も奨励・推進していくことには変わりはない。同原則の推進は,当然専任スタッフを縮小させ,サービスの質を維持するためには,社工師業務の外部委託化(アウトソーシング)を招来し,個人(グループ)開業(licensed independent clinical social worker)が拡大する。この方向は,社工師事務所の拡充をねらいとする社工師法の目標と一致する。しかしながら,社工師の多くが中間層以上の利用者に照準を合わせる一方で,施設や病院から退院(所)しても,帰る先の無い高齢者や自宅やアパートで暮らせない人々が

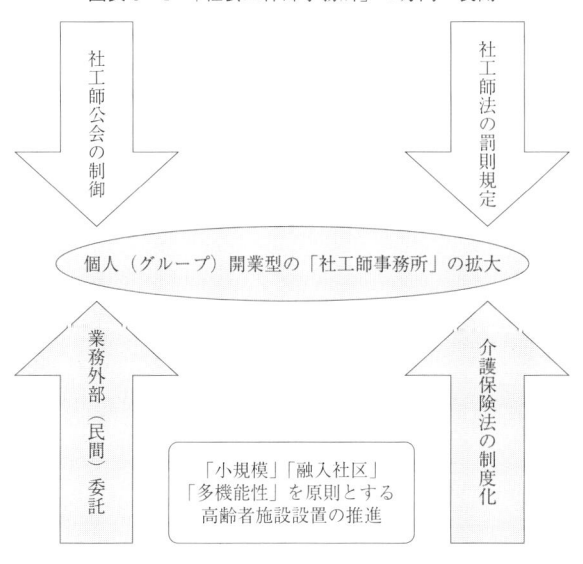

図表 8-4 「社会工作師事務所」の方向・展開

```
    社工師公会の制御              社工師法の罰則規定
         ↓                           ↓
      個人（グループ）開業型の「社工師事務所」の拡大
         ↑                           ↑
    業務外部（民間）委託           介護保険法の制度化

              「小規模」「融入社区」
              「多機能性」を原則とする
              高齢者施設設置の推進
```

増えている。それらの多くは貧困者でありマイノリティである。この問題にどう向かい合うかということが，社工師を発展させていくうえで今後の大きな課題の一つとなる。

（3）心理職との近似性

「社会工作師法」では，7項目から構成された社工師の役割・機能の中で，「人間行動，社会関係，婚姻（夫婦）関係をめぐる社会適応上の問題への社会・心理アセスメントと治療（処遇）」を冒頭に置いている（第12条）。また，専科社工師の心理・精神保健領域における主な審査項目として，パーソナリティ発達，家族システム，社会機能などの社会心理評価，危機介入，個人心理療法，家族療法，集団療法の理論と方法などの教科を掲げている。このため，臨床心理師（臨床心理士：clinical psychologist）や諮商心理師（心理カウンセラー：caunseling psychologist）との間で一部機能的な重なり（オーバーラップ）が，特に保健医療など臨床的要素の強い分野で見られるようになっている。前述のよ

うに台湾では,「医療機構設置標準」(1987年) に基づき, 社工人員及び心理師を必置することが義務づけられている。2012年, 医療機関の就業人数は, 臨床心理師が832人, 諮商心理師が1,000人であった。実態として, 社工師と心理師の役割・機能が一部でクロスオーバーしていて, 相互の共通性を強調しながら境界領域での相互乗り入れを拡大させている。

　台湾では,「心理師法」(2001年) 及び「専業職業及技術人員高等考試心理師考試規則」(2002年) に基づいて, 心理系大学院修士以上 (含む実習1年以上) を要件に, 毎年1回の「専業職業及技術人員高等考試心理師」を実施している。ここでいう心理師とは, 臨床心理師と諮商心理師の二つを指す。臨床心理師及び諮商心理師の業務の範囲は, ①一般心理状態及び機能の心理アセスメント, ②心理的発達, 認知, 情緒, 行動, 社会的適応の偏り, 障害の心理カウンセリングと心理療法, ③神経症の心理カウンセリングと心理療法, ④その他中央主管機関が認可する業務となっていて, 臨床心理師は以上の業務に⑤精神病及び脳機能障害の心理アセスメント, ⑥精神病及び脳機能障害の心理療法が付加される。そのうち③と⑥については, 医師の診断, 照会, 委嘱がなければならない(「心理師法」第13・14条)。心理師は業務を始める際に, 主管機関指定の臨床施設で2年以上臨床実務訓練を受けねばならない (第7条)。また, 6年ごとに継続教育を受けたことを証明する書類の提出 (第8条), 及び臨床心理師公会, 諮商心理師公会 (協会) への加入が義務づけられる (第12条)。各公会は直轄市, 県 (市) を単位に設置して, 全国を統括する聯合会を置く (第47・48条)。

　図表8-5に見るように, 2013年度に合格した臨床心理師は35人 (合格率59.3%), 諮商心理師は106人 (合格率50.5%), 計141人であった。一方, 2009年から2013年に合格した年平均人数は社工師が782人, 臨床心理師と諮商心理師が合わせて349人であった。また, 役割・機能の近似性からいわゆる重複免許の社工師, 心理師が存在している。両者とも国外の大学での単位履修・課程修了によっても受験資格の条件を満たしうることが, それを容易にさせている。

　現在, 考選部は, 公務人員高等考試三級考試の中に, 公職臨床心理師, 公職諮商心理師の項目を新たに増設することを検討している。今後, 心理師の活動

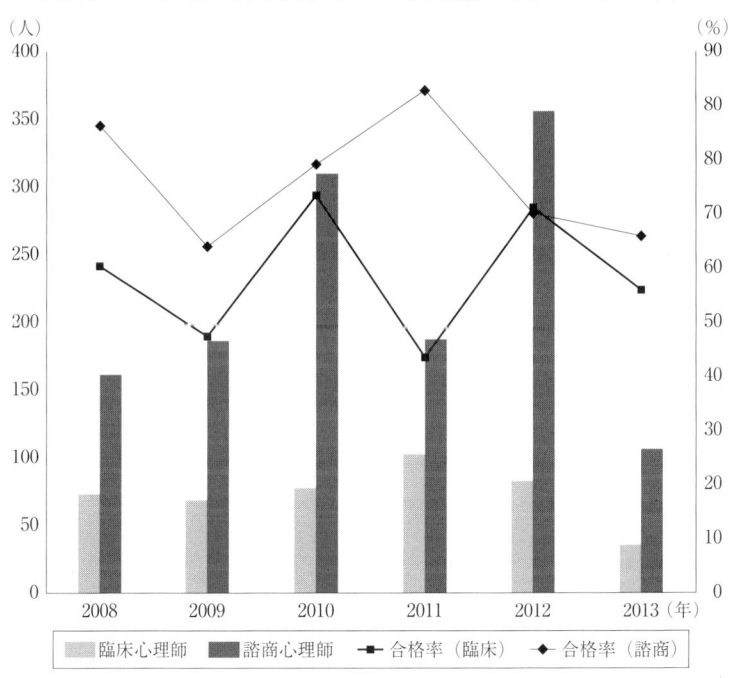

図表8-5 臨床心理師,諮商心理師の合格者数及び合格率（2008-2013年）

出所：考試院考選部『考選統計 民国101年』考選部,2013年,342-345頁,考試院考選部「各種考試統計」（http://www.c.moex.gov.tw/main/ExamReport/,アクセス日：2014年8月25日）をもとに筆者作成。

範囲が拡充していくことが予測される。また,従来,社工師は行政院内政部社会司,心理師は行政院衛生署とそれぞれ別の省が管轄していたが,2013年7月,それが行政院衛生福利部として一つに再編されたことによって,心理と福祉の制度上の距離も接近している。

こうした臨床中心のあり方に対して,張瑜芳は,政府による委託サービスが1990年代以降急増している動向を踏まえ,次のように述べる。

「公的機関から委託を得る努力をするために,民間機関で働く社会工作師は,ミクロな臨床的ソーシャルワークではそれほど強調されない調査,計画,立案,目標設定,進捗管理,予算編成,評価・測定,その他の技術

207

についてより多く学ぶことが必要であり，社会工作師は労働市場に彼ら固有の役割や機能を打ち立てなければならず，社会学の一分野としての長い歴史から社会政策との連携が合理的な選択であるように思われる」[59]。

また，呂寶靜は「養成教育の目標値を，『綜融性社工（ジェネラリスト）』或いは『専精性社工（スペシャリスト）』のどちらに置くのか，それを明確にすべき時期に来ている」と指摘する[60]。

筆者は，社工師の方向をめぐって次の３点を予測する。第１は，あくまでもそれぞれを固有の一つの専門職として位置づけながら，相互の差異性を明確化させる方向をたどっていく。第２に，相互の共通性を強調しながら境界領域での相互乗り入れを拡大させていく。第３に，その全体を一つの専門職体系としてトータルに再編・統合していく。

いずれにしても，「心理師法」が直接サービス分野の競争を増大させ，そしてまた，ソーシャルワークが法律，医療管理，公衆衛生，看護など教育的背景の違う多くの人々を引き付ける今日的状況の下で，社会工作師は実践における自身の固有な役割と機能に果敢にチャレンジしていくことが求められる[61]。

おわりに

台湾では，民主化以降，政府によって新しい社会サービスが人々の経済支援や保健・医療，住宅への増大するニーズを充足する方向で順次導入された。しかし，政府の不介入主義の態度は一貫して変わらなかった。社会福祉計画のために経済計画（開発計画）の政策を転換しようとする気配は無い。また政府は公的責任の拡大に賛成して家族責任の第一義性を変えようとする意図も無い[62]。

市場メカニズムの特徴は，対価の支払いを条件としてサービスが販売されることから，対価を支払おうとしない人を経済活動から排除するところにある。そして，その進展は，互助的福祉理念の消失と市場供給関係の強調及び利他主義の消失と利己主義の台頭を招来させる[63]。過去20年の間，台湾の所得格差は拡

大している。可処分所得(全世帯)の最高位10％と最低位10％の格差は，1990年では4.37倍であったが，2000年には，4.80倍，2013年には，5.21倍と拡大している[64]。

1997年に始まった「社会工作師法」は，台湾ソーシャルワークの分水嶺(分岐)であったといわれている[65]。市場化の潮流に適合すべく，社会工作師は臨床的方向へと舵を切った。だが今，社会工作師は臨床を超える視点に立たなければ，自己が存在する根拠を見出せなくなっている。この現状をどう克服するか。台湾福祉最前線でのフィールドワークを継続しながら，今後を注視していきたい。

注

(1) Lin, Wan-I and Kate Yeong-Tsyr Wang. "What Does Professionalization Mean?: Tracing the Trajectory of Social Work Education in Taiwan," *Social Work Education : The International Journal*, Vol. 29, No. 8, 2010, p. 879.

(2) 謝美娥「社会福利民営化的省思」中華民国現代社会福利協会編『台湾的社会福利民間観点』五南図書出版，1995年，282-284頁。荘秀美「台湾における高齢者福祉の民営化の実態と課題――企業の参入をめぐって」『海外社会保障研究』157号，国立社会保障・人口問題研究所，2006年，87頁。荘秀美「台湾における高齢者介護サービス供給の民間参入に関する課題分析」『東アジア研究』6号，山口大学，2008年，105頁。

(3) Feng, Joyce Yen. "Quality vs. Quantity: The Developments of Social Work Education in Taiwan," *Social Work Education : The International Journal*, Vol. 26, No. 6, 2007, p. 599.

(4) 行政院全球資訊網「六大新興産業」(http://www.ey.gov.tw/policy9，アクセス日：2011年9月20日)。

(5) 鄭麗珍「社会工作専業発展與社会工作師證照的対話」『国家菁英季刊』4巻4期，考選部，2008年，127-140頁。

(6) 莫藜藜「台湾社会工作学科教育的発展與変革的需求」『社区発展季刊』120期，内政部社会司，2007年，30-47頁。

(7) Feng, op. cit., p. 595.

(8) 莫藜藜『医療福利』亜太図書出版社，2002年，125-128頁。

(9) 台湾には歴史的に医務社会工作発展の根はあった。今日，医療ソーシャルワーク

第一線の機関として先駆的役割を担う馬偕紀念医院は1880年にカナダ長老派宣教会派遣牧師のマッケイによって，そして彰化基督教医院は1896年に英国長老教会より派遣された信徒の蘭大衛によって創設された。このことから，戦前の歴史的脈絡と相互に絡み合いながら重層的に蓄積され発展してきたといえる。

(10) 李雲裳「台湾地区医務社会工作之発展」『社区発展季刊』109期，内政部社会司，2005年，165-171頁。

(11) 詹火生「台湾社会工作専業発展的経験與展望」『社区発展季刊』120期，内政部社会司，2007年，21-22頁。

(12) 曽中明・蔡適如「健全社会工作専業制度——談現階段充実公部門社会工作人力措施」『社区発展季刊』120期，内政部社会司，2007年，8-20頁。

(13) Feng, op. cit., p. 595.

(14) 詹，前掲論文，21-22頁。

(15) 莫，前掲論文，30-47頁。

(16) Feng, op. cit., p. 595. 今日でも米国への留学志向は強く，2014年に留学した学生総数3万4,423人のうち米国への留学生が1万4,135人で，41.1％を占める（教育部国際及両岸教育司「各年度我国学生赴主要留学国家留学簽證人数統計表」〔http://www.edu.tw/userfiles/urt/，アクセス日：2015年4月3日〕）。

(17) 李，前掲論文，165-171頁。

(18) 宮本義信『アメリカの対人援助専門職——ソーシャルワーカーと関連職種の日米比較』ミネルヴァ書房，2004年，31-33頁。

(19) 9領域とは，①教育領域，②人文及芸術領域，③社会科学，商業及法律領域，④科学領域，⑤工程，製造及営造領域，⑥農学領域，⑦医薬衛生及社福領域，⑧服務領域，⑨其他領域。社会工作系大学は，医薬衛生及社福領域（大分類）—社会服務学門（中分類）—社会工作学類（小分類）に分類されている。

(20) Chang, Yu-Fang, Yeun-Wen Ku, and Chan-Yao Hsu. "Social Policy Study in Taiwan: An Analysis of Postgraduate Degree Theses: 1990-2008," *Asia Pacific Journal of Social Work and Development*, Vol. 20, No. 1, 2010, pp. 95-110.

(21) 同証書を有しないものは，社会工作師の名称を用いることはできない（第6条）。

(22) 保有者の年齢は，25歳未満が86人（2.2％），25-29歳が744人（19.4％），30-34歳1,047人（27.3％），35-39歳769人（20.0％），40歳以上1,251人（32.6％）であった（衛生福利部社会救助及社工司「領有社会工作師執照人数」〔http://www.mohw.gov.tw/cht/DOSAASW/DM1.aspx?f_list_no=580，アクセス日：2014年2月18日〕）。

(23) 同法第17条では，社会工作師公会全国聯合会は「社会工作倫理守則」を定めると規定している。同法第31条では，社工師公会未加入者は社工師業務をしてはならないと規定している。

第 8 章　高まる「社会工作師」の需要

(24)　宮本，前掲書。
(25)　衛生福利部社会救助及社工司「社会工作師事務所開業人数及所数概況」(http://www.mohw.gov.tw/cht/DOSAASW/DisplayFile.aspx?uri，アクセス日：2014年12月10日)。
(26)　賴雨陽「社工師法対専業制度的影響與争議　1997～2007」『社区発展季刊』120期，内政部社会司，2007年，73頁。
(27)　呂寶靜「眺望2020年台湾社会工作専業発展之趨勢」2009年年会『因應風険社会—社会工作的終身専業成長』研討論文，台湾社会工作専業人員協会，2010年，1頁。
(28)　国内外の社会工作相当系の大学で5領域(社会工作概論2教科，社会工作直接服務方法3教科，人類行為と社会環境4教科，社会政策立法と行政管理4教科，社会工作研究法2教科)各課程15教科45単位以上を履修し社会工作(福利)実習あるいは実地工作を終え卒業した者(考選部審査を要する)。実習先2カ所で400時間以上の「社会工作実習・実地工作認定標準」が設定される(同規則第5条)。実習機関の範囲は，専任の社会工作師がいる公私立の社会福祉，労働，司法，保健医療機関・施設，公私立の大学，小中学校。実習項目は，ケースワーク，グループワーク，コミュニティワーク，ソーシャルアドミニストレーション。実習指導者(スーパーバイザー)の要件は，専任の社会工作師として2年以上の実務経験を有する者。
(29)　Lin et al., op. cit., p. 879.
(30)　すなわち，現状として，社会工作学系の卒業生に比べて，社会政策学系の卒業生は少なくともソーシャルワークコースから20単位(たとえば，ソーシャルワークの方法と実践)を得なければ資格取得のための試験を受けることができない。そしてさらに，2013年から45単位へと増加するが，これは社会政策学系に対し，政治経済的なアプローチに基づく政策分析と，ミクロな臨床的視点に基づいたソーシャルワーク実践との全く異なる二つの基準を同時的に越えねばならない過重な負担を要求する(Chang et al., op. cit., p. 99)。
(31)　衛生福利部社会救助及社工司「社会工作専職人員数」(http://www.mohw.gov.tw/OHT/DOS/DisplayStatisticFile.aspx?d=31885，アクセス日：2014年2月18日)。及び，内政部統計処『内政統計年報　民国101年』2013年，行政院内政部，252-253頁。
(32)　「充実地方政府社工人力配置及進用計画」(核定本)行政院，2012年10月26日。
(33)　Chang et al., op. cit., p. 100.
(34)　教育部統計処「大専校院各科系所学生人数」(http://edu.tw/files/important/OVERVIEW_U02.XLS，アクセス日：2015年5月3日)。
(35)　蔡漢賢「社会工作師国家考試與社工人人力供需探討」『社区発展季刊』129期，内政部社会司，2010年，52-63頁。

第Ⅲ部　実践編

(36)　1級の応募資格は職系に関する博士の学位，2級は修士の学位，3級は学士の学位を条件とする。なお，「公務人員考試法」（1986年）において，公務員の考試（試験）は，高等考試（1－3級），普通考試，初等考試の3等級，及び特殊考試（1－5級）に分け実施すると規定している（第3条）。

(37)　考試院考選部『考選統計　民国102年』考選部，2014年，86-87，119頁。2009年から2013年の5年間で，受験者総数2,974人，合格者総数407人，合格率13.7%。

(38)　国内外の社会政策と社会工作，青少年児童福利，児童福利，社会学，社会教育，社会福利，医学社会学などの科・系・組の卒業者が含まれる。

(39)　考試院考選部，前掲書，186頁。公務員試験が難関であることは，台湾社会の特徴の一つである。公務人員普通考試「社会行政」で，受験者2,273人，合格者112人，合格率4.9%，公務人員特殊考試「地方政府公務人員考試」で，受験者7万7,821人，合格者2,845人，合格率3.7%であった。

(40)　呂，前掲論文，11頁。

(41)　行政院『我国長期照顧十年計画――民国101至104年中程計画』2012年，1頁。

(42)　内政部『老人状況調査結果摘要分析　民国98年』2009年，14-15頁。

(43)　行政院，前掲資料，11-12頁。

(44)　曽華源・李仰慈「族群和諧與社会発展」『社区発展季刊』130期，内政部社会司，2010年，17-21頁。

(45)　Chang, Chin-Fen and Li-Li Mo. "Social Work Education in Taiwan: Toward Professionalism," *Social Work Education: The International Journal*, Vol. 26, No. 6, 2007, p. 592.

(46)　Barker, Robert L. (ed.), *The Social Work Dictionary, 5th*, The NASW Press, 2003, p. 148.

(47)　アジア経済研究所編『アジア動向年報　2009年』アジア経済研究所，2009年，162頁。

(48)　王靖・郭文亮「高齢社会対居住環境與住宅産業之影響」『台湾経済金融月刊』44巻11期，台湾銀行研究室，2008年，76-77頁。

(49)　城本るみ「台湾における高齢者福祉政策と施設介護」『人文社会論叢　社会科学篇』23号，弘前大学，2010年，27頁。

(50)　陳淑嬌「銀髪族的理想帰宿――以大台北地区高齢族理想住宅研究為例」『台湾経済研究月刊』29巻12期，台湾経済研究院，2006年，113-114頁。内湖，淡水，三芝の「高齢族住宅」で入居者を対象に実施，回答総数176人。

(51)　台北市政府社会局「台北市領有社会工作師執照人数及其事業所開業概況　中華民国102年上半年底」2013年（http://www.dosw.gov.taipei/np.aspx?ctNode=71199&mp=107001，アクセス日：2014年12月8日）。

⑿　総合病院の場合，急性期病床，精神急性期病床，精神慢性期病床は100床に対して1人の社会工作人員。資格要件は社会工作系大学を卒業した者，ただしそのうちの3分の1以上は社会工作師の免許を有する者。心理師は，精神急性期病床30床に対して1人，そのうち3分の2以上を臨床心理師，急性期病床300床に対して1人となっている。

⒀　衛生福利部統計処「101年医療機構及其他医事機構曁人員開（執）業場所執業医事人員数」2012年（http://www.mohw.gov.tw/cht/DOS/Statistic.aspx?f_list_no=312, アクセス日：2013年8月25日）。

⒁　男女比は33人と108人（考選部「専技考試統計　民国102年」2013年専門職業及技術人員高等考試報（http://www.moex.gov.tw/main/ExamReport/, アクセス日：2013年8月25日）。

⒂　考試院考選部，前掲資料，378-381頁。2009年から2013年までの5年間の合格者総数は，諮商心理師が1,306人，臨床心理師が437人，社会工作師が3,911人であった。

⒃　2014年現在，心理学系大学院（修士課程）34校（国立20，公立1，私立13），そのうち博士課程設置が8校（教育部「103学年度大学校院一覧表」2014年〔http://www.moe.gov.tw/Home/Index, アクセス日：2015年2月11日〕）。

⒄　考選部「公務人員高等考試三級考試曁普通考試規則部分条文，第二条附表一及第四条附表三修正草案」法規草案公告，2013年。

⒅　社工師の主管は「社会救助及社工司（局）」，心理師の主管は「医事司」。

⒆　Chang et al., op. cit., p. 99.

⒇　呂，前掲論文，28頁。

(61)　Feng et al., op. cit., p. 599.

(62)　Fu, Tsung-His and Rhidian Hughes (eds.), *Ageing in East Asia : Challenges and Policies for the Twenty-First Century*, Routledge, 2009, p. 103.

(63)　謝，前掲論文，282-284頁。

(64)　行政院主計総処地方統計推展中心『家庭収支調査報告』行政院主計総処，2014年，26頁。中位を100として最上位と最低位の所得比をみると，1990年が196.8と45.0，2000年が201.8と42.1，2013年が204.0と39.1であった。

(65)　Feng, Joyce Yen. "Building professional competence : the new focus of social work education in Taiwan," *China Journal of Social Work*, Vol. 1, 2008, pp. 36-49.

第9章 台湾の介護を担う東南アジアからの出稼ぎ労働者たち

はじめに

　アジアでは，先進国，新興国を問わず，家庭内で子の養育，高齢者の介護，家事などを担う外国人労働者への需要が高まっている。介護・家事労働者への依存は，欧米諸国よりもアジアの方が極めて高い[1]。「これらアジア諸地域と比較すると，介護・家事労働者のほとんどいない日本の特異性がむしろ際立っている」[2]。台湾でも，1980年代以降の経済成長に併せ女性の労働力率が上昇し，都市中間層の勤労者世帯において，育児，介護，家事などの役割を広範囲で担う「家庭看護工」と呼ばれる住み込み介護労働者や「家庭幇傭」（家政婦）の需要が急増した。衛生福利部が2013年に実施した「老人状況調査」によれば，65歳以上の要介護高齢者を在宅で主に世話するのは，息子・娘が56.5％で最も多く，これに，嫁が21.4％，配偶者が20.3％，「外籍看護工」（外国人介護労働者）が13.2％と続く。80歳以上になると「外籍看護工」が22.9％へ増えていく[3]。

　台湾では，「外労」（外国人労働者）は，特定の技能や経験を必要としない分野で働く「外籍労工」と呼ばれる非熟練（単純）労働者と，専門的・技術的分野で働く「外国専業人員」と呼ばれる熟練労働者に大別される。2014年12月現在，「外国専業人員」は2万8,559人で，その上位3カ国は日本（8,319人），米国（5,562人），マレーシア（1,845人）で，それにカナダ，英国，フィリピンが続く。一方，「外籍労工」は55万1,596人で，そのうち「産業外籍労工」が33万1,585人，「社福外籍労工」が22万11人である。産業外籍労工のうち，74.3％は製造・建設業などの職場で就労し，台湾の人手不足解消に貢献している[4]。

2015年1月，衛生福利部は「5大重点政策」のトップに「高齢社会に備えた介護システムの速やかな構築」を挙げた。本章では，まず，「外籍労工」と呼ばれる非熟練労働者の全体像を概観し，そして次に，「社福外籍労工」の中の「家庭看護工」（以下，居宅介護ヘルパー）を中心に，台湾の外国人介護労働者の現状を探りながら，2017年に施行が予定される「長期照顧保険法」（長期介護保険法）との関連で，外国人居宅介護ヘルパーの可能性と今後の課題を明らかにする。従来，台湾では労働力政策として「外籍看護工」のあり方が検討されてきたが，今日では，介護保険制度導入の構想によって，社会福祉政策との関連で検討する必要性が高まった。

1 「外籍労工」導入の背景と制度の概要

（1） 導入の背景

1980年代後半，とりわけ1987年の戒厳令の解除以降，経済の自由化とグローバル化の推進によって産業の発展を目指した政府は，高速道路，港湾，空港，上下水道などのインフラ整備に向かって国家的な公共投資政策を打ち出した。また，政治的にも外交的孤立化からの脱却を迫られていた政府は，一連の東南アジア接近策を推進した。こうした状況下で，労働の投入割合が他の産業と比べて高い製造業や建設業を中心に，労働力不足を補う形で外国人の非合法入国・就労の問題が深刻化した。1989年，政府は「十四項目重要検閲工程入力需給因応措置法」（政府プロジェクト公共工事に係る雇用需給対策法）を成立させ，公共工事計画を実行するため公式ルートで初めて外国人労働者の受け入れを開始した。そして，1991年，その受け入れを民間仲介業者にも開放し，翌年の1992年には，「就業服務法」（就業サービス法）を制定することによって，外国人労働者の合法的な受け入れを本格的にスタートさせ，複雑な受け入れルート（供給体制）を統一した。

現在，自国（台湾）人労働者の雇用を優先しつつ，政府が労工協定（二国間協定）を締結した両国間（協定国双方）で，国内労働需給の変化に応じて受け入れ

人数を制御（数量コントロール）しながら，民間事業所を通じ受け入れが行われている。なお，就労先斡旋料搾取の問題を抑制するため，2001年から民間事業所を通さずに直接雇用することが可能となった。

（2）受け入れ制度の概要

就業サービス法は，台湾で就業する外国人の雇用管理に関する基本法として，「国民の雇用を促進することによって社会経済の発展を増進する」ことを目的に制定された（第1条）。同法の第5章「外国人之聘僱與管理」（外国人の雇用と管理）（第42条～第62条）では，まず，外国人労働者に関する基本方針として，「国民の就労権を保障するため，国民の就業機会，労働条件，国民経済の発展及び社会の安全を妨げない限りにおいて，外国人労働者を受け入れる」（第42条），「雇い主が主管機関に雇用の許可を申請していない外国人は，台湾で就労してはならない」（第43条）などの事項を定めている。[7]

雇い主が外国人を雇用する場合，仕事の範囲が，①専門技術職，②華僑及び外国投資事業の従事者，③学校教師，④「補習班」（予備校・学習塾）の外国語教師，⑤体育指導者，⑥宗教家，芸術家，⑦商船等船舶の船員，⑧遠洋漁業の従事者，⑨家政婦・介護ヘルパー，⑩国家重要建設工程（重大公共工事）の従事者，⑪国内では人材を充当することが困難な職種の従事者など11種に区分され，中央主管機関が審査により決定する（第46条）。なお，同法は外国人労働者の定住・永住化を想定するものではないが，2012年の改正で，外国人労働者の台湾での就労期間が，累計で従来の9年から最大12年まで延長できることとなった。（第52条）。[8]また，2004年に「雇主聘僱外国人許可及管理辦法」が施行され（「外国人聘僱許可及管理辦法」〔1992年〕を廃止して施行），中央主管機関は，市場情勢や労働需給に関する実態把握の調査を継続的に実施し，職種別の外国人労働者の労働需要の集計結果を公告することを義務づけた（第3条）。そして，上記の①～⑦を第一類外国人労働者，⑧～⑪を第二類外国人労働者に区分して，⑨家政婦・介護ヘルパーの雇用許可申請に係る規則を次のように細かく定めた。[9]

・外国人居宅介護ヘルパーを雇う意思を持つ者は，主管機関が指定する医療機関で被介護者の専門的な介護認定を受けなければならない。80歳以下の被介護者が24時間の介護を必要とする（重度の要介護状態にある）と判定された場合は，直轄市，県（市）政府の「長期照顧管理中心」（介護サービス管理センター）は台湾人介護者の申請を奨励しなければならない（第12条の1）。

・外国人労働者の雇い主は，関連法規に基づく退職準備金・退職手当金の積立，労工保険拠出料の負担割合，労使会議の設置等に係る直轄市，県（市）政府発行の証明書を中央主管機関に資料として提出しなければならない。ただし，居宅介護ヘルパーの雇い主はこれを免除される（第16条）。

・台湾人の雇用と福祉の増進及び外国人労働者許可管理業務の円滑な実施を目的に，雇い主は中央主管機関が設置する就業安定基金に「就業安定費」を納めなければならない（第55条）。

・外国人労働者の無断欠勤が3日続いた場合，使用者は3日以内に地方政府機関，出入国管理機関，警察などに文書で届け出なければならない（第56条）。

2 「外籍家庭看護工」の動向と国内事情

（1）「外籍家庭看護工」の動向

　前述のように，台湾では，「外籍労工」の受け入れは二国間協定（覚書）の締結に基づき行われている。現在，非熟練労働者の受け入れを許可しているのは，インドネシア，マレーシア，フィリピン，タイ，ベトナム，モンゴルの6カ国である。

　2014年12月現在，外籍労工は55万1,596人で，台湾の就業者総数1,111万8,000人の5.0％となっている。同時期の失業者数は45万7,000人，及び失業率は3.95％であった。

第Ⅲ部　実践編

　外籍労工の内訳は、産業外籍労工が33万1,585人、社福外籍労工が22万11人で、外籍労工の39.9％を社福外籍労工が占める。社福外籍労工の構成は、「養護機構」(介護・福祉関連施設)の介護労働者が6.0％(1万3,093人)、居宅介護ヘルパーが93.1％(20万4,733人)、家政婦が1.0％(2,153人)となっていて、住み込み型の居宅介護ヘルパーが圧倒的多数を占める。ここから雇い主の私的生活空間で寝食を共にしながら疑似家族を形成し、一家の介護・育児・家事一切を多方面にわたって切り盛りする、という実態が浮かんでくる。居宅介護ヘルパーへのインタビューを通してその実態を掘り起こしたペイチア・ラン (Pei-Chia Lan) は、海外出稼ぎ背景の複雑さと矛盾に光を当てるために、「グローバル・シンデレラ」(Global Cinderellas) という隠喩を用いて表現した。彼女らは、本国での貧困と重圧にあえぐ過酷な日々から逃れ出し、現代的な豊かさへと自らの地平を拡大するため海を越えやってくる。ところが、四方を壁で囲まれた雇い主の狭い部屋の中で、家族との親密性に閉じ込められ(社会からも孤立し)、メイドとして抑圧的に長時間働かされる。ただ一つ、暇(休み)をもらうときだけ解き放たれ、綺麗に化粧してカラフルな衣装と装飾品を身にまとい、自由になる。ランは、彼女らのこの姿をグリム童話の「シンデレラ」と重ね合わせた。[13]

　内政部統計処が実施した「婦女生活状況調査　民国100年」(2011年)によれば、65歳以上の介護を必要とする高齢者を家庭で看ているのは、主婦が39.5％で一番多く、続いて外籍看護工が18.5％を占めていた。[14]また、行政院労工委員会(2014年より労働部＝労働省に再編・昇格)統計処の「外籍労工運用及管理調査」(2007年)によれば、外籍看護工(養護機構を含まず)の就業内容に関する答え(複数回答)は、心身障害者の介護が56.0％、高齢者の介護が45.6％、家事が37.4％、保育が2.0％と、複数の仕事をこなしている実態が明らかになった。[15]

　図表9-1に見るように、社福外籍労工数は、1992年に669人で始まり、1996年には3万255人、そして2000年には10万6,331人と急増し、2014年までの14年間で、約2倍の伸びとなった。また、地理的には、新北市、台北市、台中市、[16]

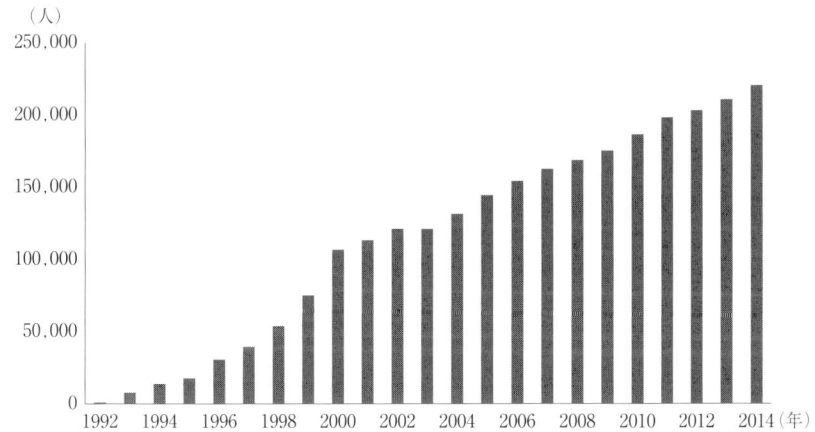

図表9-1　社福外籍労工人数の推移

出所：行政院労工委員会職業訓練局「外労業務統計」(http://www.evta.gov.tw/content/list.aspx?mfunc_id=14&func_id=57, アクセス日：2010年8月21日), 及び労働部編『労働統計月報民国104年1月』労働部, 2015年, 200-201頁をもとに筆者作成。

台南市, 高雄市の直轄市で全体の60.0%を占めることから, 大都市及びその周辺の地域を中心に分布していることがわかる。筆者の現地調査では, 高齢者施設において雇い主（施設入居の高齢者及びその家族）が居宅介護ヘルパーを居室で住み込む形態で雇い入れる状況が散見された。このように雇用形態が多様化していて, 居宅介護ヘルパーは家庭での就労とは必ずしもなっていない。

なお, 社福外籍労工の内訳は, 2014年で, インドネシア人が17万4,584人, フィリピン人が2万4,784人, ベトナム人が1万9,974人, タイ人が666人となっている（図表9-2参照）。そのうち99.2%を女性が占め, 年齢は25-34歳が52.0%で最も多く, 35-44歳34.4%, 24歳以下8.7%と続く。現在, インドネシア人が社福外籍労工の79.4%を占めているが, 2010年から2014年までの5年間の国ごとの増減率は, インドネシアが1.3倍, フィリピン1.1倍, ベトナム0.8倍, タイ0.5倍となっている。インドネシア人社福外籍労工の急増の背景には, 自己主張をしない, 従順であるなど雇用主の間で交わされる言説も影響している。タイ政府はこの分野における自国民の派遣に消極的であるが, その理由の一つに, 家事労働は「労動（働）基準法」(1984年) の対象外となっており, 最

第Ⅲ部　実践編

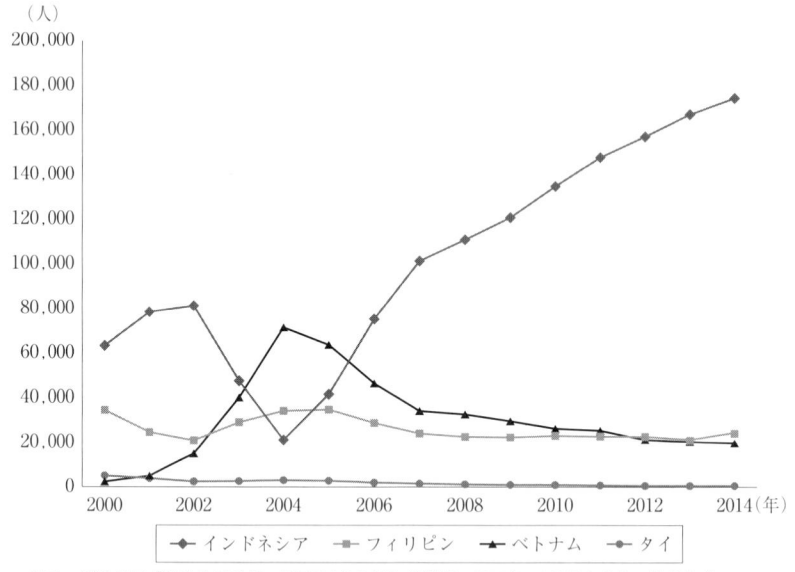

図表 9-2　送出国別の社福外籍労工人数の推移

出所：労働部編『労働統計月報　民国104年1月』労働部，2015年，199頁をもとに筆者作成。

低賃金が適用されないからである。[20]

　また，外国人居宅介護ヘルパーの実質的な数値を知るためには，統計に表れない数字に留意することが重要である。タインダム・チュオン（Thanh-Dam Truong）は，送出国ベトナムの側から，介護・家事労働者と並んで，国境線を越えた婚姻，すなわち結婚移民を労働力の再生産（労働者の生活維持）を担う潜在的労働者として位置づけた。[21] 奥島美夏は介護労働者と結婚移民の互換性・可逆性に着目し，「結婚移民の少なくとも一部は初めから介護人材としての役割を期待されており，個人宅で働く外国人家事・介護労働者も被介護者・雇用主と結婚しやすい環境にある」と指摘する。[22] また，これに関し，城本るみは次のように指摘する。

　「台湾では中国大陸からの労働者を拒み，二国間協定を結んでいるアジア5か国からの労働者を受け入れ雇用している。しかし中国大陸からは

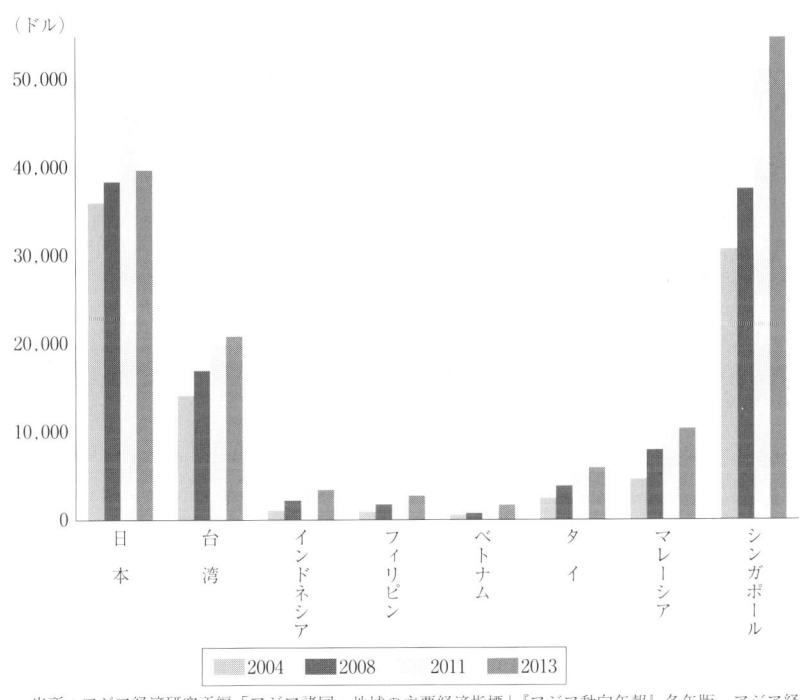

図表9-3　アジア諸国のGDP（一人当たり）

（凡例）2004　2008　2011　2013

出所：アジア経済研究所編「アジア諸国・地域の主要経済指標」『アジア動向年報』各年版，アジア経済研究所をもとに筆者作成。

『大陸花嫁』として異なる形態による流入が多く，これら大陸花嫁の果たしている介護役割は特殊である」。

（2）需要拡大の国内事情

　横本真千子は，移動労働力の全体をとらえるために，国際的視野に立って，国内，二国間，多国間の連鎖現象を解明することが重要であると指摘する。介護労働者の国際移動の背景には，出身国の所得水準と貧富の格差，経済の低迷，失業率の高さと労働環境の低さなどがある（図表9-3参照）。フィリピンは，海外へ多くの出稼ぎ労働者を送り出す国として知られている。2013年，出稼ぎ労働者として46万5,000人が新規採用され，そのうち家政婦が16万4,000人，看

護師が１万6,400人，そして介護労働者が6,500人であった。2010年には，海外で9,293人のフィリピン人介護労働者が新規採用されたが，そのうち台湾が6,184人（66.5％）を占めた。彼女らの多くは，もっぱら経済的な困窮から脱出するために渡台する。単調で嫌な苦しい仕事でお金を稼いで故郷へ戻ってからは，あるいは一転自分がメイドの雇い主となって，快適な生活をエンジョイするという「逆転のファンタジー」（fantasy of reversal）を夢見ている。

　また，ここでは，外国人居宅介護ヘルパーへの需要が拡大する台湾の国内事情を中心に述べる。台湾の家族は，公的な介護サービスの受給に対して条件を厳しく制限されているため，中間階層以上の扶養義務者の多くは，自らの介護需要を自己負担で対応している。また，扶養義務者が老親を遺棄，虐待などをした場合，罰金及び氏名の公告が科せられ，その行為が刑法に違反する場合は，司法機関へ送致される（「老人福利法」第51条）。こうした厳罰主義の背景には，「棄養老人」の問題がある。台湾では，高齢者介護は，精神的，身体的，経済的に家族の負担となっていて，そのため，子どもが要介護高齢者を施設に入れたまま，費用を払わないという問題が頻発している。いずれにせよ，家族による扶養を謳う台湾の「伝統的」価値の側面と，本国の家族を守るために海外で出稼ぎする居宅介護ヘルパーの「自己犠牲的」価値の側面が結合して，外国人介護労働者を受け入れやすくする土壌が価値的にも醸成されていることに留意する必要がある。

　台湾では，高齢者の介護負担の問題が深刻化する一方で，女性の就業率が上昇している。行政院主計総処『人力資源調査統計年報　民国102年』によれば，25歳から44歳までの女性の労働力率は1988年には55.6％であったのが，2013年には79.1％へと推移し，25年間で23.5％も増加している。また，2014年現在の大学（４年制）卒以上の高学歴女性の比率も，60代が7.8％，50代が11.5％，40代が22.2％，30代が41.4％，25～29歳が64.9％と若年世代ほど急激に上昇していく。学歴格差に伴う世代間の意識格差拡大のもとで，三世代同居を避けるための戦略的な方策として海外から居宅介護ヘルパーを雇う事例が散見される。ここからもいえるように，一家の家事の切り盛りをするのは主婦であるとの観

念が根強く残存する中で，女性の社会進出が著しく進行し，この社会構造的な矛盾を緩和するため，外国人居宅介護ヘルパーが家族の家事労働の全般を代替・補完する，という「ねじれた構図」がみてとれる。

（3）台湾人看護工との関係

前述の衛生福利部「老人状況調査報告」（2013年）によれば，在宅介護の主な担い手について高齢者が65歳以上と80歳以上の場合を比べると，外籍看護工が全体の13.2％から22.9％へと上昇するが，台湾人看護工（訪問介護ヘルパー）は1.4％から1.8％と変わらない。

台湾人訪問介護ヘルパーの多くは，公的支援枠（措置制度）の介護職員として在宅に派遣され，勤務形態については，訪問の形で家事援助と身体介護を区分して，時間単位の計算で平日や昼間を中心に実施されている。外国人居宅介護ヘルパーのように子どもの保育も含め家事全般の役割を担うことは無く，在宅（居宅訪問）で利用することはそれほど一般的ではない。また，こうした公的支援の枠組みで介護を提供する場合，介護職員に対して一定の資格要件が課せられる。「老人福利服務専業人員資格及訓練辦法」（高齢者福祉サービス従事者の資格及び訓練に関する規定，2007年）では，「照顧服務員」（介護職員）は，次の各号のいずれかに該当する者でなければならないと定めている（第5条）。

① 照顧服務（介護サービス）訓練講習会の修了証明を有する者。
② 「丙級照顧服務技術士証」（3級介護サービス技術士証）を有する者。
③ 高校（もしくは職業学校）の看護科及び介護科を卒業した者。
④ 認知症高齢者施設で働く場合は，認知症に関する訓練受講証明がなければならない。

「丙級照顧服務技術士」とは，労働部が労働者の技能レベルを公証する資格であり，90時間の研修を受けた後に試験で認定される。試験は学科と実地に分かれ，身体介護，生活援助，緊急対応，家族支援，職業倫理などに関する技能

と知識が一定の基準に基づいて検査される。この制度は，従来の「病患服務員」と「居家服務員」を再編して「照顧服務員」として一つにまとめ，高齢者及び心身障害者に係る施設サービス，居宅サービスに従事する介護職員の認定資格として2004年に開始された。受験資格は18歳以上の台湾人，及び外国人配偶者，大陸出身配偶者，そして外僑居留証（長期滞在ビザ）を有する外国人となっていて，2015年1月現在，累計で2万9,611人が資格検定に合格している。[35]

公的支援枠の訪問介護は，「老人福利服務提供者資格要件及服務準則」（2008年）において，実施機関を病院，介護施設，老人福祉施設，障害者施設，社会工作師事務所（政府認定ソーシャルワーカー・オフィス）に制限され，介護職員，「居家服務督導員」（在宅サービス提供責任者），嘱託医・看護師，その他の職員を配置すべきことを定めている（第16条，第17条）。

また，「雇主聘僱本国籍照顧服務員補助辦法」（本国〔台湾〕籍介護従事者の雇用に係る補助規定，2010年）に基づいて，就業サービス法第23条の規定（台湾人の不況・失業，就業促進等の対策）により，3級介護サービス技術士証を有する台湾人介護職員を雇用した場合に補助金が給付される。さらに，「失能老人接受長期照顧服務補助辦法」（認知症高齢者への介護サービス費用に係る補助規定，2008年）及び「身心障礙者個人照顧服務辦法」（2012年）に基づいて，直轄市，県（市）政府の主管機関は，長期間の介護サービスが必要な在宅の認知症高齢者や障害者の家族を対象に，経済状況や障害の程度に応じて訪問介護員の派遣に際して一部経済補助を行うが，外国人居宅介護ヘルパーには適用されない。

これは外国人介護労働者を排除するものではなく，介護の質を一定範囲の高さで標準化するための方策だといわれている。筆者は，現地調査の過程で，高齢者福祉施設において有資格で働く外国人介護労働者を散見している。1999年に「外籍看護工」に公私立の高齢者施設での就労を開放したことによって，2014年6月末現在では，「老人長期照護，養護及び安養機構」で約4,900人の外国人介護労働者が雇用され，介護職員総数約1万3,900人の35.4％を占めている。「外籍看護工」は，2005年が2,700人（介護職員総数7,200人），2010年が4,000人（介護職員総数1万1,000人）と増大している。[36]「老人福利機構設立標準」

では,「入居者8人に1人以上の介護職員を配置し,外国人介護職員は介護者総数の2分の1を超えてはならない」(第8条),「非常勤職員は介護職員の3分の1を超えてはならず,また,非常勤職員として外国人介護職員を雇用してはならない。非常勤職員は週16時間を超え就労してはならない」(第24条)などの規定があり,法的にも,有資格であれば,ある一定の条件のもとで,外国人介護労働者の雇用が認められている。

3 「外籍労工運用及管理調査」にみる介護状況

「外籍労工運用及管理調査」(外国人労働者の運用と管理に関する調査)は,労働部(省)労働力発展署により毎年実施される外国人労働者に関する代表的な調査である。[37] 2013年実施の同調査の中の「家庭看護工統計」(養護機構含まず)について,雇い主が外国人居宅介護ヘルパーに求めるもの,及びその労働条件・環境を中心に述べる(図表9-4参照)。

(1) 雇用者側の介護ニーズ

介護を受ける人(被介護者)については,居宅介護ヘルパーを雇い入れる人の父母が80.4%,配偶者が10.1%,親戚6.6%,子女2.3%と続く。そして,居宅介護ヘルパーを雇う以前の主な介護者は,家族が83.8%,台湾人介護ヘルパー・家政婦が7.9%,福祉(介護)施設2.9%で,家族が8割と圧倒的多数を占め,子が父母の介護をしてきた実態が浮かんでくる。外国人居宅介護ヘルパーを雇わない場合に家族が考える代替案は,家族による介護が56.7%,介護・福祉関連施設が26.0%,台湾人介護ヘルパーを雇うが14.3%となっていて,台湾人介護ヘルパーよりも介護・福祉関連施設への入所を選ぶ家族が多い。

雇い主が外国人居宅介護ヘルパーを雇用して助かったことは(複数回答),適切な介護が受けられる89.2%,精神的な負担が軽減される59.2%,家族が外で働ける50.2%,家事の負担が軽減される40.4%,経済的な負担が軽減される21.6%と続く。

図表9-4 外籍家庭看護工の基本的属性

国　籍		教育程度	
インドネシア	82.4%	中学以下	54.1%
マレーシア	—	高校・専門学校	39.9
フィリピン	10.6	短大以上	6.0
タ　イ	0.4		
ベトナム	6.6	介護訓練受講	
モンゴル	—	あ　る	72.0%
		無　い	28.0
性　別			
男	0.7%		
女	99.3		
年　齢			
24歳以下	8.8%		
25-34歳	52.8		
35-44歳	33.7		
45歳以上	4.7		

出所：労働部労働力発展署「外籍労工運用及管理調査――調査統計結果提要分析　民国102年」労働部，2013年，26頁。

　雇い主は介護ヘルパーが介護技術研修（講習）に参加することを希望するかについては，希望するが47.2％，希望しないが52.8％で，希望する人の64.5％は勤務時間外の私的な参加を望んでいる。また，2012年調査では，雇い主の介護ヘルパーの介護技術に対する満足度は，大いに満足18.7％，満足44.1％，普通32.4％，不満足4.1％，大いに不満0.6％であった。そして介護ヘルパーとの人間関係をめぐる満足度は，大いに満足31.4％，満足54.7％，普通13.0％，不満足0.8％，大いに不満0.2％であった。雇い主の介護技術に対する満足度（満足以上が62.8％）は人間関係をめぐる満足度（満足以上が86.1％）よりも低い。[38] 以上のことから，利用者が介護ヘルパーに求めるものは，家庭内という親密性の中で子どもの養育，家族の介護，家事などの一切を行う女性の代替労働力へのニーズであり，介護の専門性へのニーズは低いといえる。こうした雇い主の期待とのマッチングが需要増大の背景にあり，それが結果的に外籍看護工を過重労働へと追い込む悪循環の構図がみてとれる。

　一般的に，台湾人よりも外国人の介護労働者を雇用する方がコストは安いが，

それを主な理由に外国人居宅介護ヘルパーを雇い入れる人は少ないといえる。雇い主の経済状況は，低収入世帯が1.0％，中低収入世帯が2.2％，一般世帯が96.8％と，富裕層を含む中間層以上の雇い主が圧倒的多数を占める。同調査によれば，外国人居宅介護ヘルパーの平均給与は1万8,587元（約7万4,000円），時間額（時給）は109元（435円）であった。雇い主は，保険料を含め月2万1,000元（約8万3,800円）が必要とされる。また，雇い主は，国民の就労と労働者の福祉の促進及び外国人雇用に係る管理事務の経費の確保を目的とした就業安定費を政府に納めることが義務づけられる（就業サービス法第55条）。国民の毎月平均給与は約17万円であり，外国人居宅介護ヘルパーを雇用するための経費がその半分近くであることを考えると，雇い主の経済的な負担は決して軽くはない。[39]

また，外籍看護工の雇い入れに際して，民間派遣業者による仲介・斡旋（派遣・請負等の間接雇用を一部含む）が90.0％，直接の交渉が7.3％となっている。2007年，労工委員会職業訓練局（2014年より労働部労働力発展署）は，雇い主と外国人居宅介護ヘルパーとの間の直接的な労働契約を推進するため，雇い主と外国人労働者の権益保障とその来台渡航手続きの費用負担軽減を目的に「直接聘雇（雇用）聯合服務中心」を全国5カ所に設置した。しかし，雇い主の多くは，受け入れから帰国までの対応とサービス，トラブル処理などをすべて代行してくれるため，費用はかかるが民間仲介業者を利用する。[40]

（2）「外籍家庭看護工」の労働条件・環境

2013年実施の同調査によれば，給与の構成割合は，1万8,780元未満が全体の76.0％で最も多く，1万8,780元以上2万元未満が7.0％，2万元以上2万5,000元未満が16.2％，2万5,000元以上が0.8％となっている。同年の最低賃金が月額1万9,047元で，[41] 有資格の専任介護職員一人当たりの平均給与が月額4万7,300元[42]であることから，約8割の介護ヘルパーが最低賃金以下で就労していることになる。その理由は，家庭介護は家事労働として位置づけられ，家事労働は労働基準法の対象外であることから，最低賃金が適用されないためで

ある。その制度的な根拠は，労工委員会が発布した公告において，労働基準法第84条の1に規定される労働者，すなわち最低賃金，労働時間，休暇，残業などの規定が適用されない労働者として，居宅介護ヘルパー及び家政婦を定めたことに依っている。⁽⁴³⁾

　労働時間については，決まりがあるが17.4％で，その場合の一日の平均労働時間数は13.1時間，決まりが無いが82.6％で，その場合の平均労働時間数は13.3時間であった。休暇，休祝日については，無しが40.2％，有り（不定期）が50.9％，有り（定期）が8.9％であった。前述の行政院主計総処発布資料「102年8月薪資（給与）與生産力統計結果」（2013年10月22日）によれば，工業及びサービス業の月平均労働時間は184.2時間であることから，外国人居宅介護ヘルパーの過剰就労の実態が読み取れる。⁽⁴⁴⁾また，保険加入率については，「労工保険」（雇用保険）が全体の27.3％，「全民健康保険」（国民健康保険）が95.6％，「意外保険」（災害補償保険）32.1％の比率であり，保険料負担の方式は，雇い主と分担が63.3％，雇い主がすべて負担が35.5％であった。

　なお，労働基準法第84条の1において，本法が適用されない労働者については，給与，労働時間，休暇，時間外労働など，労使双方で，労働基準法の規定に基づき調整しなければならない，と定めている。しかし，2007年実施分の同調査によれば，外籍看護工の雇い入れに際し労働基準法の基準に沿うよう努めるとした雇い主は30.1％，できないが33.8％，そうした規定自体を知らないが36.1％であった。⁽⁴⁵⁾2013年で過去1年間の間に「外籍家庭看護工」の3.1％が行方不明となっている。この約6,000人を超える人々の背景には，こうした労働条件・環境があるのかもしれない。彼女らにとって，教会などの宗教施設，NPO団体，外国人街などの移住者コミュニティ（migrant community）の存在は大きい。そこは，都市に完全同化できない周辺人の団結の場であり，雇い主に関する情報や対抗策を相互に助言・交換し合ったり，また，結婚移民を含めて他のトランスナショナルな移住を支援する基盤ともなっていて，雇い主にとって「汚染の危険源」（dangerous source of pollution）ともいわれている。⁽⁴⁶⁾

4 「外籍家庭看護工」受け入れの課題

(1) 労働力政策から社会福祉政策へ

　台湾では，これまで外国人居宅介護ヘルパーの受け入れを，高度経済成長政策を推進するための手段として位置づけ実施してきた。すなわち，労働力の不足を女性の就労で補うべく，家庭内での子どもの養育，家族の介護や家事一切を担う女性の代替労働力として彼女らを位置づけ採用する，という労働力政策としての外国人労働者の導入であった。ベテランの居宅介護ヘルパーの雇用継続は，外国人労働者数の総数を増やすことに繋がらず，また台湾人の労働者の就業機会にも影響しない，という考え方がその典型例である。そこでは，女性の代替労働力として必要な人的資源（マンパワー）を低コストで効果的，効率的に確保する観点から，外国人介護労働者の賃金，就労時間，安全・衛生，災害補償，仲介業者への規制，不法就労・不法滞在対策などの労働条件・労働環境に関する諸問題が俎上に載せられ議論された。その一方で，利用者・家族に対する権利擁護や福祉サービス，対処スキルの質的向上と開発（基礎的・基本的な知識・技術の習得），施設入所支援と通所支援，居宅サービスなどの供給システム（提供体制）全体の中で外国人居宅介護ヘルパーの役割・機能を議論する，という視点が欠如していた。

　それが今日では，「長期照顧保険」（長期介護保険）制度導入の構想によって，社会福祉政策との関連で「外籍看護工」について検討することが，にわかにクローズアップされてきた。日本の介護保険制度を調査した徐瑜璟らは，台湾で介護保険を議論することは「サービス品質保証」の視点をシステムとして導入することであり，その際，日本やドイツの取り組みを移入することも重要であるが，何よりも台湾の文化的背景と「外籍看護工」の雇用について考えることが重要であると述べている。[47]

(2)「長期照顧保険」の導入による制度の再編

行政院は2011年に「長期照顧服務法」(長期介護サービス法)の策定を検討する作業を開始した。これは,行政院が2007年に策定した「我国長期照顧十年計画」の実現を目指すものであり,本事業計画は次の3段階から構成される。

① 2008-2011年：訪問介護・看護,デイサービス,補助具購入,栄養指導などの基礎的な介護サービス提供モデルを策定し,基盤の整備を行う。
② 2012-2015年：長期介護サービス法を施行し,介護サービス体系の整備・拡充及び質の確保を図っていく。
③ 2016-2017年：以上を踏まえ,「長期照顧保険法」を施行し,介護保険制度を実施する。最終段階としての位置づけである(2015年6月4日,同法案が閣議決定された。2年後施行の予定)。

本計画の基本方針として,「在地(現地)老化」(現在自分が住んでいる地域で暮らし続けること)と「居家式與社区式之服務」(在宅サービスと地域サービスを主要方式として拡充すること)を採用し,また施設入所支援をめぐっては,2007年に「老人福利法」を改正し,直轄市,県(市)が推進に努める「老人安居之住宅」は「小規模」「融入社区」(地域社会生活への統合化：コミュニティ・インテグレーション)「多機能性」を原則とすることが決まっている(第33条)。しかしながら,①高齢者の生活圏(中学校区を単位とした地理的範囲)ごとにサービスの供給体制がシステムとして整備されていない,②活動拠点としての「長期照顧管理中心」(日本の地域包括支援センターに相当)が県(市)単位の設置であるため,地域密着型の支援機関であるとは言い難い,③既存の「小型機構」(グループホーム)に対するサービスの質の向上,職員研修,第三者評価,罰則等に関する規定が不明確である,④医療と福祉を繋ぐ(隙間を埋める)法体系や実施体制が未整備のままである,などの課題が山積している。

長期介護サービス法(2015年6月公布,2年後施行)をめぐっては,制定の目

的として，①介護サービス体系の整備・拡充，②サービスの質の確保，③介護を受ける人々の権益保障を定めている（第1条）。また，「長照服務人員」（介護サービス事業介護者）を本法所定の訓練を受けたことが認証され，介護サービスが提供できる人員であることの証明書を有する人と定義づけ（第3条），その訓練，認証，継続教育及び登録，資格の更新などの管理規定（長期介護サービス事業介護者登録規定）を設けることとしている（第18条）。そして，認可された団体（「長照機構」）の「長照服務人員」でなければ，本法に規定する介護サービスを提供してはならないと定めている（第19条）。

　また，「個人看護者」を家族が私的に雇う家事使用人や介護者と規定し，この「個人看護者」は「長照服務人員」と明確に区分され，本法の規定が適用されない。これに従えば，「外籍家庭看護工」は「個人看護者」に位置づけられ，介護サービス給付の対象から除外される。また，家族による居宅介護に対して，「長照機構」が「個人看護者」の訓練や家族のレスパイトケア，カウンセリングなどの支援を提供することができることとした（「家庭照顧者支援服務」）。

　政府は本法の施行により，「長照服務人員」の資格を厳しく審査し，また「個人看護者」に中央主管機関が公告する指定訓練の受講を義務づけることなどによって（第64条），研修や訓練を受講しない不適格者や超過滞在者の締め出し，台湾人介護者の養成を強化することを方針としている。こうした公的介護施策のサービス体系から「外籍家庭看護工」を除外しようとする政府方針の背景には，被介護者と一室で同居することによって心身の過重負担や雇い主の濫用を伴いやすい就労のあり方を労働基準法規違反とみなす考え方がある。したがって，同法は，労働基準法が適用される「長照服務人員」を拡大することによって，介護の品質や労働者の権益の保障を図ろうとするものである，といえる。

　こうした政府方針に対し肯定，否定とさまざまな議論がある。前述の徐瑜璟らは，介護の労働・環境条件が劣悪な中で台湾人介護労働者の増大を望むことは難しく，外国人介護労働者を締め出すことによって，かえって現業に携わる介護労働者の過重負担と介護サービスの品質悪化をもたらしかねないと危惧する。また，新北市（旧台北県）の訪問介護の実態を調査した王潔媛は，週40時
[50]

間のフルタイムで訪問介護に従事する人は有資格者全体の3％にしか過ぎないことを明らかにし，台湾人の介護職員が育っていない（絶対数が不足している）現状から，介護保険の制度化それ自体に疑念を持つ。こうした状況を踏まえ，陳真鳴は，外国人介護労働者には住み込みヘルパーとして，台湾人介護労働者には訪問ヘルパーとしての資格を与え，両者の職域を相補性・互酬性の観点から組織的に管理運用することによって，外国人介護労働者を排除すべきではないと提唱する。以上の論者においては，現行の「外籍家庭看護工」をそのまま残し，台湾人の訪問介護職と管理・訓練及び労働条件を揃えることによって，長期介護サービス法の制度体系に組み込もうとする考え方で共通している。

　今日の外国人介護労働者をめぐる問題の本質は，政府の外国人非熟練労働者の代替労働者としての安易な受け入れによる女性労働力の確保（人手不足解消・緩和策）と，公的福祉（措置）の枠組みから外された中間層以上に対する施策の未整備とが重なりあい発生しているところにある。つまり，人々にとって，それしか選択肢が無い，という急迫した状況の中でこの問題は発生している。いまなお打ち出せない適正な外国人労働者の受け入れに向かって考え直す時が来ているといえる。とすれば，長期介護保険法の導入は，介護の専門性を基点とした「外籍看護工」の導入システムを再構築する契機（好機）となる。

　低賃金や搾取の横行をはじめとする厳しい就労環境や就業の先行きが見通せない将来不安の問題は，「外籍家庭看護工」だけの問題ではない。外国人施設介護者もまた，仲介業者と雇用契約を結び，その業務命令によって施設で働く不安定な就業形態が多い。「家庭看護工」の問題は「機構看護工」の問題と相互に関連して生じることから，外国人介護労働者全体の雇用形態のあり方の問題として捉えることが重要である。

（3）将来展望——社会福祉政策との関連から
1）介護保険制度化に伴う外籍家庭看護工に対する需要の減少
　筆者は，外国人居宅介護ヘルパーの雇用は長期介護保険法の導入に併せ縮小

するものと予測している。なぜなら，構想されている介護保険制度は，65歳以上の高齢者と50歳から64歳までの心身に障害がある人々を対象に社会福祉サービス供給の普遍化を目指す制度であり，これまで外国人居宅介護ヘルパーを雇用してきた中間層や富裕層を含めたサービス対象の拡大を想定しているからである。また，現時点の法案では，外国人居宅介護ヘルパーを雇用しても介護給付の対象としないこととされている。現行の重度，最重度等級の身体障害，及び認知症などの家族を在宅介護する際に外国人介護労働者の給料の一部を補助する制度（低所得，中低所得世帯を対象に毎月1万5,840元の補助金が給付される）もまた，長期介護保険制度の枠組みで扱わないこととなっている。さらに，就業安定費の支払いを義務づけられる状況下で，外国人居宅介護ヘルパーを全額自己負担で雇い入れる家族は確実に減少していく。

2）施設の外国人介護者による在宅サービス事業の拡大

政府は今後在宅介護サービスを整備・拡充する方向で動いていくが，その主な担い手として「機構」（病院，介護施設，老人福祉施設，障害者施設，社会工作師事務所など）の介護職員を想定している。2013年，機構看護工を対象に，労工委員会（現・労働部）は「外籍看護工外展看護服務試辧計画」（外籍看護工によるアウトリーチ〔訪問〕型介護サービスの試行的実施計画の導入）を策定した。これは，施設に働く外国人介護労働者が積極的に地域に出向き利用者の日常生活の場（家庭・地域など）で必要なサービスを提供するもので，制度の本格的な導入に先立ち，必要なデータ収集のために試験的に実施している。実施期間は，2013年から2016年までとし，施設（経営）側の雇用許可証の所持，及び介護職員の労働条件や労働環境，居留証の所持，定期的な健康診断の実施，スーパービジョンと教育・訓練の実施などの状況を第三者機関が点検・評価し，政府が基準に達した施設と外国人介護職員を公表して登録により管理していく。

3）核家族・小家族化に伴う介護ニーズの変容

安里和晃は，通いでパートタイムの台湾人訪問介護ヘルパーを利用する世帯は夫婦のみ世帯，単身世帯が多く，一方住み込みでフルタイムの外国人居宅介護ヘルパーを利用する世帯は拡大家族が多いことを指摘し，その理由について

次のように述べる。

　「拡大家族の特に未婚子女を抱える世帯では育児と介護両方を必要としている可能性があり，住み込みの労働者を雇用する方がニーズにあっている。一方で，夫婦のみの世帯，単身世帯の場合には，女性の外国人住み込み労働者を雇用するのにふさわしくなかったり，また仕事量からも必ずしも住み込みを雇う必然性がないことが考えられる」。

　台湾の家族は伝統的に拡大家族・大家族が中心であったが，2014年時点で3人未満の世帯が世帯総数の7割を占めるなど近年は核家族・小家族化が進んでいる。これに伴い，介護サービスへの利用者ニーズが，住み込みで家事一切をこなすタイプの援助から，訪問（通い）による時間制限，場面限定，課題中心の援助へと性質を変えている。また，核家族の場合であっても，夫婦で出稼ぎ，祖父母，親戚に子どもを預け，送金で保育のために介護者を雇用するパターンも，「居家式托育服務」（家庭的保育事業）の整備・拡充，幼保一元化に伴う教育・保育施設「幼児園」の創設（2012年）及び5歳児以上の無料化などにより減少していくものと予測される。また，近年では，子どもの教育の重要性が次第に認識されるようになるにつれ，居宅介護ヘルパーに子育てを任せることが減少傾向にある。

4）中間技能（ミドル・スキル）レベルの外国人介護労働者の受け入れ拡大

　前述のように，今後は施設で働く介護職員がアウトリーチの方法で在宅介護従事者としての役割を担うことから，施設介護職員への需要はさらに増大していく。そして，「長照人員之專門職業及技術人員證書」（介護技能レベルの公証）の基準を満たす介護職員を確保するため，いわゆる「ミドル・スキル人材」（中間的な技能労働者）を養成していくことが急務の課題となっている。しかしながら，日本と同様，台湾でも労働需給ギャップの広がりは著しい。井口泰は，日本や韓国，台湾などにおいて，高校卒業後，2～3年のトレーニングを要する職業分野に若年層が就労せず，大学へ進学する傾向が強まる現状を指摘して，

「こうした中で生じるアジア域内の労働需給のミスマッチを埋めるために，国際的な労働力移動のニーズは，一層高まる」と予測している[56]。こうした状況下で，これまで政府は家庭介護を非熟練労働分野の仕事と位置づけ国外の労働者に開放してきたが，外国人居宅介護ヘルパーの仕事をミドル・スキルの労働（職種）と位置づけ直す方向で，施策の転換が求められるのは必至である。

フィリピンでは，劣悪な労働条件や雇用主からの虐待などによって，1995年，海外雇用政策を労働者保護と選択的送り出しへと転換し，非熟練労働者の海外雇用ではなく，熟練労働者である専門・技術者の海外雇用を積極的に推進している。また，インドネシアでは，2012年に「全ての移住労働者及びその家族の構成員の権利の保護に関する国際条約」を批准したことを受け，政府は国際的に移動する労働者の保護や資質の向上に関する制度整備を進めている[57]。ミドル・スキルに焦点づけた介護人材形成の強化は，こうした先進国と開発国の双方に長期的に利益をもたらす観点からの国際動向とも一致する。

おわりに

日本では，二国間経済連携協定に基づき外国人看護師・介護福祉士候補者の受け入れを実施している（インドネシアが2008年，フィリピンが2009年，ベトナムが2014年に開始）。これは，労働力不足への対応ではなく，外国人の就労が認められていない分野（看護補助者，介護）で，候補者が看護師・介護福祉士資格を取得し，引き続き日本に滞在できるようにすることを目的として，病院や介護施設での就労を特例的に認めようとする制度である[58]。2014年末までの累積で，介護福祉士候補者の入国者数は1,533人，うち受験資格者が622人，合格者数は317人，合格率51.0％となっている。雇用契約終了・帰国者数は84人で，本国などへの帰還率は24.3％となっていて，この傾向は強まりを見せている（前年で18.2％）[59]。介護福祉士候補者を，①日本での永続的な滞在を希望する「定着・永住型」，②本国（送出国）への仕送りを重視する「出稼ぎ型」，③一定期間後に本国に帰国する「還流（帰還・回帰）型」，④移動する本人のキャリア形成の

可能性が拡大する「キャリア・パス（ラダー）型」に区分すれば，帰還・回帰型とキャリア・ラダー型の候補者が増加している（高齢者施設第一線の現場では，介護福祉士資格を取得した帰還者の中で特にキャリア・ラダー型が増加傾向にあるといわれている）。井口泰が指摘するように，「移住したアジア人材がアジアの新興国に帰還する流れが見え始めている」。世界経済が低迷する中で，東南アジア諸国は着実な成長を続けている。購買意欲の高い中間層が急速に増加し，巨大市場として今，存在感を高めている。多くの介護労働者を供給したインドネシアは，内需主導での高い経済成長を続け，中国・インドに次ぐ市場になるとの見方をされている。「現在の所得は相対的に低くても，将来にわたって成長の見込めるアジアでのキャリア形成の期待をかけるアジア人材は少なくない」[60]。

現在，日本の政府は「外国人技能実習制度」[61]での介護従事者の受け入れを検討している。本制度の導入は，ミドル・スキルの国外の労働者をターゲットとしたものである。日本は現行では労働力としての受け入れを否定し，一方の台湾は積極的に労働市場の中に位置づける違いはあるが，能力開発の機会を提供しながら，中間技能のアジア人材を積極的に活用しようとする点で共通した方向性を持っている。こうした競合関係の強まりを考慮すると，日本は台湾と同様に，アジアの新興国に対し長期的な人材の流入国であり続けることは，必ずしも容易ではない。定年退職後の日本人高齢者が退職者ビザの整備を進めるアジア圏へと関心を広げるにつれ，国際退職移住に伴う要介護者のケアの国際移動（ロングステイツーリズムの発展）がみられるようになっている。こうした高齢者の介護を求める国際移動は，介護の面で「労働力を必要とする人の移動」であり，これらのケアの場面ではフィリピンやインドネシアからの移住労働者がケアの担い手となっている[62]。将来的に，アジアの介護労働者が「循環移民」[63]として，国際的な相互認証のシステムに基づき，本人の自発的意思で本国に帰還・回帰したり，また他国を循環しながらキャリア向上の道筋を螺旋状に辿っていく，そのような「ケアのトランスナショナル化」の時代が間近に迫っているのかもしれない。今後の動向を注視したい。

第9章　台湾の介護を担う東南アジアからの出稼ぎ労働者たち

付　記
　本研究の動機は，2006年，台湾基督長老教会雙連教会附設私立雙連安養中心主任（センター長）・蔡芳文氏（当時）との懇談の中にある。当時，営利有償・大規模型高齢者施設に関する現地踏査を続けていた筆者に対して，東南アジアからの出稼ぎ介護労働者たちの現状について語り，外籍看護工から直接聞き取りを行う機会を提供してくださった。感謝して章をくくりたい。

注
(1)　落合恵美子「親密性の労働とアジア女性の構築」落合恵美子・赤枝香奈子編『アジア女性と親密性の労働』京都大学学術出版会，2012年，21頁。同書によれば，2010年における各国の外国人労働者に占める家事労働者の割合は，香港58％，台湾27％，シンガポール18％，スペイン16％，イタリア10％，フランス７％，米国２％，ドイツ0.6％，英国0.5％となっている。
(2)　落合恵美子「ケアダイヤモンドと福利レジーム――東アジア・東南アジア６社会の比較研究」落合恵美子編『親密圏と公共圏の再編成――アジア近代からの問い』京都大学学術出版会，2013年，183頁。同頁には次の記載がある。「例えばシンガポールは，フィリピンやインドネシアなど東南アジアからの若い女性家事労働者を受け入れている。シンガポールほどではないが，台湾ではベトナム，インドネシア，フィリピン，韓国では中国朝鮮族の中高年女性，タイではミャンマー出身の若い女性の流入がみられる。中国では広大な農村が外国のような役割を果たしている」。
(3)　衛生福利部編『老人状況調査報告　民国102年』衛生福利部，2014年，20頁。
(4)　労働部編『労働統計月報　民国104年１月』労働部，2015年，196-213頁。
(5)　蔣丙煌衛生福利部長（大臣）の新年記者会見での発言（「Taiwan Today」2015年２月４日，http://www.taiwantoday.tw/ct.asp?xItem=227127&ctNode=1994，アクセス日：2015年２月４日）。
(6)　佐野哲「台湾による外国人労働者受入システムの特徴とその制度的汎用性」『台湾の外国人労働者受入れに関する調査研究報告書』財団法人連合総合生活開発研究所，2004年，９頁。
(7)　違反者には罰則規定が設けられ，雇い主が外国人を不法に滞在させ就労させた場合（非合法滞在，非合法就労），15万元以上75万元以下の罰金，５年以内に再度違反した場合，３年以下の懲役と120万元以下の罰金が科せられる。また，不法滞在（非合法入国，非合法滞在）の外国人を第三者に就労の斡旋をした場合，10万元以上50万元以下の罰金，５年以内に再度違反した場合，１年以下の懲役と60万元以下の罰金が科せられる。
(8)　１回につき就労期間は３年が上限で，少なくとも１日は出国することを条件に再

入国すれば就労の更新が可能であり，累計で12年間まで許容されることとなった。さらに現在，累計で15年の延長が検討されている。

(9) 台湾の移民政策における基本的な立場は，人口の質的発展であり，このため，低技能（ロースキル）労働者の受け入れを制限し，高技能（ハイスキル）労働者の受け入れを積極的に進めている（Wang, Hong-Zen. "Immigration Trends and Policy Changes in Taiwan," *Asian and Pacific Migration Journal*, vol. 20, no. 2, 2011, pp. 169-194）。

(10) 80歳以上ならば24時間介護が必要でなくても申請が可能。

(11) 労働部編，前掲書，216頁。

(12) 行政院主計総処発布資料「人力資源調査統計結果 中華民国103年下半年平均」2014年。

(13) Lan, Pei-Chia. *Global Cinderellas : Migrant Domestics and Newly Rich Employers in Taiwan*, Duke University Press, 2006, p. 3.

(14) 内政部統計処発布資料「婦女生活状況調査統計結果摘要分析 民国100年」2012年，6頁。

(15) 労工委員会職業訓練局「外籍労工運用及管理調査――03家庭面統計表 民国96年」2007年（http://www.evta.gov.tw/content/list.asp?mfunc_id=14&func_id=57,アクセス日：2014年8月21日）。

(16) 産業外籍労工は，2000年には22万184人，2005年が18万3,381人と，台湾企業の海外進出が進んだため外国人の雇用は縮小傾向にあったが，2010年以降経済の好転を反映して2012年が24万2,885人，2013年が27万8,919人，そして2014年が33万1,585人と増大し，2000年から2014年までの14年間で1.5倍の伸びとなった。

(17) 労働部編『労働統計年報 民国102年』労働部，2014年，367頁。

(18) 労働部編『労働統計月報 民国104年1月』前掲書，199頁。

(19) 安里和晃「台湾における外国人家事・介護労働者の処遇について――制度の検討と運用上の問題」『経済学論集』43巻6号，龍谷大学，2004年，8頁。

(20) 今泉慎也「外国人労働者受け入れに関する法的枠組み――韓国と台湾の比較を手がかりとして」山田美和編『東アジアにおける人の移動の法制度調査研究報告書』アジア経済研究所，2012年，6頁。

(21) Truong, Thanh-Dam. "Gender, International Migration and Social Reproduction: Implications for Theory, Policy, Research and Networking," *Asian and Pacific Migration Journal*, vol. 5, no. 1, 1996, p. 33.

(22) 奥島美夏「東アジア域内の移住労働者――製造業から医療福祉へ，外国人労働者から移民への模索」和田春樹ほか編『和解と協力の未来へ――1990年以降』（東アジア近現代通史10巻）岩波書店，2011年，100頁。同頁には次の記載がある。「在台

インドネシア公館はインドネシア人家事・介護労働者の2割近くが途中で結婚してビザ変更の申請に来るという。その一方で，多くの結婚移民が離婚・逃亡して就労・本国送金を続けていることを考え併せると，今や結婚移民と移住労働者の一部は互換的かつ可逆的となったといえよう」。

(23) 城本るみ「台湾における外国人介護労働者の雇用」『人文社会学論叢』24巻，弘前学院大学，2010年，38頁。

(24) 横本真千子「インドネシアの女性家事使用人——バンドン市における仲介業者の調査によせて」『経済学研究』62巻3号，北海道大学，2013年，137頁。

(25) Philippine Overseas Employment Administration. "2009-2013 Overseas Employment Statistics" (http://www.poea.gov.ph/stats/2013_stats.pdf, アクセス日：2014年10月1日).

(26) Philippine Overseas Employment Administration. "Annual Report 2010". (http://www.poea.gov.ph/ar/Ar2010.pdf, アクセス日：2014年10月1日)

(27) Lan, *op. cit.*, p. 196.

(28) 龔玉齡「台湾における高齢者介護の問題点」『現代台湾研究』26号，台湾史研究会，2004年，26頁。

(29) 行政院主計総処『人力資源調査統計年報 民国102年』行政院主計総処，2014年，36-38頁。

(30) 内政部戸政司「十五歳以上現住人口数按性別，年齢，婚姻状況及教育程度分」(http://www.ris.gov.tw/zh_TW/346, アクセス日：2015年3月18日)。

(31) Lan, *op. cit.*, p. 104.

(32) 衛生福利部編，前掲書，20頁。

(33) 陳真鳴「台湾の介護サービスとホームヘルパー」『日本台湾学会報』9号，2007年，221頁。

(34) 落合編，前掲書，210頁。

(35) 労働部「労働統計業務 技能検定合格数——照顧服務員」(http://www.statdb.mol.gov.tw/statis/jspProxy.aspx?sys=2208ym=9100&ymt，アクセス日：2015年3月6日)。

(36) 衛生福利部社会及家庭署「老人長期照護，養護及安養機構工作人員数」(http://www.sfaa.gov.tw/SFAA/Pages/Detail.aspx?nodeid=358&pid=3135, アクセス日：2014年11月4日)。

(37) 労働部労働力発展署「外籍労工運用及管理調査——調査統計結果提要分析 民国102年」2013年，26-41頁。

(38) 労工委員会職業訓練局「外籍労工運用及管理調査——03家庭看護工統計表 民国101年」2012年 (http://www.sfaa.gov.tw/list.asp?mfunc_id=14&func_id=57，ア

クセス日：2014年8月21日）。

⑶ 2013年8月現在の平均薪資（給与）は4万2,522元（約17万円）（行政院主計総処発布資料「薪資與生産力統計結果　中華民国102年8月」2013年10月22日）。

⑷ 施昭雄「台湾における外国人労働者問題」『国際問題』626号，日本国際問題研究所，2013年，41頁。

⑷ ARC国別情報研究会編『ARCレポート——経済・貿易・産業報告書　台湾2014/2015』ARC国別情報研究会，2014年，124-126頁。同年の平均賃金は4万5,664元，最低時給は109元であった。

⑷ 労働部「労働統計業務　技能検定合格数——毎人毎月薪資料」(http://www.statdb.mol.gov.tw/statis/jspProxy.aspx?=2208ym=9100&ymt，アクセス日：2015年3月6日）。

⑷ 行政院労工委員会公告「個人服務業之家庭幇傭及監護工為労働基準法第八十四条之一之工作者」1998年3月31日発布。及び，「個人服務業中家事服務業之工作者自88年1月1日起不適用労働基準法」1998年12月31日発布。

⑷ 労働基準法の第30条から第37条において，最低賃金，労働時間，休暇，残業などについて以下のように規定されている。通常労働時間は1日8時間を超えてはならない。2週間の労働総時間数は84時間を超えてはならない。1日の労働は時間外労働を含め12時間を超えてならない。1カ月の時間外労働は46時間を超えることができない。7日に1日以上の休暇，休祝日は休み。

⑷ 労工委員会職業訓練局「外籍労工運用及管理調査——03家庭面統計表　民国96年」前掲資料。

⑷ Lan, *op. cit.*, pp. 165, 182-183.

⑷ 徐瑜璟・邱采昀・周美伶「日本介護保険與台湾長照保険的比較」『台湾老年論壇期刊』15期，国立成功大学，2012年，19頁。

⑷ 介護問題は政府にとって喫緊の課題であり，「黄金十年国家願景」（国家ビジョン十カ年戦略）において，介護保険の推進と介護サービス及び心身障害者支援サービスの提供体制の確保，実施時期，数値目標の設定が明示された（行政院国家発展委員会編著『黄金十年国家願景』行政院国家発展委員会，2012年，117-118頁）。

⑷ 曽妙慧・呂慧芬「由社会福利政策綱領談日本社区整合性照護体系」『社区発展季刊』141期，内政部社会司，2013年，459-460頁。

⑸ 徐・邱・周，前掲論文，15頁。同頁には次の記載がある。「丙級照顧服務技術士証書」を持つ台湾人は約4万人で，このうち約5,000人が訪問介護に従事しているに過ぎない。

⑸ 王潔媛「従適応観点看老人長期照顧機構外籍監護工之運用及管理」『社区発展季刊』125期，内政部社会司，2009年，473-474頁。

⑸² 陳，前掲論文，224-227頁。
⑸³ 安里，前掲論文，10頁。
⑸⁴ 内政部戸政司「戸数結構表」（http://www.ris.gov.tw/zh_TW/346，アクセス日：2015年3月18日）。
⑸⁵ Ochiai, Emiko and Barbara Molony (eds.), *Asia's New Mother : Crafting Gender Roles and Childcare Networks in East and Southeast Asian Societies*, Folkestone, 2008, p. 61.
⑸⁶ 井口泰「国際的な人の移動をめぐるアジア戦略」『フィナンシャル・レビュー特集 日本のアジア戦略』116号，財務省財務総合政策研究所，2013年，91-92頁。
⑸⁷ アジア経済研究所編『2013アジア動向年報』アジア経済研究所，2013年，389頁。
⑸⁸ 公益社団法人国際厚生事業団「受入支援等の取り組み・受入れ状況等について」外国人看護師・介護福祉士候補者受入れ説明会資料，2015年4月，4 - 6，25頁。
⑸⁹ 看護師候補者の入国者数は839人，合格者数は154人，合格率18.4%となっている。雇用契約終了・帰国者数35人，本国への帰国率23.5%（前年18.0%）。
⑹⁰ 井口，前掲論文，88頁。
⑹¹ 研修制度の導入，及びミドル・スキル段階への到達を目標に日本の技能・知識を開発途上国などへ移転することを通し，人づくりの国際貢献を図っていく制度。
⑹² 小野真由美「日本人高齢者のケアを求めた国際移動——マレーシアにおける国際退職移住とメディカルツーリズムの動向から」『アジア太平洋研究』18号，早稲田大学アジア太平洋研究センター，2012年，265頁。
⑹³ 外国人労働者政策としての「循環移民」の方策とは，「本人の移動の自発性を保障し，途上国の人材育成を組み合わせ，一定の要件を満たす場合に受入れ国での労働移動や定住，母国との間の複数回の移動を認めることによって，世代を超えた途上国と先進国の人材循環を実現し，長期の経済連携としても期待できる方策」である（井口泰「『開かれた日本』への制度設計——東アジア統合と『循環移民』構想」『外交フォーラム』22巻5号，外務省，2009年，56頁）。

| 終　章 | 台湾「社会福利」とは何だろうか |

はじめに

　一般的に，社会福祉は多岐にわたって展開され，大きく次の三つに分けることができる。第一は，歴史の体系としての社会福祉，第二は，制度の体系としての社会福祉，そして，第三は，実践の体系としての社会福祉である。筆者はこれまで，台湾の社会福祉の実際を総合的に理解すべく，第一線の現場において以上の三点を基に観測を続けてきた。本章では，これまでの作業の括りとして（全体を総括する意味で），台湾「社会福利」の「歴史・思想」「制度・政策」「実践・方法」にみる特徴と傾向について，その大要（大体の要点，要旨）を述べる。

1　歴史・思想——「多重族群社会」を繋ぐ社会福祉

（1）台湾の複雑なエスニック関係

　筆者は，訪問先の高齢者施設で，日本のことばで友好的に語りかける高齢者に出会うことがよくある。彼らは，日本語で話すことを心底楽しんでいるようであり，このとき，酒井充子が，「かつて日本人だった人々」（「日本語世代」の老人たち）に寄り添い描いた，「日本と台湾の解けない関係性」が不思議な感覚で迫ってくる。その一方で，筆者が日本からの余所者であるとわかると，急に冷たい視線を投げかけ無視を決め込む高齢者にもまた多く出会う。

　こうした体験は筆者一人だけではない。台湾でフィールドワークを続けてきた中嶋聖雄は『台湾のエスニシティ』の中で次のように述べる。

「日本時代は、今でも流暢に日本語を操る本省人老人たちにとってアイデンティティ表出の一つの拠り所となっている。他方で、中国大陸において抗日戦争を経験したであろう外省人の同世代の人々の、このような状況に対する思いは複雑であろう。日本の統治時代は必ずしも過去形ではなく、時にはアクチュアルなかたちで現代台湾の社会状況に関係しているのである」[2]。

　実際、利用者が行く先を主体的に選択できる営利有償型の施設であるほど、本省人、外省人と呼ばれる人々が別々に分かれて入居する傾向は否めない。いわば「坩堝」(melting pot)ではなく「サラダボウル」(salad bowl)のように、さまざまな人種や民族、文化などが、融合しないで独自性を持ったまま激しくぶつかり合い、そして、それが高齢者福祉の第一線の現場でもリアルに噴出してくる。こうした多民族社会の社会福祉においては、その複雑な歴史や社会・政治情勢を理解することが重要であり、また、福祉を担う人（主体）が誰であり（属性）、その人がどのような世界観（思想性）に立って支援するかによって、対人援助の価値や原理・原則は全く違ったものとなる[3]。それは、親族組織、死者祭祀や先祖供養、自己の宗教的、文化的態度、信念の知覚、あるいは居住空間の構成や、人間観、生命観、自然観などの伝統的な生活様式や習慣と深くかかわるものである。

（2）「多重族群社会」の社会福祉

　台湾エスニシティの複雑さは、「族群」（民族性）を類別（分類）するための条件尺度を変えることによって（用いる尺度が変わることによって）、人々の自己意識のための立ち位置がその都度コード変換（スイッチング）していくところにある。

　たとえば、本省人、外省人のカテゴリー（範疇）は、漢人が台湾に移住した時期が戦前か戦後かという相対的な時間的差違にしか過ぎない、ともいえる。1945年、台湾は国民政府によって台湾省として中華民国に編入され、ついで翌

終　章　台湾「社会福利」とは何だろうか

年の行政院（日本の内閣に相当）訓令により，戦前から台湾で暮らしていた人々に国籍と共に本籍（「籍貫」）として「台湾省籍」も付与された。「この台湾省籍という籍貫を持った人が本省人であり，この訓令によらず中華民国国籍を持ちかつ他省の籍貫を有して台湾に居住している人々が外省人である」。この「籍貫」とは，父子関係を単系的にたどる（父子関係の世代的連鎖に基づき特定先祖へ系統的に帰属する）ものであることから，その人の出生地であるとは限らず，また，その父親の出生地とも限らない，という曖昧なものである。また，この「台湾省」という概念は，1997年の憲法改正により，事実上廃止されている。若林正丈は，こうした歴史的経緯と性格を異にした集団間の境界が重層する複雑な台湾社会のあり方をエスニックな構成の面から捉え，「多重族群社会」と呼んでいる。今日では，台湾の多民族社会のあり方をめぐって，1997年に憲法条文が追記されたことにより，法制度として民族の多文化性が明確に保障されている。しかし，今日でも族群の対立は台湾に根深く潜在する社会問題の一つであり，その解決が難しい主な要因（背景）を以下に述べる。

① 歴史的に，これまで台湾を支配した政権（為政者）が，閩南系と客家系，内省人と外省人，漢人と先住民の反目を利用し，あるいは差別的待遇や優遇措置により対立を煽ることによって，専制的に管理体制を徹底した。
② 戦後の国民政府によって，個人の身分証や各種の免許・資格に「籍貫」（省籍）が記載され，また上級公務員試験の合格者数も，この籍貫に基づいて省ごとに設定される，という独特の差別的な類別方式が族群の対立関係に拍車をかけた。この規定は1992年に法制度としては廃止されたが，今日でも社会的な慣習として根強く残り，それによる差別や格差が社会の中に根深く潜在している。
③ 従来の四大族群に，東南アジアからの婚姻移民とその子女，労働者が「第五族群」として加わることによって，従来とは違った族群関係を反映した紛争が相乗的に派生し，問題をさらに複雑なものとしている。

台湾の人々の間には,「一つの中国」と「一辺一国」をめぐる複雑な政治関係を反映したナショナル・アイデンティティ(「台湾人であること」)の探求と,多重族群社会の複雑な族群関係を反映したエスニシティの探求が折り重なって進行した。(12)「台湾人であること」(国民という単一共通のアイデンティティの獲得)と民族性との双方の関係をいかに調停(仲介,取り持ち)させ,解釈して繋いでいく(折り合いをつける)か。多重族群社会にあっては,社会福祉もこの課題(アイデンティティ探究)と無関係ではいられない。

(3) 族群中心の相互扶助ネットワーク

　こうした歴史的な背景から,台湾では,今日に至るも自助・自立や権利擁護,啓蒙運動などを繰り広げる地域住民団体の活動が活発である。「人民団体法」(1942年)の規定に基づいて,主管機関(中央が内政部,地方が直轄市,各県〔市〕)から認可を受けた「社会団体」(公益を目的とする,文化,芸術,医療保健,宗教,慈善,体育,社会サービスなどに関する団体で,日本の特定非営利活動促進法に規定されたNPO〔非営利活動〕法人に相当)の総数は約3万8,000団体で,そのうち社会サービス及び慈善に関する団体が約1万2,000団体あり,全体の3割を占めている。(13)これらの団体の活動は,地域住民主体の自力救済・分散型運動を特徴として,その範囲も地縁・血縁的,局地・狭域的であり,生活に密着した環境問題,たとえば,ごみ焼却場,河川汚染などの問題解決が中心となるなど,外に対する排他性や内に対する共同性が全成員の間に強調される自律的な抗議・要求型の住民運動団体としての要素が強い。(14)

　また,台湾には,日本の社会福祉協議会に相当する「社区発展協会」(地域活動推進協議会)が,「社区発展工作綱要」(地域活動推進対策要領)(1991年)の規定に基づいて,郷(鎮・市・区)の地方行政府ごとに設置されている。同協会は地域住民の組織化からなる公益性の高い民間団体で,地域ボランティア・サービスチームの設立や連絡調整などの役割を担っている。しかし,主管機関の指導の下で(行政主導により)行われる官制ボランティア(行政委嘱ボランティア)であることから,活動のすそ野が広がらないのが現状である。

歴史的に族群内部で張り巡らされた相互扶助（隣保相扶・親族扶養）や，1970年代以前の政府が優遇施策として推し進めた外省人中心の「軍公教福祉」（軍人・公務員，教師に対象を特化させた福祉）などのネットワーク（救済の網の目）から溢れ出た人々をどうするか。民衆（一般の人々・庶民・大衆）は，これを台湾「社会福利」が取り組むべき重要課題として設定し，課題解決に向けたさまざまな取り組みを行った。

（4）宗教系組織による「溢れた人々」の救済

　台湾では，さまざまな宗教団体が人々の心の救いや生活の安らぎのために，社会活動を積極的に行った。人々の宗教は，儒教・道教，仏教，キリスト教を中心として，さらにより土着的な信仰も内包した混合宗教が特徴である。王順民はその著『宗教福利』の中で，民間社会福祉の発展に大きく貢献した代表的な宗教系組織として，キリスト教団体・台湾基督長老教会と仏教団体・慈済功徳会の二つを挙げる。

　台湾基督長老教会はプロテスタント系で最も大きな勢力を持つ教会で，その活動は，日本の統治よりも早い1860年代に始まる。台湾を南北に区分し，南部を英国基督長老教会が，北部をカナダ基督長老教会が宣教を担い，魂の救いと社会事業を一体のものとして捉え独自の社会活動を展開した。

　慈済功徳会は，「佛光山」「法鼓山」「中台禅寺」と並んで「四大改革仏教」（特に1960年代以降に勢いが盛んとなり，積極的に教育・慈善などの社会活動を行った仏教団体）と称される仏教団体の一つである。1966年に結成され，慈善，医療，教育，文化の四大志業（ボランティア活動）の実践を掲げて，海外を含むボランティア・ネットワークを構築し，貧困者の生活支援，病院の創設，無医村の無料巡回診療，災害への救援活動などを活発に繰り広げている。これらの団体は，北法鼓，中中台，南佛光，東慈済とも称され，それぞれ個々の地域に基盤を持ち，独自に活動している。慈済功徳会は，「東慈済」と称されるように，花蓮県が位置する東部地区を拠点として活動をスタートさせた。そこは古くから「後山」と呼ばれ，北部内陸に位置する標高3,700ｍ超の南湖大山が人の往来

を遮り，高雄や台南などの南西部や首都台北の位置する北部に比べて著しく開発が遅れた地域であった。歴史的にも「花蓮住民の多くが自らを『第二次移民』と称するように，一度目の移民として中国大陸から台湾へと渡り，そこからさらに中央山脈を越えて花蓮へと二度目の移民を経験している住民やその子孫が多いため，血縁を中心とした伝統的な社会連帯にも恵まれていない人が多かったようである」[18]。

(5) 主体（個人）と族群（エスニシティ）の関係性

　台湾の人々が「志願服務」（ボランティア活動）に参加する動機の一つは，先住民族，新移民，外省人，本省人であることを超え，共に一人の人間として，まごころ的な行動を自然と表現できるところにあり，その参加動機の傾向は，とりわけ宗教ボランティアの活動において顕著にみられる[19]。

　前述のように，台湾基督長老教会は，民衆を対象に社会事業に取り組んできた長い歴史があり，今日でも民衆キリスト教として地域に浸透して人々はこれを受け入れ活動に参加している。慈済功徳会は，民衆へのわかりやすい伝道と，学校，病院の建設や慈善事業などを積極的に行うことによって，多くの人々をより世俗社会の現実に即した形で仏教へ関心を向かわせることに成功した[20]。こうした宗教団体のボランティア活動は，組織自体の規模が大きく，全国的，あるいは広域的に展開され，階層やエスニシティに関わりなく幅広い人々が参入している。また，取り組む課題が福祉（人々の安寧・幸福）と普遍的で，海外ボランティア活動が行われるなど国際的でもある[21]。

　筆者は台北市の馬偕紀念医院（1912年創設）において，あるボランティアから話を聴く機会を持った。その人は，台湾基督長老教会から派遣された60代の女性ボランティアで，「志願者」（ボランティア）と書かれたたすきをかけ，介添えと案内を主な役割として1階ロビーを持ち場に忙しく駆け回り，絶えず笑顔で患者に寄り添っていた。彼女から聴いた話の中で，次の話は筆者にとって特に印象的であった。

終　章　台湾「社会福利」とは何だろうか

　「ボランティアの中には，遠くにいる時は寄ってきて，近づくと離れていってしまう人々や，また，顔が割れそうになると来なくなり，さまざまなところにある病院を転々として活動する人々が多くいる。彼らは，閉鎖的に付き合いを避けようとする人では決してなく，ちゃんと帰る先を持っていて，地縁や血縁で結ばれ一体化できる仲間達がいる。だから，縛りを強くするような呼びかけは，団体側からはしていない。この団体には，私たちにとって，出入りの自由な，制限のない居心地の良さがある。私たちは，他のボランティアに『いつ来てもいいよ』と言っている」。

　こうしたボランティア相互の関係のあり方にみる特徴，すなわち，「集団中心」に対して「個人中心」，「地域を基盤に」に対して「地域を越えて」，「内向・内閉的」に対して「外向・開放的」という関係の持ち方を，「共同体」と「公共性」という言葉に置き換え説明することができるのかもしれない。共同体とは，等質な価値に満たされた空間で一元的・排他的な帰属を求める閉じた領域のことである。これに対して公共性とは，複数の集団や組織に多元的に関わることが可能な誰もがアクセスしうる空間を指していう[22]。いわば「共同体」と「公共性」を行き来する病院ボランティアのあり方を通して，筆者の関心は，族群（エスニシティ）の集団特性やボランティアの組織特性それ自体にではなく，その両者の中から，ボランティア個人が主体的に自身の問題解決や課題達成への方向性に沿う形で，いくつかの要素を選択し，組み換え，独自な方法で構成化するという，主体の側のアイデンティティ獲得の過程それ自体に向いていく。

　広井良典は，前述のコミュニティの形成原理の二つのタイプには，常にある種の両義性ないし肯定・否定の両方のニュアンスが伴うことを指摘する[23]。これに関し，個人（主体）の側から独自の社会関係論を展開するジョアン・シュナイダー（Jo Anne Schneider）は，強固で閉鎖的な集団が外部に開かれた集団への「橋渡しの技術」（bridging skills）を生み出すための「信頼・間合い」（safe space）として機能（貢献・役立つ）していることに着目し，「この二つは個人や

249

組織にとって等しく大切である」と指摘する。彼女の理論は，広井のいう両義性に着目する視点と同じであり，この二つのコミュニティの形成原理を，「対峙・峻別」という相互排他性からではなく，むしろ「相補・浸透」という互酬性の概念において捉える必要性を強調しているものと考える。

　筆者が目撃した病院ボランティアの活動は，族群を否定し，その問題を乗り越えるための活動では決してない，といえる。閉鎖的な集団の排他性は開放的な集団の協調性へと繋げ転換していく可能性を持っている。両者は対立する概念ではなく，ときに両立したりしながら，共同体の体験が公共性への橋渡しを推進する重要な要素となり，ボランティアへの意識的，無意識的な参加への動機（生み出す契機）となっているのかもしれない。

2　制度・政策——新たな公私協働関係の模索

（1）民間社会福祉の先駆性

　台湾の民間社会福祉は，公的機関に並ぶ福祉施策の担い手として，それぞれ固有の目標・理念，職員組織，事業内容・方法などに沿って独自性や自立性を失うことなくサービスを展開し，これらの領域でパイオニアとして先駆的役割を果たしてきた。また，台湾の福祉政策は，人々の市民的不服従に根ざした地域的性格の強い運動が相互に絡み合い重層的に蓄積され発展してきた。戦後の国民党独裁体制の瓦解と戒厳令の解除（1987年），それに伴う対抗勢力としての民主進歩党の創設と民主化の進展の中で，1995年，台湾最初の普遍化された公的医療システムとして全民健康保険が創設され，以降の福祉政策の理念，基本方針，方法等に大きな影響を与えたことは，その証左である。このように，台湾の社会福祉は，膨大な非営利民間組織・団体に働く人々の開拓的な貢献とリーダーシップを抜きにして語ることはできないのである。

　台湾では，中華民国憲法第15条において，国民の生存権，労働権，財産権が保障され，社会福祉は，慈善や相互扶助ではなく国の責任として行われることとなっている。また，憲法増補条文第10条第8項では，「国は，社会救助（生

活保護），社会福祉事業，就労，社会保険，医療・保健等の社会的施策を実施することを重視するべきである。そして，その実施に際しては，社会救助と就労（自立支援）への財政支出を優先的に行うものとする」と定めている。この規定が，国が孤立無援で雨露しのぐ場が無い緊急性が高い人々を中心に，最低限の所得保障を行う根拠ともなっている。「公」は，画一的な算定の方式によって給付される最低限の物的・経済的なサービス及び危機介入（早期発見・早期対応）を中心に対応する。一方，「民」は，利用者―援助者の直接的な対面関係に基づいた対人福祉サービス（継続的，発展的な治療・支援）を中心に対応することによって，両者の間には棲み分け（公私連携）がなされている。以上のことから，民間社会福祉事業は，保護救済中心の公的な援助システムと比較して，開発促進的及び治療的なより上位の援助システムとして位置づけられている，といえる。

　ところで，民間団体が社会福祉施設・機関を設置しようとする場合，財団法人格を有していることが原則とされる。この資格の取得は，ある一定の基準を満たした民間非営利団体に制限され，財団法人を設立しようとする者は，主管機関から設立許可を受け，法人設立登記を行わなければならない（民法第59条）。財団法人は，衛生福利部主管（「衛生福利部審査社会福利業務財団法人設立許可及監督要点」）の公的規制の下で助成が受けられる特別な法人であり，「財団法人社会福利慈善基金会」として登録している団体は現在約700団体ある。そのうち，「全土性」，すなわち，全国的，広域的に事業を展開する団体の多くが宗教系の財団法人であり，中華民国佛教慈済慈善事業基金会，佛光山慈悲社会福利基金会，天主教善牧（良き羊飼い）基金会，励馨社会福利事業基金会，台湾児童暨家庭扶助基金会，伊甸(エデン)社会福利基金会などが代表的な組織である。こうした全国レベルの財団法人が，政府から委託された公的社会福祉事業を担う民間団体（受託団体）として，独占的に公的助成を受けている。

（2）民営化，そして市場化する社会福祉

　蔡漢賢が編集（代表）の『社会工作辞典 第4版』によれば，「社会福利民営

化」とは,「福祉の供給を公から民へ移すこと,非営利団体を中心とした公設民営,民間委託だけでなく,福祉サービスの市場化(市場開放,自由化),すなわち営利企業の参入が可能となるよう,公の完全不参加の下で市場にその門戸を開放・拡大することを含む概念である」。このように民営化は市場化を随伴させるが,それは政府の福祉政策をめぐる基本方針・方向と一致する。政府や公的部門による福祉供給の中に民間市場部門を位置づけようとする考え方は,台湾最初の普遍化された社会保障計画(公的医療保険制度)である全民健康保険が民間によって供給されたことを起源としている。医療の普遍化を市場化の下で展開したことにより,今日では,診療機関・病院の97%(医師の76%,病床総数の69%)が民間セクターにより占められる。そして,この医療制度改革はその後の福祉政策の理念,基本方針,方法の基盤となった。こうしたサービス供給の民間組織への委託による自由化の流れの中で,競争原理が作動して委託先が非営利からより低コストの営利組織へと移行していく。さらに,この市場化が,競争売買の原則,消費者の購買力,受益者負担,コストの適正化と業務の効率性を優先させ,市場的個人主義や商業的利己主義を強めていく。

　「老人福利機構設立標準」(老人ホームの設備及び運営に関する基準)に定められた老人福祉系の施設「安養機構」(日本の養護老人ホームに相当)は,公費負担原則に基づき公的性格(公益・利他)が強い福祉施設であるが,今日,「自費」(自己負担)入居者の受け入れを拡大させ私的性格(利益・利己)を強めている。それは,法制度的に公費負担対象の入居条件が厳しく制限されることによって,大幅な定員割れが生じているためである。2012年では,「安養機構」の定員充足率は,66.9%であった(施設数34カ所,入居者定員7,456人,入居者実数4,985人)。民間施設の場合,公費補助が入居者の定員ではなく実数により算定されていることから,各施設は経営上から定員を埋めるために,本来対象外の自己負担枠の入居者を受け入れざるを得ない状況に置かれている。しかし,それでもなお利用者にとって入居費用が高いため,定員割れの状態が続いている。各施設は,政府財政支出の削減や人件費の高騰も相まって,施設運用資金の捻出方法をめぐって,低価格化と代価に対する最大限のサービス効果を作り出すコスト効率

性を重視した経営努力を余儀なくされている。この結果，社会福祉系の施設において，従来，標準化・均質化されていた処遇内容が，同一施設内で差別化される問題が拡大している。こうした中，福祉の公共性と営利性の調和を如何に図るか。台湾「社会福祉」が早急に取り組むべき大きな課題となっている。

(3) 中央政府の機構改革――社会福祉と保健・医療，教育の組織再編

2013年，中央政府の機構改革が行われ，行政院衛生署（医療保健庁）を主軸に，内政部から社会司（社会局），児童局，家庭暴力防治委員会の業務を移管統合する形で，衛生福利部に再編昇格させた。

内政部より組織名称を変え業務移管したのは，①社会救助及社工司（ボランティア活動，地域活動推進，ソーシャルワーク，生活保護，災害救助などを主担），②保護服務司（家庭内暴力防止，性的侵害犯罪防止，児童及び少年保護，児童及び少年の不健全性的行為防止などを主担），③社会保険司（医療保険，年金保険，介護保険などを主担），④社会及家庭署（女性福祉，心身障害者福祉，児童及び少年福祉，高齢者福祉，家族福祉などを主担）などの部局である。

これは，少子高齢社会への対応策としての機構改革であるといえる。すなわち，高齢者福祉をめぐっては，介護保険制度の創設を前に，政府は介護サービスの普遍化への対応を迫られている。生活に困窮した特定の高齢者だけでなく，すべての高齢者を対象に施策の範囲を拡大・拡充させるとともに，サービス資源の開発やサービス供給システムの開発を多元的に推進していくことが求められ，旧衛生署主管の医療局，看護・保健局，精神・口腔保健局，中医薬局など医療保健部門と施策を一体的に運営する方向で機構改革を実施した。一方，子ども家庭福祉をめぐっては，教育部（日本の文部科学省に相当）との間で業務を再編することによって，教育部主管で，幼児教育・保育，放課後児童，健全育成対策，教育環境づくりへの対応を，そして，衛生福利部主管で，乳児保育，家庭的保育，要保護児童対策・虐待防止，一人親家庭，母子保健・思春期保健などを中心に対応をしていく方向で機構改革を実施した。また，前述したように社会工作師及び臨床心理師，諮商心理師についても主管が衛生福利部として

一つに再編・統合された。

3　実践・方法——求められるソーシャルワークの「台湾的」展開

(1)「専精化」するソーシャルワーク

　2014年時点で，台湾に個人・グループ開業の「社会工作師事務所」（ソーシャルワーカー・オフィス）が12カ所設置されている(31)。かつて，筆者はそのうちの一つを訪ねた。事務所の壁面には，大学卒業証書（大学院修了証書），社工師登録証，開業許可証などが所狭く並んでいた。社会工作師（以下，社工師）の業務内容は，個別の相談面接が中心で，米国の個人・グループ開業型の臨床ソーシャルワーカーとの高い近似性を実感させる。それは，MSW（ソーシャルワーク修士）以上のソーシャルワーカーを対象にした各州の最上位ランクのライセンスであり，ソーシャルワーカーは主に精神保健領域で精神的，情緒的な問題を抱えた家族や個人に治療サービスを提供する。米国では，精神保健問題はサイコロジスト，精神科医，ソーシャルワーカーのような個人（グループ）開業者によって私的実践（private practice）の中で扱われる(32)。

　個人・グループ開業をして臨床的なサービスを中心に実践する社工師の多くは，「専科社工師」の資格を併せ持ち，社工師資格を基礎資格として，特定分野に専門性を特化させた社工師の能力が公的に認証されている。2014年の第1回審査で217名の社工師が認証され，その内訳は，医療領域36.0％，心理・精神保健領域30.4％，子ども家庭領域23.0％，高齢者領域5.5％，心身障害者領域5.1％と，医療，心理・精神保健などの臨床的要素が強い領域の社工師が全体の約7割を占めている(33)。この制度は日本の「認定社会福祉士」（2011年開始）と高齢，障害，児童・家庭，医療，地域社会・多文化など分野ごとに認定を行うという点で類似するが，日本の場合は認定社会福祉士認証・認定機構という民間団体が認定するのに対し，台湾は2008年に社工師法を一部改正してこの制度を成立させ，「専科社会工作師分科甄審及接受継続教育辦法」（専科社工師認定に係る審査方法と継続教育の受講に関する規則）の規定に従い公的資格として制

度的に認証している点で違いがある。

「専科社工師」資格取得の動機として、社工師は他系列の専門職との関連で、独自な専門職業的アイデンティティを確立する必要に迫られている、という現状がある。しかし、この「専科社工師」の制度をめぐって、ソーシャルワークの教育や実践に関わる専門家の間で、ソーシャルワーカーの「階層分化」（ヒエラルヒー）を招いている、との批判が出ている。これに関して、2013年、『台湾社会研究季刊』において政治大学社会工作研究所教授の王増勇を編者に、「批判『専科社工師』」（The So-called Specialized Licensed Social Worker: A Critique）を主題として台湾のソーシャルワークの第一線で活躍する5名の教育・研究者と実践家による論文が掲載された。その批判の要点は次の通りである。

① セクショナリズム（縄張主義）の広がり
　「更上層楼的専科社工師」、すなわち、社工師の間で「屋上屋を架す」ことによって、他領域への排他的な態度や既得権益への執着、隣接専門職との対立関係が深まった。(34)

② ミクロ（小領域）実践教育への傾斜
　臨床的色彩の強い社工師が養成される反面、国や自治体の政策立案、実施、評価などマクロ（大領域）実践教育が大幅に削減された。(35)

③ 全体として利用者・家族を捉え支援する視点の欠如
　社工師業務を特殊専門化（専門職業的分化）させることによって、人間の全体性への関与を特徴とするソーシャルワークの本質から離れてしまった。

高雄市栄民総院（退役軍人病院）精神科で社工師として働く王美懿は、自らの実践を踏まえ、専門分化的な職業訓練にしか対応できない大学（養成機関）と、幅広く他領域の専門職種と関係性を繋ぎ引き出す力のある社工師が必要な現場とが乖離する現状を次のように指摘する。

「専科社工師の多くが中間層以上の対象者に照準を合わせる一方で，精神科病院から退院しても自宅やアパートで暮らせない人々が増えている。彼らは退役軍人，高齢者，DV の加害者，アルコール症患者であり，そして彼らの多くは貧困者であり，マイノリティなのである」。

（2）土着性への視点

　台湾の福祉援助職の中には，社工師以外に「社会福利工作者」「社会工作人員」「社会服務員」と呼ばれる非専門職あるいは准専門職の扱いで働く人々が多くいる。採用（任用）の要件（資格）は，児童福祉施設の生活補導人員（日本の児童指導員に相当）では，「短大以上の学部，学科，専攻で家政学，看護学，児童・少年福祉学，ソーシャルワーク，心理，更生保護，教育，社会福祉もしくはこれらに相当する課程を修めて卒業した者，生活補導人員を補助する業務に3年以上従事した者」となっていて，大学卒業の資格は必ずしも求められない。

　これらの人々の中には，たとえば，DV 被害者シェルターの生活補導人員が新移民あるいは先住民と呼ばれる人であったり，また，高齢者福祉施設の社会工作人員がその地域の民間伝承や風習，しきたりなどの土地柄に精通する人であったりするなど，当事者と社会的な階層や人種・民族などにおいて近似性が高く，また当事者と類似の問題を抱え込み，その土地に古くから住んでいる人々（土着の地域住民）が含まれる。

　こうした社会福利工作者，社会工作人員，社会服務員と呼ばれる福祉援助職は，米国のヒューマンサービス・ワーカー（human service worker）と極めて近似性が高い職種であるといえる。それは，ヒューマンサービス・アシスタント（エイド）とも呼ばれ，対人援助サービスに関する初級レベルの職種（ジェネラリスト）を指していう。彼らは「土着のワーカー」（indigenous worker）として地域の福祉課題の達成を目的に活動する地域住民であり，さまざまなエスニックグループに属する人々の特別な才能，特有の文化的な歴史，固有のニーズに徹底して寄り添いながら，民族性への感受性が高い実践（ethnic-sensitive practice）を展開する。

終　章　台湾「社会福利」とは何だろうか

「土着のワーカー」は，中間層以上の高学歴ソーシャルワーカーである「社会工作師」や「専科社工師」には望めないであろう隣人が暮らす路地裏レベルの知識や情報を持っている。彼らは治療者側の熟練した学問的（科学的）な介入方法よりも，問題の共有体験，仲間関係を強調する援助関係を通した当事者自身の思考，感情，欲求などに重きを置いて実践している。こうした彼らの実践から，ソーシャルワークは，人格関係に基づいたその人の宗教的，文化的態度や，生命観，自然観，あるいは伝承的な生活様式などと深くかかわる方法・技術である，ということを強く実感させる。人々の身体的，心理的ニーズのみならず，文化的多様性の影響に留意しながら，社会経済的，宗教的，文化的ニーズにも多面的に，しかも迅速に対応することは，「多重族群社会」の中で対人援助を展開していくうえで強く問われることになる。

おわりに

　台湾「社会福利」の思想は，複雑な政治関係を反映したナショナル・アイデンティティ（「台湾人であること」）の探求と，多重族群社会の複雑な族群関係を反映したエスニシティの探求が折り重なったところで醸成された。異質を徹底して峻別し差違に対峙しながら，葛藤の中で双方の関係を調停し（仲介，取り持ち），解釈して繋いでいく（折り合いを付ける）ところから，台湾固有の土着的な思想・価値が生み出された。この観点に立つのなら，社会福祉の思想とは，我々の日常的な体験の上に蓄積されるものだといえる。そこから，社会的，文化的に固有の福祉援助の方法が組み立てられていくのであり，それを飛び越え，いきなり欧米諸国から移入された思想・価値だけで実践しようとしても，できるものではない。日本の社会福祉の思想，とりわけ対人援助の価値は，近代西欧型の移入の域を超えているとは言い難い。外から移入された思想への物分かりのよさとは，主体性の無さの裏返しである，ともいえる。丸山眞男の次の言葉，すなわち，「ちがったカルチュアの精神作品を理解するときに，まずそれを徹底的に自己と異なるものと措定してこれに対面するという心構えの希薄さ，

その意味でのもの分かりのよさから生まれる安易な接合の『伝統』が，かえって何ものをも伝統化しない」という指摘は，日本の社会福祉の思想をめぐって多くの問題提起をしてくれる[40]。

「すべて現場からの起動である。それはいわば，その土壌から社会福祉を構築し前進させることである[41]。このことを確認して本書をくくりたい。

注
(1) 酒井充子『台湾人生』文藝春秋，2010年。及び酒井充子監督により映画化された「台湾人生」(2008年)，「台湾アイデンティティー」(2013年) 等の DVD。
(2) 中嶋聖雄『台湾のエスニシティ』1995年度　財団法人交流協会日台交流センター歴史研究者交流事業報告，1996年。
(3) 中野智世「福祉国家を支える民間ボランタリズム――20世紀初頭ドイツを例として」中野智世編著『福祉』(近代ヨーロッパの探求⑮) ミネルヴァ書房，2012年，229頁。
(4) 若林正丈『台湾の政治――中華民国台湾化の戦後史』東京大学出版会，2008年，49-50頁。
(5) 呉密察監修『台湾史小事典』中国書店，2007年，280頁。
(6) 若林，前掲書，29頁。
(7) 「国は，多元文化を肯定し，並びに原住民族の言語及び文化を維持し発展させる責務がある。国は，民族の意思に基づき，原住民の地位と政治参加を保障しなければならない。国はまた，原住民の教育，文化，交通水利，保健医療，経済活動，土地，社会福祉などについて法律の定めに従い保障，提供する義務を負う」(中華民国憲法増修条文　第10条第9項)。
(8) 劉梅玲「台湾地域社会の形成――内埔地区を事例として」藤井勝ほか編『東アジア「地方的世界」の社会学』晃洋書房，2013年，197-198頁。
(9) 若林，前掲書，49-50頁。
(10) 筆者自身，訪問先の大学キャンパスで籍貫（省籍）を確かめ合う大学生を何度か目撃している。
(11) 横田祥子「台湾における多文化主義の変容――婚姻移民の増加と変容する『血』のメタファー」吉原和男『現代における人の国際移動――アジアの中の日本』慶應義塾大学出版会，2013年，326頁。
(12) 若林，前掲書，29頁。
(13) 内政部統計処『各級人民団体活動概況調査報告　民国100年』2011年。

⑭　酒井亨「台湾のNGOと社会運動」『NPOジャーナル』18号，関西国際交流団体協議会，2007年，40-43頁。
⑮　五十嵐真子『現代台湾宗教の諸相──台湾漢族に関する文化人類学的研究』人文書院，2006年，47頁。
⑯　王順民『宗教福利』亜太図書出版社，1999年，171-210頁。
⑰　五十嵐，前掲書，176頁。
⑱　村島健司「台湾における生の保障と宗教──慈済会による社会的支援を中心に」『社会学部紀要』114号，関西学院大学，2012年，218頁。
⑲　曽華源・李仰慈「族群和諧與社会発展」『社区発展季刊』130期，内政部社会司，2010年，28頁。
⑳　五十嵐，前掲書，184頁。
㉑　官有垣編著『非営利組織與社会福利──台湾本土的個案分析』亜太図書出版社，2000年，20-22頁。
㉒　齊藤純一『公共性』岩波書店，2000年，5‐7頁。
㉓　同前書，245頁。
㉔　Schneider, Jo Anne. *Social Capital and Welfare Reform : Organizations, Congregations, and Communities*, Columbia University Press, 2006, pp. 11-12.
㉕　Wong, Joseph. *Healthy Democracies : Welfare Politics in Taiwan and South Korea*, Cornell University Press, 2004, pp. 62-63, 151-152.
㉖　私立老人福利機構設立許可及管理辦法，私立心身障害福利機構設立許可及管理辦法，私立児童及少年福利機構設立許可及管理辦法等の各法において定めている。
㉗　蔡漢賢総主編『社会工作辞典　第4版』内政部社区発展雑誌社，2000年，308頁。
㉘　Aspalter, Christian (ed.), *Health Care Systems in Europe and Asia*, Routledge, 2012, pp. 129-133.
㉙　Wong, J. *op., cit.*, pp. 115-116.
㉚　内政部統計処「内政統計通報 102年第11週」内政部統計処，2013年，2頁。同年の長期照顧機構（特別養護老人ホームに相当）の定員充足率は76.2％（施設数1,000ヵ所，入居者定員4万9,337人，入居者実数3万7,602人）であった。
㉛　衛生福利部社会救助及社工司「社会工作師事務所開業人数及所数概況」（http//:www.mohw.gov.tw/cht/DOSAASW/DisplayFile.aspx?uri，アクセス日：2014年12月10日）。
㉜　宮本義信『アメリカの対人援助専門職──ソーシャルワーカーと関連職種の日米比較』ミネルヴァ書房，2004年，57-58頁。
㉝　衛生福利部社会救助及社工司「社工分科　専業昇級　落実社会工作師5大専科」『衛生福利部季刊』創刊号，衛生福利部，2014年，28-29頁。

⑷ 王増勇「當考試成為社工的緊窟呪 社工師考試現形記」『台湾社会研究季刊』92号，世新大学台湾社会研究国際中心，2013年，203-224頁。
⑼ 王行「我們如何製造了專業化的趨勢」『台湾社会研究季刊』92号，世新大学台湾社会研究国際中心，2013年，225-243頁。
⑻ 王美懿「完整看見案主才是真正的社工專業——位資深精神社工的観点」『台湾社会研究季刊』92号，世新大学台湾社会研究国際中心，2013年，257-265頁。
⑺ Wittenberg, Renee. *Opportunity in Social Work Careers*, The McGrow-Hill Companies, 2002, pp. 144-146.
⑻ Barker, Robert. L. (ed.), *Social Work Dictionary 5th*, NASW Press, 2003, p. 214.
⑼ *Ibid.*, p. 148.
⑽ 丸山眞男『日本の思想』岩波書店，1961年，15-16頁。
⑾ 井垣章二「推薦の言葉」宮本，前掲書。

索　引

あ　行

愛台12建設……………………188
アイデンティティ探究…………246
アウトリーチ……………160, 234
アスポールター, C.………………22
安親班……………………………182
安置及教養機構…………………181
安養機構……………………113, 252
育嬰堂………………………14, 15
育嬰留職停薪実施辦法……………97
石井十次……………………………75
移住者コミュニティ………………228
1955外籍労工24小時諮詢保護専線……152
稲江義塾……………………………39
稲垣藤兵衛…………………………35
　　──略年譜……………………36
井上伊之助…………………………46
医務社会工作……………………189
医療機構設置標準………………190
医療福利…………………………189
内村鑑三……………………………47
衛生福利部…………………26, 193, 253
　　──社会及家庭署…………170, 181
　　──組織再編図……………………27
営利ビジネスの拡大……………204
営利有償型「社会福利」…………28
エスニシティの探求………………3
エスニシティ問題………………200
エンパワメント…………………148
王永慶……………………………116
大林宗嗣……………………………58
岡山孤児院…………………………75
汚染の危険源……………………228
親職教育……………………155, 203

か　行

恩侍福利体制………………19, 57, 79

外僑永久居留証…………………122
戒厳令………………………20, 215
外国人看護師　介護福祉士候補者……235
外国専業人員……………………214
外国・大陸出身配偶者…………134
介護保険制度……………………229
介護労働者の国際移動…………221
外省人……………………………129
改正認定こども園法……………181
外籍家庭看護工…………………217
　　──の基本的属性……………226
　　──の労働条件・環境………227
外籍看護工………………………214
　　──外展看護服務試辦計画……233
外籍配偶・大陸配偶……………133
外籍労工…………………………214
　　──運用及管理調査…………225
加害者処遇計画…………………142
賀川豊彦……………………72, 76, 79, 81
核家族・小家族化………………24, 234
各宗教教務及社会服務概況………28
家戸群家族………………………128
家族再統合への支援……………156
家長会……………………………176
家長之権利及義務………………176
家庭看護工…………………215, 232
家庭的保育………………………101
家庭内暴力………………………141
家庭扶助中心……………………105
家庭暴力暨性侵害防治委員会……142
家庭暴力防治中心…………142, 144
家庭暴力防治法……………25, 141

261

鎌倉保育園台北支部…………………50, 54
官制ボランティア……………………246
還流（帰還・回帰）型………………235
機構看護工………………………232, 233
杵淵義房……………………………14, 55
木村謹吾………………………………53
虐待の二重拘束性……………………137
逆転のファンタジー…………………222
キャリア・パス（ラダー）型………236
救済型施設……………………………201
教育と福祉の連携推進………………181
教育部……………………174, 175, 197
　──国民及学校教育署………………175
　──終身教育司………………180, 183
　──統計処……………………………169
行政院…………………………………25
　──衛生署……………………………253
　──主計総処……………………28, 97
共同体…………………………………249
京都市立盲唖院………………………75
教保人員………………………………171
許雅恵…………………………………146
居家式托育服務………………102, 167, 234
　──者…………………………………102
居家式與社区式之服務………………230
居家服務指導員………………………224
基督長老教会…………………………15
銀髪産業　→シルバー・マーケット
グローバル・シンデレラ……………218
軍公教福祉……………………………247
「警察沿革誌」………………………48
結婚移民………………………………220
公学校………………………………17, 39
公教人員保険法………………………97
公共性…………………………………249
合計特殊出生率………………………89
考試院考選部…………………………195
公職社会工作師………………………198
公職社工人員…………………………197
抗日運動………………………………51
皇民化…………………………………18

皇民奉公運動…………………………56
高齢化対策……………………………90
高齢社会………………………………90
高齢者居住施設体系…………………113
高齢者住まい法………………………112
高齢者向け高級マンション…………201
高齢者向けマンション市場…………115
高齢者問題……………………………24
御下賜金………………………19, 69, 78
五箇年計画理蕃事業…………………17
国際退職移住…………………………236
国民皆保険・皆年金制度……………126
国民教育法……………………………179
国民中小学教学支援工作人員………183
国民年金法……………………………125
国民身分証……………………………138
護工……………………………………120
孤魂連盟………………………………77
5歳幼児免学費教育計画……96, 167, 179
護士……………………………………120
個人看護者……………………………231
個人・グループ開業の拡大…………203
戸籍法…………………………………138
小竹キヨ…………………………71, 75
小竹徳吉…………………………70, 71
児玉源太郎……………………………17
国境線を越えた婚姻…………………220
後藤新平………………………………17
子ども・子育て支援法…………88, 167
小林躋造………………………………18
雇用管理性別平等概況調査…………97
護理之家…………………………113, 117

さ　行

最早期的台湾社区組織………………54
財団法人………………………………251
在地（現地）老化……………………230
佐竹音次郎……………………………50
三従，四徳……………………………136
ジェネラリスト　→綜融性社工
志願服務………………………………248

262

索　引

慈恵院……………………………17
慈済功徳会………………………247
支持性就業服務…………………158
師資培育法………………………169
諮商心理師………………………205
　──公会………………………206
次世代育成支援対策推進法……88
私設社会事業……………………35, 66
実践・方法………………………4, 254
私的実践…………………………254
児童及少年家庭処遇計画………155
児童及少年福利機構設置基準…170
児童及少年福利機構専業人員資格及訓練辦法
　…………………………………191
児童及少年福利與権益保障法……102, 154, 180
児童課後照顧服務………………167, 179, 183
児童権益保障……………………176
シニア・タウン…………………112
自費安養…………………………125
清水安三…………………………72
社会救助法………………………20, 97
社会工作師………………………151, 188
　──試験………………………195
　──事務所……………………193, 203, 254
　──の試験結果………………196
社会工作師法……………………26, 191, 205
　──の成立……………………193
社会工作人員……………………190, 197, 256
社会工作部………………………189
社会団体…………………………246
社会福祉士………………………184, 197
社会福祉政策……………………229
社会福祉の三点観測……………3
社会服務部………………………189
社会福利工作者…………………256
社会福利政策綱領………………124
社会福利の普遍化策……………126
社会福利民営化…………………251
社会保障・社会福利の主な体系……26
社区教保資源中心………………107, 176
社区発展協会……………………246

社区発展工作綱要………………246
社区保母系統……………………100, 105, 106
社工師　→社会工作師
社工人員　→社会工作人員
社福外籍労工……………………214
　──の内訳……………………218
　──数…………………………218
周婉窈……………………………54
就業安定費………………………217
就業サービス法…………………216
就業服務法………………………215
就業保険法………………………97
収出養……………………………156
収出養媒合服務者………………157
十二年国民基本教育実施計画…179
儒教的伝統思想…………………136
儒教道徳…………………………27
シュナイダー, J. A.……………249
受暴婦幼安置庇護所……………153
循環移民…………………………236
準備性就業服務…………………158
潤福生活新象……………………118
蒋渭水……………………………35, 51
荘永明……………………………53
彰化基督教医院…………………16, 189
小学校……………………………39
照顧服務員………………………223
少子化対策………………………90
消費者保護法……………………114
商品化……………………………188
女性の労働力率…………………94
私立小型機構……………………125
私立台北盲唖学校………………53
私立淡江高級中学………………16
シルバー・マーケット…………113
新移民……………………………133
　──子女………………………135, 153
　──女性………………………133
「人口政策白書」…………………93
人民団体法………………………246
心理師の役割・機能……………206

263

心理師法…………………………………… 206
心理職との近似性………………………… 205
心理輔導或家庭諮詢機構……………155, 181
清領有時代の窮民救済…………………… 13
人力資源調査……………………………… 97
　「──統計年報」……………………… 222
スペシャリスト　→専精性社工
政治大学…………………………………… 197
性侵害犯罪防治法………………………… 141
性侵害防治中心…………………………… 144
整体住宅政策実施法案　民国101年至民国104年
　……………………………………………… 123
成徳学院…………………………………… 14
制度・政策…………………………… 4, 250
政府認定ソーシャルワーカー…………… 188
性別工作平等法……………………… 97, 136
施乾…………………………………… 66, 72
セッツルメント人類之家………………… 35
施（清水）照子……………………… 66, 75
専科社会工作師……………………… 195, 255
専科社会工作師分科甄審及接受継続教育辦法
　……………………………………………… 254
専科社工師　→専科社会工作師
専業職業及技術人員高等考試心理師…… 206
先住民族…………………………………… 18
専職社工師………………………………… 120
専精化するソーシャルワーク…………… 254
専精性社工………………………………… 208
全民健康保険………………… 21, 228, 252
専門職業及技術人員高等考試社会工作師考試規
　則………………………………………… 195
専門性に対する規制の強化……………… 202
早期療育機構……………………………… 181
相互扶助…………………………………… 247
送出国別の社福外籍労工人数の推移…… 220
宗族………………………………………… 14
綜融性社工………………………………… 208
ソーシャルワーカー……………………… 26
　──の階層的分化……………………… 198
ソーシャルワーク………………………… 159
　──の歴史……………………………… 189

族群………………………………………… 244
　──中心主義…………………………… 200
促進民間参与公共建設法………………… 118
促進民間参与老人住宅建設推動方案…… 114

た　行

第五族群…………………………………… 245
退職者居留証……………………………… 122
退職者コミュニティ　→老人社区
退職者ビザ………………………………… 236
台塑集団…………………………………… 120
台南新桜医院……………………………… 16
台北愛愛寮………………………………… 66
台北更正院………………………………… 70
台北市家庭暴力暨性侵害防治中心……… 145
台北市私立愛愛院………………………… 66
退職会……………………………………… 20
台湾………………………………………… 12
　──「社会福利」…………………… 1, 13
　『──教育史』………………………… 40
台湾基督長老教会………………………… 247
　──艋舺教会…………………………… 81
台湾山地伝道記…………………………… 46
台湾児童暨家庭扶助基金会………… 89, 104
台湾社会工作専業人員協会……………… 190
台湾社会事業……………………………… 38
　『──史』…………………………… 14, 55
　「──要覧」……………………… 49, 52, 68
台湾人看護工……………………………… 223
台湾人であること………………………… 246
台湾心理衛生社会工作学会……………… 195
『台湾総督府警察沿革誌』…………… 49, 77
台湾大学……………………………… 191, 197
『台湾日日新報』………………………… 43
『台湾のエスニシティ』………………… 243
台湾文化協会…………………… 51, 52, 67, 77
『台湾民報』………………………… 39, 77
托嬰中心……………… 102, 103, 170, 175, 181
托児所…………………………………168, 170
多重族群社会……………………… 243, 257
　──の社会福祉………………………… 244

索　引

多文化性………………………………245
多民族社会……………………………3, 244
浦公英諾商輔導中心…………………149
チャイナマネー………………………122
中華民国医務社会工作協会…………192
中華民国憲法……………………………25
　　──増補条文第10条第8項………250
　　──第15条……………………………250
中華民国社会工作師公会全国聯合会…195
中華民国人口政策綱領………………90, 94
中華民国　2012年至2060年人口推計…90
中止大字…………………………………197
張維賢……………………………………77
長期介護サービス法…………………230
長期介護保険法………………………232
長期照顧管理中心……………………230
長期照顧機構…………………………113
長期照顧服務法………………………230
長期照顧保険…………………………229
　　──制度構想・実施計画…………199
　　──法……………………29, 215, 230
長庚紀念医院…………………………121
長庚大学………………………………120
長庚養生文化村………………………112, 119
超高齢社会………………………………90
長照服務人員…………………………231
超低生育（出生）率……………………93
治療命令…………………………………146
定着・永住型……………………………235
低年齢児保育対策……………………106
DV被害女性救援………………………133
DV被害女性へのソーシャルワーク…150
出稼ぎ型…………………………………235
東海大学…………………………………191
同食同寝…………………………………80
統制経済体制…………………………116
特殊境遇家庭扶助条例………………154
土着性への視点………………………256
土着のワーカー………………………256

な　行

内政部…………………………………253
　　──営建署…………………………114
　　──移民署…………………………153
内地人……………………………………39
ナショナル・アイデンティティ……246
生江孝之………………………44, 49, 55
二・二八事件……………………………20
日本統治の本質…………………………54
入出国及移民法………………………153
認定こども園…………………………167
認定社会福祉士………………………254
　　──認証・認定機構………………254
農民運動…………………………………44

は　行

廃娼運動…………………………………44
馬英九……………………………188, 127
橋渡しの技術…………………………249
パーマネンシー・プランニング……157
ばらまき福祉……………………………22
バリアフリー施設……………………119
晩婚，不婚，遅育，少育………………90
被害人保護計画………………………142
庇護安置業務…………………………148
『非台湾』…………………………42, 43
ヒューマンサービス・ワーカー……256
福祉（ケア）の商品化………………118
不婚・不生………………………………24
「婦女婚育與就業調査」………………99
「婦女生活状況調査」…………………218
「婦女生活状況調査報告」……………157
丙級照顧服務技術士…………………223
丙級保母人員技術士…………………101
保育教諭………………………………167
保育士…………………………………184
保育人員………………………………171
法院……………………………………143
放課後子ども総合プラン……………184
放課後児童対策………………………182

265

包括潤泰	124
方面委員会	18
保守的養老観念	128
保母人員	171
——技術士証	171
保母托育費用補助	96, 167
保幼小接続（連携）	181
本省人	128
本島人	39

ま 行

馬偕紀念医院	16
マクスウェル, J. L.	15
マッケイ, G. L.	16, 71, 73
満州事変	56
未婚・晩婚化	90
未婚懐孕安置待産所	156
ミドル・スキル人材	234
民営化	188
民営化與商品化	28, 118
民間社会福祉の先駆性	250
民事保護令	143
民族・人種にセンシティブな実践	200
民法	136
目睹暴力児童服務	156
杜聡明	72

や 行

雇主聘僱外国人許可及管理辦法	216
矢内原忠雄	47, 48
喻維欣	100
有償型施設	201
融入社区	123
幼児園	103, 166, 173, 184
幼児園兼辦国民小学校児童課後照顧服務辦法	180
幼児教育及照顧法	107, 167, 171, 173
幼児教育の義務教育化	177
幼托整合	172
——政策	167, 168
幼稚園	168

——園児数	177
——設置数	177
幼保二元制	168
吉野秀公	40

ら・わ 行

楽山園	16
楽生院	70
離婚件数	138
李登輝	21
理蕃政策	48
リーブホーム	157
劉峰松	49
両性工作平等法	25
輪（吃）伙頭	128
林献堂	51
臨時托育服務	103
臨床心理師	156, 205
——公会	206
臨床ソーシャルワーカー	192
隣保館	18
隣保事業	45
励馨	147
——社会福利事業基金会	134, 147
——の被害者支援プログラム	148
歴史・思想	4, 243
連温卿	49, 51
聯邦家庭	128
労工保険	228
老人公寓	114
老人社区	112
老人住宅	114
——綜合管理要点	114
「老人状況調査報告」	117, 128, 223
老人長期照顧、安養機構概況	199
老人福利機構	113
——設立標準	113, 224
老人福利服務専業人員資格及訓練辦法	191, 223
老人福利服務提供者資格要件及服務準則	224
老人福利法	20, 115, 125, 230

――施行規則……………………123
労働基準法………………………219, 228
労働部………………………………26, 97
労働力政策…………………………229

六大新興産業………………………188
我国長期照雇十年計画……………230
ワンストップ………………………159

著者紹介

宮本義信（みやもと・よしのぶ）
　1951年生まれ。
　1978年　同志社大学大学院文学研究科社会福祉学専攻修士課程修了。
　現　在　同志社女子大学生活科学部教授。
　主　著　『社会福祉援助技術総論――新しい理論とモデルによる体系的アプローチ』（共著）川島書店，1990年。
　　　　　『社会福祉』（共著）ミネルヴァ書房，1998年。
　　　　　『社会福祉施設経営（運営）管理論［第3版］』（共著）全国社会福祉協議会中央福祉学院，2001年。
　　　　　『アメリカの対人援助専門職――ソーシャルワーカーと関連職種の日米比較』ミネルヴァ書房，2004年。
　　　　　『くらしに活かす福祉の視点――ボランティア・学生が知っておきたい基礎知識』（編著）ミネルヴァ書房，2006年。

　　　　　　　　　　　　　　　　　　　　　新・MINERVA 福祉ライブラリー㉕
　　　　　　　　　　　　　　　　　　　　　　　　　台湾の社会福祉
　　　　　　　　　　　　　　　　　　　　　　　──歴史・制度・実践──

　　　　　　　　　　　　　　2015年10月20日　初版第1刷発行　　　　　〈検印省略〉

　　　　　　　　　　　　　　　　　　　　　　　　　　　　定価はカバーに
　　　　　　　　　　　　　　　　　　　　　　　　　　　　表示しています

　　　　　　　　　　　　　　　　著　　者　　宮　本　義　信
　　　　　　　　　　　　　　　　発 行 者　　杉　田　啓　三
　　　　　　　　　　　　　　　　印 刷 者　　江　戸　宏　介

　　　　　　　　　　　　　　発 行 所　株式会社　ミネルヴァ書房
　　　　　　　　　　　　　　　　607-8494 京都市山科区日ノ岡堤谷町1
　　　　　　　　　　　　　　　　　　電話代表　(075)581-5191
　　　　　　　　　　　　　　　　　　振替口座　01020-0-8076

　　　　　　　　　　　©宮本義信，2015　　　　　共同印刷工業・清水製本

　　　　　　　　　　　　ISBN978-4-623-07444-0
　　　　　　　　　　　　　Printed in Japan

中国の社会福祉改革は何を目指そうとしているのか
沈　潔 著
A5判／320頁／本体6500円

東アジアにおける後発近代化と社会政策
李　蓮花 著
A5判／310頁／本体6500円

くらしに活かす福祉の視点
宮本義信 編著
A5判／306頁／本体2500円

よくわかる社会福祉の歴史
清水教惠・朴　光駿 編著
B5判／240頁／本体2600円

日本キリスト教社会福祉の歴史
阿部志郎・岡本榮一 監修／日本キリスト教社会福祉学会 編
A5判／522頁／本体5500円

これからの社会的企業に求められるものは何か
牧里毎治 監修／川村暁雄・川本健太郎・柴田　学・武田　丈 編著
A5判／224頁／本体2400円

―――― ミネルヴァ書房 ――――
http://www.minervashobo.co.jp/